몸 언어 욕망 꿈 중독 환상 몸-무의식
위상학(RSI) 저항 전이 애매사례를 분석하다

프로이트·라깡·돌토의 정신심리분석 사랑하기 2

Loving Psychoanalysis of Freud · Lacan · Dolto

이유섭

박영story

프롤로그

정신심리 분석의 관점에서 인간의 몸과 언어의 관계는 뫼비우스 밴드처럼 이중적이다. 언어를 통해 인간은 고유한 몸의 존재로 부름받는다. 한편으로 인간은 언어의 재현 세계에 자리하도록 자기 이름을 부름받고, 다른 한편으로는 말을 하면서, 사람들과 세상 사물들을 자신의 재현 세계 안으로 부른다. 인간은 태어나기 전부터 욕망의 대상으로 불리고 기대되며 징해진다. 인간은 동물 복제하듯이 결코 마음대로 조작하여 만들어내는 존재가 될 수 없고, 오직 타자성, 타자의 말(언어)의 매개를 통해서만 접근 가능한 주체인 것이다. 인간 주체가 존재하기 위해서는 자신이 누군가에 의해 불리는 것만으로 충분하지 않다. 자기 자신이 자기를 불러야만 한다. 이것은 자기 존재를 구성하는 일종의 역설이다. 인간은 자기를 구성하게 한 타자들의 언어 재현에서 벗어나지만, 그 재현을 통해서만 삶을 파악하고 세상에 들어올 수 있다. 언어(말)는 몸과 사물의 불연속성을 시간의 연속성 속으로 끌어들이는 동시에, 그것들을 분리하여 상징화한다.

언어는 5감각의 언어 모두를 의미한다. 아이는 부모(타자)의 부름, 목소리, 모습, 몸짓, 냄새, 스킨십, 애무, 포옹, 부드러움, 달콤함, 존재감, 교감의 기쁨, 몸의 느낌, 소위 5감각 언어를 교감하면서, 사랑의 에너지 리비도를 교감하면서 아기 주체가 탄생하는 것이다. 그렇게 아이는 리비도적 교감, 5감 언어의 접촉과 교환, 교감의 이미지, 그 시니피앙을 몸 안으로 내면화한다. 아기는 탄생부터 자기 주변에서 일어나는 모든 것을 지각하고 받아들인다. 그런 아기의 경험은 부모(타자)와의 공감, 교감을 통해서 구성된다. 점차 인생의 리비도 단계, 리비도 관계, 타자와의 관계를 맺으며 지속적으로 부모(타자)와의 접촉과 관계 속에서 아이는 자신의 몸의 이미지, 그 시니피앙을 구성해 간다. 바야흐로 아이의 몸에 타자의 말, 문자, 그 시니피앙들이 새겨지게 되고, 그 몸은 리비도를 담은 무의식의 시니피앙이 된다. 그렇게 몸은 언어화되어 몸이 말을 하는 것이고, 몸 자체가 무의식의 표현 수단이 되기도 한다. 그래서 아기는 자신에게 스스로 해결하지 못할 곤란한 문제에 직면하면, 소화 기능 장애, 식욕 상실, 수면 장애, 투정, 짜증, 시선 회피, 접촉 회피 등으로 표출한다.

가령 아직 말 못하는 아기의 구토, 경기, 야뇨증, 발진 등은 단순한 생리적 현상보다는 말할 수 없는 무의식의 시니피앙을 몸으로 표현하는 것일 수 있다. 어떤 청소년이나 어른도 종종 말로 표현하지 못할 때 몸의 증상을 통해 무의식의 메시지를 전하곤 한다. 마찬가지로 누군가가 특정 시점에서, 특정한 순간에 말을 하지 않게 되었을 때, 우리는 그것을 심한 충격의 트라우마, 무의식의 갈등, 억압과 욕망의 갈등, 그런 두려움에 반응하는 몸의 무의식적 메시지로 이해할 수 있는 것이다. 프로이트의 초기 치료 히스테리 사례에서 알 수 있듯이 마비, 경련, 실어증 등은 몸으로 말하는 무의식의 상징적 메시지이다.

인간의 몸은 순수한 생물학적 신체가 아니라, 말(언어)에 의해 분절하면서 연속하는 그렇게 구성되는 리비도의 몸이다. 말의 출현은 언어와 몸의 행동을 연결하고 분리한다. 언어는 몸의 감각과 경험을 시니피앙으로 분절하고 연결하기를 지속한다. 몸의 감각은 언어 내에서 연속하고 분절하면서 의미화된다. 몸의 감각, 몸의 일부가 기호화되어 시니피앙으로 언어화되는 순간 이제 몸은 더 이상 자신의 것이 아닌 것이다. 더 이상 예전의 몸, 전체의 몸으로 되돌아 갈 수 없는 언어화된 몸이 되는 것이다. 그렇게 우리는 무의식이 담긴 몸의 언어의 중개로 세상에 들어와 사는 것이다.

그렇지만 모든 신체 감각이 의미화되지 못하기 때문에 잃어버린 감각, 흔적, 결여, 공백은 무의식의 욕망이 되고, 상징적 의미화가 불가능한 실재계로 남는다. 그래서 주체는 항상 그 잃어버린 몸, 대상 a(objet a)를 되찾기를 바라는 욕망하는 존재이다.

시각과 청각 모두를 잃어버린 어린 헬렌 켈러가 설리번 선생님의 도움으로 자기 몸, 자기 손바닥에 접촉한 물을 'w－a－t－e－r'이라고 몸의 촉각 시니피앙으로 몸(손바닥)에 새기는 순간 아이 헬렌 켈러의 손은 의미화된 몸으로 변화하여 언어의 상징 세계로 들어와 주체화의 길을 간 것이다. 바야흐로 헬렌 켈러는 몸의 상징화를 통해 욕망하는 존재로 재탄생하는 기쁨을 만끽한다.

인간 자신의 몸은 순수 욕구도 아니고 순수 욕망도 아니다. 인간의 몸은 한 곳에서 다른 곳으로 끊임없이 이행하는 인생사이다. 이러한 이행은 하나의 몸과 다른 몸의 관계 속에서만 이루어진다. 몸을 준거 기준으로 하여 인간은 다른 사람, 타자의 이웃이 된다. 우리는 우리 주변 환경과의 관계, 만나는 가족들과의 관계, 만나는 지인들과의 관계, 사물의 체험 등을 맺어가면서 인생의 여정에 안심과 안위를 유지하며 인생길을 간다. 그렇게 인간의 몸은 스스로를 언어의 사회적 구조인 상징계에 스며들게 하는 것이다.

강조하자면, 인간의 탄생에서 보다 더 중요한 것은 언어가 인간을 타자와 분리시킨다는 점이다. 언어는, 신체와의 사이에서 유대가 끊어지고 연결하는 것을 반복하면서 존재의 연속성과 타자성을 확립한다. 그것은 인간이 다시 태어남을 통해서만 인간이 되는 이유를 알게 한다. 탄생이라는 몸의 물질적인 분리는 언어를 통한 분절로 이어지며, 그것은 언어에 의미를 부여하여 언어적 인간 존재라는 재생의 길을 연다. 아이는 단어, 말, 그 시니피앙의 의미에 접근함으로써 자신이 더 이상 타인의 몸속에 속해 있는 갇힌 존재가 아니라, 말하는 존재, 언어의 존재로 재탄생하는 것이다.

탄생의 울음이 그것을 알린다. 그 울음은 부름으로 응답을 받을 것이다. 장차 역으로 아이는 그 부름에 동일시하고, 부름의 메시지, 큰타자에 동일시하여 주체로서 인간의 상징세계에 들어오게 된다.

우리 인간은 시간과 공간(환경) 속에서 타인들과 관계를 맺으며 살아가는 변별된 고유의 몸과 마음을 가진 존재이다. 타인들과의 관계를 연속하고 변별하며, 연속과 분리를 반복함에 따라 우리는 변별의 역설인 통일성을 갖추게 된다. 또한 우리 인간은 세상 사물이 아닌 고유한 이름을 가진 존재이다. 타인들이 부여한 이름을 수용함으로써 인간은 사물과 존재에 이름을 명명하는 길을 연다. 자신의 이름으로, 자신의 몸의 감각과 지각을 언어로 재현함으로써 인간은 주체의 지위로 격상되는 것이다. 이름의 부여로 세상의 언어 재현에 접근하고 동시에 재현 세상에 접근한다. 재현의 세계로 이끄는 여정의 아바타들이 무엇이든지 관계없이 인간은 '나'라고 말할 수 있는 자기 삶의 주체가 되는 것이다.

프로이트 이후 그리고 라깡과 돌토와 함께 정신심리 분석은 이런 몸의 재현 세계의 여정과 그 여정에 표지를 세우는 일들을 탐구한다. 정신심리 분석은 몸과 언어(말) 사이의 관계를 구조화하는 고유한 법칙을 찾아내고, 이론과 실천 모두에 적용되는 분석의 실천 영역을 탐구한다. 또한 정신심리 분석은 "무의식은 언어(langage)처럼 짜여 있다", "몸의 무의식 이미지는 욕망하는 주체의 무의식의 상징적 체화(incarnation)이다"라고 한 라깡과 돌토의 명제를 따라 몸의 무의식의 메시지, 그 무의식의 언어를 풀어가는 과정이다. 그 언어는 눈에 보이듯 명시되어 있는 것이 아니라, 감추어 있는 무의식의 언어, 몸에 새겨진 욕망의 언어이다. 임상의 공간에서 분석내담자는 분석가의 도움으로 그런 무의식의 언어, 무의식의 앎, 몸에 새겨진 진실의 언어, 욕망, 사랑의 아픔, 그 트라우마의 고통, 억압, 금기, 중독, 콤플렉스, 꿈, 환상들을 풀어간다.

차례

제1부 한국사회의 중독을 분석하다

제2부 몸(신체)의 정신심리 분석

제3부 돌토의 몸의 무의식 이미지(무의식적 신체상)

제4부 프로이트의 발견, 프로이트로 돌아옴, 라깡의 애매(Aimée)사례 분석

제5부 라깡의 정신분석 연구의 지향성과 여정

제6부 라깡의 상징계 고찰

제7부 라깡 실재계와 꿈의 분석

제1부

한국사회의 중독을 분석하다

제1장

한국 사회의 중독의 현주소

현대 한국 사회에서 우리는 많은 문제를 안고 살아가고 있다. 범죄, 가정불화, 건강문제, 정치문제, 실업, 각종 중독[알코올, 마약, 도박, 게임, 쇼핑, 권력, 섹스(성도착), 사이비종교, 사이비집단, 미신, 성형, 쇼핑, 자해, 투기, 소비, 음식, 일, 인터넷, 스마트폰, SNS], 폭력, 교육문제, 청소년문제, 가난, 노인, 치매, 사회적 소외 등 우리 주위에서 흔히 볼 수 있는 문제들이다. 현재 한국인들은 이런 문제들로 많은 스트레스를 받고 있는 것이다. 사람들은 스트레스가 많으면 많을수록 좀 더 강한 자극을 찾게 된다. 어떤 사람들은 알코올로, 어떤 사람들은 섹스(성도착)로, 마약(약물)으로, 도박으로, 인터넷·휴대폰 남용으로, 과음식으로, 과소비로, 사이비종교로, 사이비집단, 사이비권력으로, 미신으로, 자해, 은둔형 외톨이 등, 현실의 고통에서 벗어난 도피 쾌락을 찾으려 한다. 이러한 사람들은 만족을 얻기 위해 점점 더 강렬한 자극을 구하게 되고, 이로 인해 정신병리들은 더욱 심해지고, 반면에 그로 인해 진실, 진실의 삶과는 점점 멀어지게 된다.

보통 "건강하다"는 의미는 신체적, 정신심리적, 사회적, 영적인 모든 면에서 정상 상태를 말한다. 요즘 우리 사회에 온갖 중독으로 건강하지 못한 비정상적인 상태로 빠지는 사람들이 점점 많아지고 있다. 중독은 개인적인 요인뿐만 아니라 사회, 정치, 경제, 문화적인 측면의 영향에도 복합적으로 작용하는 것이어서 문제는 더욱 복잡하고 심각한 것으로 제기된다.

중독은 어떤 특정 개인에 국한된 것이 아니고 자신도 잘 인지하지 못한 가운데 누구나 빠질 수 있다는 점에서 현대인은 누구나 자기 조절 능력과 자기 통찰 능력, 자아 성숙을 갖추어야 한다.

중독이란 뭔가에 빠져서 반복하는 것인데, 중독되면, 자신을 파괴하고 주변 환경과의 관계도 파탄에 이른다. 어떤 종류이든 중독의 특성은 동일한 실수나 실패 행위, 증상을 강박적, 병리적으로 반복하는 것이고, 그것에 집착하여 다른 일은 방치하고 하지 않게 되는 것이며, 스스로 집착의 정도를 조절하지 못함으로써 나중의 결과가 해로움에도 불구하고 이러한 상태를 반복하고 지속한다는 특성이 있다. 이로 인해 자신의 생활은 전반적인 균형을 잃고 신체적, 심리적, 사회적, 영적으로 건강을 잃게 되고 나아가 주위 사람들에게도 피해를 주며 범죄를 저지르는 경우도 발생한다.

예를 들면 즐겨하던 인터넷게임을 흉내 내어 남동생을 살해한 사건, 90시간 온라인게임 중 사망, 온라인게임에서 강제 퇴출 후 투신자살, PC 게임방에서 게임을 즐기던 부부의 4개월 아기의 질식사, 20일 넘게 인터넷게임을 하던 중년 남성의 사망, 식사도 제대로 안 하고 게임 중독으로 사망한 21세 청년, 초등생이 즐기던 자동차 게임처럼 승용차를 훔쳐 몰다 사고, 중학생이 야쿠자 게임을 흉내 내어 친할머니 살해 후 토막 시도 등의 사건들을 언론을 통해 알고 있다. 도박중독만으로 국가 사회경제적 총비용이 200조 원이 넘는다고 하니, 각종 중독으로 인한 개인과 국가의 사회경제적 피해 또한 매우 심각함을 알 수 있다.

중독은 크게 물질중독과 행위중독(관계중독)으로 분류할 수 있다. 과거에는 물질중독에 주로 초점을 두어왔으나 오늘날에는 행위중독, 관계중독에도 많은 관심을 쏟고 있다. 유형을 간단하게 살펴보면 물질중독은 우리가 흔히 알고 있는 알코올, 마약(약물), 음식(폭식), 부탄가스, 본드, 니코틴, 카페인 등 우리 인체 내부에 물질이 투여되어 기분이나 행동에 영향을 미치는 것을 말한다. 물질중독의 대표적인 알코올 중독을 보자면, 생물학적으로 음주는 도파민이 형성되어 기분을 좋게 만들고 처음에는 한잔으로 기분 좋음을 경험하지만 시간이 지날수록 더 많은 양과 횟수로 술을 마셔야 기분 좋음이 느껴지므로, 결국 중독이 되면 술에 의존하여 자신을 파괴하고 술의 노예가 된다.

이에 비해 행위중독이란 도박, 게임, 인터넷, 휴대폰, 섹스(도착증), 권력, 쇼핑, 성형, 사이비종교, 사이비집단, 사이비권력, 야동, 점, 무속, 연예인, 일, 주식, 부동산, 가상화폐, 강박수집, 거짓말, 고소 고발, 의심, 망상, 절도, 범죄, 스토킹, 사기, 폭력, 연쇄살인, 자해 등의 행위에 중독되는 것으로 물질중독과 마찬가지의 심리적 특성과 과정을 거치고, 중독들이 서로 연관되거나 대체되기도 한다. 사이비종교 중독의 경우 사이비 교주와의 관계와 밀접히 연관되어 있고, 사이비 종교 활동의 중독 양상이 금전, 성, 권력, 지배력 등이 영적 활동이나 신비적 요인으로 위장되어 표현되는 경우가 있어서 종교 중독, 종교적 학대와 착취가 영적 활동으로 혼동을 일으키도록 조장하는 일이 발생하기도 한다.

행위중독 증상은 '반복적인 과잉 행위', '과다 사용', '과잉집착', '남용' 등으로 자율적 통제가 불가능할 뿐만 아니라, 병적으로 '집착'하여 내성 증상, 금단 증상을 보이며 학업이나 직장, 가정, 대인관계 등 현실 생활에 심각한 장애를 초래하는 것으로 이해할 수 있다. 인터넷, 휴대폰 중독을 예로 들면, 인터넷, 휴대폰 과다사용, 집착, 금단, 내성, 도박, 일상생활 장애, 학업이나 직장과 가정생활 장애, 주의력 저하, 충동조절 능력 저하, 짜증, 화, 불안, 우울, 무력감, 공격적 언행 증가, 등교 거부, 거짓말, 비행, 사이버상의 협박, 공갈, 사기, 폭력, 비방, 욕설, 명예훼손, 해킹, 사이버 스토킹, 음란, 신체화 증상, 대인 기피증, 시선 불안증, 사도－마조히즘(가학－피학증) 등의 증상들을 말할 수 있다.

결국 이런 중독들은 약물(마약)이나 알코올, 도박, 게임, PC, 휴대폰, 쇼핑, 성형. 사이비종교. 권력, 섹스(성) 등에 **강박적 집착**을 하고, 도박이든 쇼핑이든 성형이든, 게임이든, 정치든, 종교든 일단 행위에 빠져들면 끝을 보고야 마는 조절 불능, 통제력 상실, 해로운 결과가 있으리라는 것을 알면서도 **강박적으로 행하는 상태, 과잉 행위, 과다한 집착으로 현실 생활에 지장을 주고 때로는 신체적 · 정신적 이상 증상, 공격성, 금단현상 등을 보이는 증상들**이라 할 수 있다.

한국사회의 중독 문제는 오늘날 극심한 물질자본주의의 과잉, 물질만능주의의 부패, 결과 중심의 무한 경쟁 사회 분위기, 국가사회 지도자와 지도층 언론의 부패 및 가치철학의 부재, 정신건강 철학의 결여, 개인적 상처와 아픔, 트라우마, 난관 극복의 한계 상태, 인내심의 역부족, 막중한 부담감과 스트레스에 대한 도피처, 실패와 절망, 박탈감으로 상처받은 감정의 투사와 보상심리 등의 현상과, 그것들과 결부된 물질 만능자본주의를 추구하는 엄청난 규모의 경제, 사이버 공간 사업, 사행산업의 대중화된 시장, 집단대중 심리 등의 생활 영역의 확대가 부정적으로 연결되어 발생한 복합적 요인으로 본다.

그러나 정신분석적 측면에서 이런 문제들, 증상들은 다양한 고통을 겪고 있는 우리들의 아픔, 트라우마의 표현들이고, 상처받은 마음을 중독으로 표현하는 말 없는 질문들이고 행위들이며, 우리들이 함께 해결하고 풀어가야 할 문제들이며 해독해야 할 메시지이기에 진실의 표현이라 할 수 있다. 그래서 그것은 아직 희망이 있다는 사실을 내포한다고 볼 수 있다. 그런 증상들을 반드시 병적인 것으로만 볼 것이 아니라, 사랑받고, 인정받으며, 신뢰받고 존중받고 싶다는 소망의 신호로 볼 수도 있다. 근본적으로 **인간은 리비도적 존재로서 서로 사랑하고 부딪친 어려움을 이겨내고 발전하고 변화하려는 무한한 가능성을 가지고 있기 때문이다. 리비도는 존재를 끈질기게 존재하도록 하는 희망이요 힘이기 때문이다.**

제2장

중독 정신분석의 지향성

인간 주체의 무의식 세계를 발견하면서, 무의식을 풀어낼 때면 언제나 일어나는 저항의 심리를 발견하면서 일찍이 프로이트는 인류에게 어떤 경고와 더불어 행복관의 재고를 요청했다. 그는 다윈과 코페르니쿠스처럼, 나르시시즘 자아도취와 각종 중독, 도착, 물신 숭배에 빠진 인류에게 또 한 번의 경고를 한 셈이다. 오늘날 우리는 우리가 믿고 있는 물질주의, 물신주의와 편견, 집착에서 벗어나려는 영속적인 사고의 혁명이 필요하다. 새로운 발전된 사고가 한물간 고루한 생각과 편견, 습관을 쫓아내려 하는 경향은 체험 속에서 터득하는 인간의 마음이 아니겠느냐?

프로이트는 의식이 인간의 사고와 행위 그리고 언어를 결정하는 장소가 아니고 무의식이 인간 행위의 진정한 장소라 했다. "무의식이 인간 사고와 행위의 진정한 장소"라는 명제는, 프로이트가 물신 숭배와 집착, 자아도취, 중독에 빠진 인류에 던진 경고이자, 이미 굳어버린 고루한 사고, 닫힌 사고, 자기 합리화, 집착, 편견적 지식에서 벗어날 것을 예고한 것이다. 말하자면 의식이 아니라, 무의식을 해독하는 예술이 정신심리 분석이라는 뜻이다. 그런 점에서 정신심리 분석은 겉으로 보이는 치료, 눈에 보이는 치료를 겨냥하는 것이 아니라 **무의식의 앎. 무의식의 충동, 무의식 욕망을 탐구하는 과정**이다. 그 과정은 증상의 치료를 위한 열망이기보다는 무의식의 앎에 대한 탐구를 통해서 저절로 병리현상을 사라지게 하는 길을 걷는다. 그러므로 중독주체의 정신심리 분석은 **삶의 여정에서 겪은 상**

처와 가족관계, 대인관계, 사회적 관계에 의해 일어난 콤플렉스, 정신심리적 상처들, 억압들, 금지들, 불안 불만들을 풀어주고 벗겨주는 작업이다.

가령 오늘날 인터넷 게임이나 휴대폰에 집착하는 청소년들을 보자. 그들은 경쟁적 사교육과 조기교육, 많은 학습량, PC와 휴대폰 등의 정보통신의 영향으로 세상의 지식은 많이 배웠지만, 자신의 체험이 부족하고 자신의 진정한 인성과 바람, 개성, 재능을 잘 알지 못한다. 그들의 삶은 학업과 경쟁의 스트레스, 실패와 좌절의 상처들, 부모와의 갈등, 친구 관계와 대인관계의 문제, 무력감과 우울, 억압, 불안으로 둘러싸여 있다. 그들은 이 모든 부정적 요인들을 감추고 방어하기 위한 가장 손쉬운 방책 중 하나로 인터넷 게임, 스마트폰 집착으로 도피하고 핑계를 대며 합리화로 그것들을 포장한다. 가령 정작 게임 중독에 빠진 본인은 잘 의식하지 못하지만, 부모와 같은 주변 사람들이 확인할 수 있는 특징적인 행동으로는 '거짓말'과 '무책임', '도피' 등이 있다. 금방 탄로 날 일인데, 거짓말로 둘러댄다. 처음에는 가족과 주변 사람들에게 상처를 주지 않으려는 선한 의도에서 한 거짓말이 꼬리에 꼬리를 물어 나중에는 스스로도 어찌할 수 없는 거짓말쟁이로 낙인찍힌다. 거짓말과 핑계가 다 반사되어 주변 사람들이 믿지를 못하는 상황으로 전개되는 것이다. 결국 그것은 부메랑처럼 되돌아와 자신과 가족에게 더 큰 마음의 상처를 주게 된다. 또 게임에 중독되면 현실 생활의 책임, 학생으로서 해야 할 일이나 가족으로 해야 할 책임, 일, 사회적 대인관계 등 일상생활의 모든 것에 무책임과 무기력에 빠진다.

그렇게 되면 중독주체는 자신의 진정한 마음, 진실을 덮어버리고, 인터넷·스마트폰, PC방 등으로 도피하며 핑계를 대며, 거짓말, 겉과 속이 다른 이중인격, 분열인격이 진심을 삼켜버리고 또 다른 병리를 낳는다.

정신심리 분석은 이 파묻힌 병리들을 다시 꺼내서 옳게, 바르게 하는 작업이다. 그러므로 정신심리 분석은 진심을 파괴하는 것이 아니라 진정한 자신, 진정한 자아를 서서히 침식해 왔던 좀벌레, 그 병리들을 부수는 데

목표가 있다.[1)]

프랑스의 정신분석학자 자크 라깡(Jaques Lacan)도, 내가 주인이 아니다. "내가 생각하는 곳에 나는 존재하지 않는다. 내가 생각하지 않는 곳에 내가 존재한다."[2)]라고 선언하고, 나, 즉 생각하는 나, 의식의 주체보다 더 우위에 있는 탈중심적인 또 다른 장소인 무의식을 증명한다. 인간의 의식이 자기충족적이고 자율적이라기보다 무의식에 예속되어 그것의 방어에 급급하다는 사실을 증명해낸 것이다. 그런 의미에서 중독자들은 극심한 자기 방어의 증상이라 할 수 있다. 사실 **모든 중독 주체들은 의식적으로 중독에서 벗어나서 남들처럼 건강하게 살기를 학수고대한다. 그러나 의식의 바람과는 다르게 중독 주체는 중독의 늪, 심연에 계속 빠져든다.**

프로이트는 이미 꿈을 분석하면서 인간을 지배하고 있는 무의식의 법칙을 잘 증명해 주었다. 꿈은 정상인의 꿈이나 신경증의 꿈이 모두 같은 법칙에 따라 기능한다. 뿐만 아니라 무의식은 깨어있는 상태에서도 소멸되지 않고 잘 기능하고 있다. 정신분석의 경험은 무의식이 인간 행위의 전 영역을 지배하고 있다는 것을 증명한다.

우리의 삶은 시간과 타인들, 시간과 환경이라는 두 요인으로 둘러싸여 있다. 그 어떤 개인도 사회도 시간의 범주를 떠날 수 없다. 무의식은 역사적 시간 안에서 불멸적이다. 여기서 침묵으로 있다가 저기서 나타나고, 결코 쇠퇴하거나 없어지지 않는다. 무의식을 침울하게 해보라. 그것은 곧 새로운 표출로 발아하고 되살아 날 것이다. 나이와 상관없이 무의식은 억제할 수 없는 끝없는 과정이다. 그런 의미에서 무의식의 아픔을 끊임없이 반복하는 중독의 증상을 이해할 수 있다. 또한 우리는 필수적으로 환경 안

---

1) 이유섭, 〈정신건강과 정신분석〉, 레인보우북스, 2015, p.8.

2) Lacan J., 〈Ecrits〉, Seull. p.517.

에서 타인들과 관계를 맺으며 살아간다. **우리의 삶은 타인들이 우리에게 남겨놓은 아픈 삶의 흔적, 욕망의 자취, 타인의 부채를 갚으면서 살아간다.** 라깡이 말한바, '**무의식은 큰타자의 담론이고, 인간의 욕망은 큰타자의 욕망이다.**' 그런 의미에서 **중독의 고통들은 우리 사회의 환경이 낳은 부채이자 우리가 치유해야 할 숙제이다.**

정신분석학 특유의 영역은 바로 무의식의 주체인 인간 존중, 주체 존중이다. 정신심리 분석에서 주체라 함은 무의식 안에서 발견되는 진실의 나, 진실의 존재, 욕망의 인간 존재를 말하는 것으로, 생물학적인 개체라든지, 문법에서 또는 말할 때 흔히 쓰는 나가 아니다. **정신분석은 주체가 살고 있는 상처받은 마음, 소외성을 존중하는데, 바로 이 소외 때문에 아픔 때문에 인간 존재, 인간 주체는 자기 자신의 무의식적 앎, 자신의 진실로부터 눈이 멀게 되는 것이다. 그런 점에서 중독의 정신분석은 중독 주체가 무의식적 앎의 세계로의 되돌림, 아픔의 치유. 그 진실의 체득을 지향**한다.

제3장

언어의 마술: 최면과 중독 심리

대학에서 신경학을 연구하고 곧 신경과 의사가 된 프로이트의 초창기 연구들은 신경증에 대한 마약 치료의 형태였다. 1888년 코카인의 연구들에 이어서 프로이트는 히스테리를 정신 기관의 과잉 자극 형태를 동반한 '신경체계의 비정상'으로 서술했다.[1] 그 당시 프로이트는 코카인의 중독성을 알지 못해서 정신적 쇠약 상태를 막기 위해 히스테리 환자에게 코카인을 처방했다. 이어서 프로이트는 히스테리의 최면술 치료를 받아들인다. 마약 중독된 이물질을 추출하는 의학적인 모델을 따라서 최면을 통해서 증상들과 관련된 상서롭고 나쁜 기억들을 검출해내게 하였다. 이 무렵 프로이트는 히스테리를 과잉된 병리로 인식해서 **신체의 이물질**이 정신적인 에너지의 안정성을 교란시키고 신체에 범람하는 문제를 발생시킨다고 생각했었다. 이때는 생물학적 모델의 영향을 받고 있었으며, 아직 히스테리의 심리 상태, 히스테리의 욕망의 문제는 제기되지 않았다.

프로이트는 곧 이런 생물학적 관점을 변경한다. 그리고선 반수면 상태를 통한 **카타르시스(감정정화요법)인 최면술 치료**를 받아들인다. 최면 치료와 연구 덕택에 프로이트는 신체와 언어의 관계에 관한 관점을 변경한다. 프로이트는 정신과 신체 사이에 연관된 법칙들을 연구하면서 그 내부 규칙의 과정을 증명한다. 1889년부터 프로이트는 최면술사와 최면받는 사

1) Freud S., "Hysterie", in Cahiers confrontation. 7, printemps 1982, p.167

람(환자, 내담자)과의 관계를 중요하게 여기면서 최면에 빠진 사람이 **최면술사에게 정신적으로 의존**한다는 사실을 발견한다.[2)]

여기서 프로이트는 신체와 정신심리의 연결이라는 주제를 확인한다. 그는 그것을 **신체와 정신심리의 상호유대 관계**라고 말하고 **신체에 대한 말의 마술인 최면술**을 실행한다. 가령 최면 상태에서 최면술사가 팔이 마비될 거라고 암시를 주면 마비가 일어나는 현상이 발생한다. 최면의 특성은 일단 최면에 걸리면, 최면술사에 완전히 순종·순응하고 깊은 최면에 빠지면 빠질수록 의심 없이 거의 완전히 최면술사의 말을 믿게 된다. 최면술사의 말은 신의 말처럼 되어 그가 한 말의 내용을 바로 실행하는 현상, 즉 정신－신체화 행위를 유발하는 것이다. 최면술사가 "당신은 현재 귀신을 봅니다"라고 말을 하면, 실제로 귀신을 보는 것으로 귀신의 모습, 환영을 떠올리며 이에 대한 몸의 반응을 행하는 것이다.

프로이트는 이런 최면 관계를 아기를 키우는 **엄마와 아기의 관계 상황과 비교**한다. 거기서 **아기 주체는 최면술사의 역할을 하는 엄마에 예속**된다. 말하자면 최면에 빠진 사람은 최면술사에게 자기를 맡기고 최면술사가 하라는 대로 반수면 상태의 환각에 빠지는 것이다. 그것은 마치 **꿈의 환상처럼 영상**을 보게 되는 것이다. 그러므로 **최면은 꿈의 정신 기제의 한 형태**와 같다. 중독 증상도 이와 같은 이치라고 할 수 있다. 사이비종교 중독의 예를 들어보자. **사이비종교 중독은 최면술사 대신에 사이비교주에 의존하여 꿈의 환상처럼 환각에 빠진다.** 가령 사이비교주의 말에 빠지면 최면에 걸리는 것처럼 신도는 자기통제력, 자아를 점점 잃고 **사이비교주의 말에 의존하여 그의 말이 신의 말씀이라는 착각으로 환상 세계**에 빠지게 된다. **최면술사에게 자아를 양도한 것처럼 사이비교주에게 자아를 양도하고 교주의 말이 자아**가 되어 사이비종교환상에 빠지는 것이다. **점이나 굿, 미신에 빠지는 것도 같은 원리**이다. 그렇게 되면, 그들은 자아의 의지를

2) Freud S., "Preview of August Forel's hypnotism (1889)", in SE, I, p.96.

잃고 자기 마음의 충동을 스스로 조절할 능력을 잃었기에 '충동조절장애' 상태가 되는 것이다. 심각한 정서적 문제, 낮은 자아 존중감, 정체성 상실, 불안, 일상생활 부적응, 대인관계 장애, 극심한 스트레스, 여가생활 부족 등은 중독에 빠지는 원인이 될 것이다.

프로이트도 최면을 사용하게 하는 어떤 환경들이 최면 습관, 최면 중독에 빠지게 한다고 했다.[3] 최면 중독이 치료의 목표가 될 수 없다. 그래서 프로이트는 최면을 남용하지 말아야 한다고 했다. 어쨌든 최면에 의지하고 최면술사의 암시적인 말에 의하여 최면 상태에 빠지는 이런 현상은 가수면 상태의 꿈과 같은 어떤 꿈의 양태처럼 전개된다. 최면술사의 암시에 의해 환자는 자신이 일종의 꿈꾸는 상황으로 놓여지는 것이다. 프로이트는 후에 이런 최면 관계를 둘로 형성된 군중의 형태와 같은 특징을 지닌다고 했다.[4]

결국 최면술에의 의존과 최면술사의 암시적인 말에 의해 최면에 빠지게 되는데, 그때 신체에 낯선 이물 현상(영상적 타자, 상상적 타자)이 수면 방식으로 환자의 반수면 상태에 침입하게 되는 것이다. 최면술사가 환자 자신도 알지 못하는 점을 잘 안다고 암시하고, 병의 원인을 잘 안다고 하기에 환자는 그의 말에 자아를 맡기고, 자아를 잃고 아무 의지 없이 최면에 빠지는 것이다. 말하자면 최면술사에 대한 최면에 빠진 사람의 **과잉 충성 방식의 유대 관계로 인해 신체가 낯선 중독**에 걸리도록 하게 한 것이다. 가령 사이비 종교에 빠진 사람은 **교주의 최면술적인 암시의 말에 빠지게 되고, 몸과 마음이 아무런 의지 없이 교주의 말에 순종하면서 최면에**

---

3) Freud S., "Traitement psychique(1890)", in ⟨Résultats, idées, problèmes I⟩. Paris. PUF, 1984. p. 19.

4) Freud S., "Psychologie des foules et analyse du moi", in ⟨Essais de psychanalyse⟩. Paris. Payot, 1981. p. 180.

빠진 사람처럼 무기력한 이상한 낯선 중독 현상, 우리가 꿈 속에서 사실이 아님에도 사실이라고 믿는 것처럼 사실이 아닌데도 사실이라고 믿는 그런 낯선 현상을 겪는 것이다. 히틀러 같은 사이비 지도자, 사이비 교주, 사이비 언론, 휴대폰 가짜 영상, 사이비 장사꾼, 사기꾼, 난봉꾼, 꽃뱀 등에 빠진 사람들도 마찬가지의 심리 상태를 겪는다.

또한 이런 중독 심리는 군중심리에 자아를 동일시하는 형태로 비유된다. 자아는 구성 그 자체 내에서 동일시의 과정에 의해 영향을 받는다. 라깡의 거울상에서처럼 어떤 경우에 자아는 그 흔적, 그 자질이 타자와의 관계로부터 올 수 있다. 이런 자질에 대한 동일시는 타자를 '모델'로 닮는 자아의 변형에 이를 수 있다. 개인의 정신심리적 삶 속에는 어떤 타인이 모델로, 협조자로, 때로는 반대자의 모습으로 항상 어떤 놀이를 한다. 그런 개인 심리의 모습은 좀 더 확장된 의미에서 오늘날 한국인의 사회 심리, 집단 심리 현상에도 정확히 적용된다.

"집단(군중, 대중) 심리와 자아 분석"에서 프로이트는 개인의 이상적 자아 내에 유일하고 동일한 한 대상을 설정하여 그 **대상의 명령을 따름으로써 개인은 집단의 자아에 동일시**한다고 했다. 가령 사이비 교주나 사이비 지도자의 명령에 맹목적으로 순종하는 경우에, 순종하는 개인은 사이비 **교주나 지도자에 동일시하면서 자기가 마치 교주나 지도자인 것처럼 착각하는 심리 상태**에 빠진다. 그리하여 그들은 도덕과 윤리, 이성을 잃고 **사이비 지도자, 교주의 명령을 수행하는 아바타**가 되는 것이다. 김일성, 김정일, 김정은으로 이어지는 세습적인 독재정권하에서의 북한 주민들도 그런 사이비 지도자에 동일시하면서 독재자의 아바타 역할을 하도록 세뇌 교육되는 것이다. 우리 대한민국 사회도 일제군국주의, 군사정권, 권위주의 정권, 범죄 정권, 현재 겪고 있는 비상계엄 내란 탄핵을 겪으면서 이런 사이비 권력, 사이비 지도자에 빠져 한국 사회가 얼마나 오랫동안 힘든 홍역을 치러왔고, 지금도 그런 **최면 상태의 후유증, 트라우마, 금단현상을**

그림 1[5)]

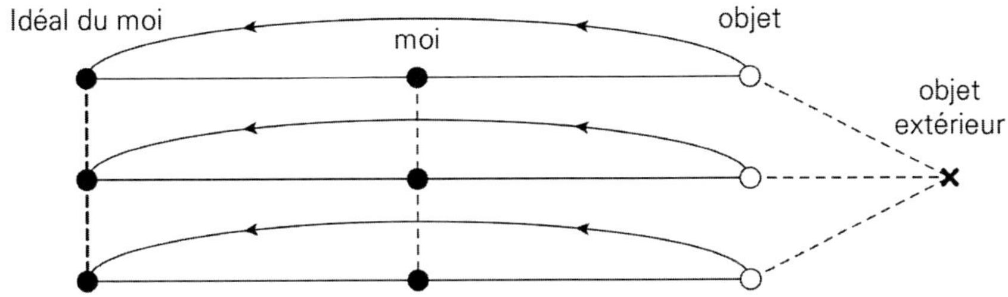

이겨내고자 고된 홍역을 치르고 있는 것이다.

위의 그림에서 보는 바와 같이 대중(군중) 집단은 이중 절차의 산물이다. 한편으로는 구성원들 각자(자아, moi)의 이상적 자아(Idéal du moi, 자아 이상)에 일치하는 동일시된 **하나의 외부 대상**(지도자, objet extérieur), **최면술사와 최면받는 사람 사이에 동일시하는 유대 감정인 수직축**의 구성이 형성되고, 다른 한편으로는 **대중 구성원들 사이의 상호 동일시에 의한 애정의 유대감정에 일치하는 수평축**의 구성이 형성된다. 그때 형성되는 애정의 유대감은 성적 애정감정 차원의 어떤 변형 형태이기도 하다.

프로이트는 대중(집단, 군중) 안에서 개인이 어떻게 정신심리적 변화가 일어나는지에 대한 메커니즘을 고찰한 것이다. 변화는 대중 구성원 각자에 의해 받아들여진 자아도취애, 나르시시즘이라는 의미 부여의 산물이다. 이런 의미 부여로 사이비 지도자는 집단 구성원 각자의 이상적 자아가 되는 결과를 낳는다. 집단 구성원 간에 설정된 애정의 유대감은 혜택받은 나르시시즘의 달성에 대한 보상으로 행해진다.

프로이트의 이 논문은 콘텍스트에 따라 정교화된 다양한 해석의 대상이 되었고, 어떤 유형의 정치 체제 연구에 대한 정확하고 명쾌한 공헌을 하였다.[6)]

---

5) Freud S., 위의 책, p. 181.

6) 프로이트의 집단(군중, 대중) 심리와 관련되어 여러 해석이 벌어졌다. 라깡은 직관적

군중 속의 개인은 자신의 나약함, 소외를 방어하기 위해 카리스마적 지도자를 이상적 자아로 동일시하게 된다. 개인이 선택한 외적 대상은 이상화된 나르시시즘적 동일시 대상으로 카리스마적 지도자이다. **집단의 지도자는 상상적 자아 이상화의 대상이다. 그 집단 성원 모두는 집단지도자를 자신들의 이상적 자아로 동일시하기에 구성원들도 서로서로 동일시하게 된다. 그래서 그들은 항상 집단지도자에게 최면에 걸려있게 된다.**

결국 프로이트는, 그런 집단은 인류의 소위 "자연 상태"라고 가정되는 **원래의 무리로 돌아가려는 동경**(그리움, Sehnsucht)이 있다고 말한다. 그래서 **모든 사회는 독재자 무리의 절박한 그리움이 있으며, 따라서 독재자, 폭군을 갖고 싶은 반복적인 유혹이 있게 된다. 그것은 퇴행이고 죽음 충동의 반복 강박**이라 할 수 있을 것이다.

으로 프로이트가 얼마 후 벌어질 대중심리 현상, 파시스트 조직을 예고한 것이라고 말했다. 퐁탈리스(Jean–Bertrand Pontalis)도 라깡의 평가를 다시 취했고, 예고되었던 나치즘에 대한 첫 번째 심리학적 해석을 했다. 전쟁 후 프랑스에서는 이데올로기적 분위기 속에서 점령군 체제의 망령에 대한 담론이 머리에서 떠나지 않았고, 특히 호르크하이머(Max Horkheimer, 1895–1973)와 아도르노(Theodor Adorno, 1903–1969)의 『이성의 변증법(Dialectique de la raison)』이 출간된 후 더욱 그랬다. 프로이트 작품이 정치적 전체주의를 예고했다면, 그것은 파시스트 조직만이 아니라 프로이트가 이 책을 집필하고 있을 때 구(舊)소련에서 벌어졌던 전체주의에도 해당된 것이었다. 소련의 전체주의는 장차 '개인숭배'를 동반한 스탈린 독재 체제 훈련의 중요한 도구가 되었다. 라깡은 파시스트 이데올로기를 죽음 충동의 사회적 결속의 토대로 간주했다. 라깡은 수평축의 우위성에 근거한 지도자 없는 집단 권력 이론은 수직축의 특권에 근거한 집단적 지도자 권력 이론보다 우수하다고 말했다. 이런 관점에서 라깡은 프로이트가 거의 무시했던 수평축의 기능을 탐구했다. 수평 집단은 구성원이 자유롭게 집단에 가입하게 되고, 그 자유는, 구성원 각자가 스스로 논리적 결정을 하는 선택 가능성의 여지를 남겨 두면서 시간을 주는 것이다. 이 가능성은 바로 결정의 순간, 즉 결론을 내리는 순간에 앞서 행해지는 이해를 위한 시간이요, 숙고의 시간에 대한 기능을 부여하는 것을 의미한다.

그림 2[7)]

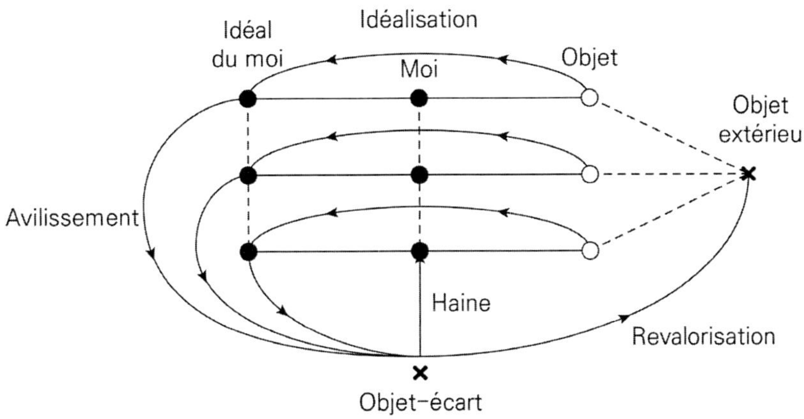

다른 측면에서 보면, 외적 대상, 집단지도자가 개인을 대체할 때, 그 대상의 **일부분은 이상적 자아와 자신을 동일시**하고, **다른 부분은 또 다른 길, 즉 배설, 폐기의 길**을 택한다고 할 수 있다. 모든 부분이 다 동일시 될 수 없기 때문이다. 그러므로 **대상의 이상화에 분열**이 있다고 보아야 한다. 어떤 이상적인 카리스마적 지도자에 동일시된 집단이 있다 하더라도, 그곳에는 **폐기-대상**(objet-écart), **실추**(Avilissement), 나머지, 잉여를 낳게 되고, 그것은 **나머지, 똥이지만 귀중하고 소중한 아갈마**(agalma, **오브제** a)이기도 하다. 오히려 그것은 **창조적 재생산, 가치상승**(Revalorisation), **잉여가치**를 낳게 된다는 점을 주목한다.

프로이트는 또한 사랑에 빠지는 형태와 최면과 군중을 같은 선상에 올려놓고 심층심리적 분석을 한다. 사랑에 빠지는 상태의 특징은 **사랑하는 대상에 대한 성적인 과대평가**가 일어난다는 점이다. 사랑받는 대상은 모든 비난에서 벗어나 예외적인 자유로운 존재이며, 모든 특징이 사랑받지 않은

7) Sergio Benvenuto, "Centenaire de « Psychologie des foules et analyse du moi »", 〈The European Journal of Psychoanalysis〉, Webinar du 23 avril 2021.

다른 사람들에 대한 평가보다 항상 훨씬 높게 평가된다. 그리하여 사랑받는 대상은 이상화의 경향을 띠게 된다. 때문에 사랑에 빠지게 되면, 상당한 양의 나르시시즘적 리비도가 그 대상에 투여되어 넘쳐흐르게 된다.[8]

말하자면 사랑받는 대상은 사랑에 빠진 사람의 이상적 자아로 대체된 것이다. 사랑에 빠진 사람은 자석에 갇힌 사람처럼 세상에 자기가 사랑하는 사람 외에는 아무것도 존재하지 않는 것처럼 행동하게 된다. 결국 **사랑에 빠진 사람은 자아의 나르시시즘적 사랑에 완전히 빠지게 되어 그 자연적인 결과로 자기희생을 감수한다.** 그래서 그 대상을 대하는 자아는 귀찮게 하지 않고, 헌신과 순종, 보호와 옹호에 열중하는 반면에, 사랑받는 대상은 점점 숭고하고 경배되며 소중해진다. 그 대상이 행하고 요구하는 모든 것은 옳고 비난할 수 없는 진실이라고 믿는다. 그 대상을 위한 것이라면 법과 이성, 도덕적 양심이 필요 없고 무시 된다. 마치 잘 훈련된 충견처럼 말이다. 그런 사랑에 눈멀게 되면 아무런 뉘우침 없이 뻔뻔스러움을 지닌 폭력과 범죄를 낳게 된다. 욕망의 억제, 자기 손해, 희생, 자학, 대상을 위한 폭력의 특성이 나타난다. 한 마디로 **대상이 자아를 삼켜버리는 것이요, 대상이 이상적 자아의 위치에 들어선 것**이다.[9] 이런 현상은 한국 사회의 곳곳에서 벌어지고 있는 중독 심리 현상이다. 도박중독, 게임 중독, 약물 중독, 성 중독, 권력 중독, 성형 중독, 명품 중독, 연예인 중독, 사이비 지도자. 사이비 종교, 사이비 언론, 투기중독(주식, 부동산, 가상화폐 등), 일류병, 쇼핑 중독 등에서 우린 그런 심리 상태를 확인한다.

가령 게임에 빠진 청소년의 경우를 본다. 게임의 프로그램들이 자아를 삼키게 되어 사랑에 눈먼 것처럼 게임 중독에 빠지게 되고 집단 동일시, 집단 몽환 상태에 빠지는 것이다. 어떤 인터넷 게임의 경우 혈맹전, 동맹전, 공성전 등의 형태로 집단 간의 싸움을 하는 게임들이다. 혈맹전은

---

8) Freud, 앞의 책, p. 177.

9) Freud, 앞의 책, p. 178.

게임이용자 간의 모임이 혈맹 관계를 맺어 혈맹 간에 대전을 하고, 동맹전은 다른 혈맹과 동맹을 맺어 또 다른 동맹과 대전을 하며, 공성전은 특정의 성을 차지하여 상권을 가짐으로써 경제권 쟁탈을 위한 혈맹 간, 동맹 간에 싸움을 한다. 그렇게 게임자는 혈맹이나 동맹의 강상 집단에 가담하여 집단의 이상을 자신의 이상이라는 착각하는 환상을 즐긴다. 라깡의 용어로 상상계, 이상적 자아(상상적 자아, 영상적 자아)를 말할 수 있을 것이다.

최면이나 사랑에 빠지는 상태처럼 게임 대상은 이상적 자아의 위치에 놓여진다. 사실이지 사랑에 빠지는 상태와 최면 상태, 사이비 종교, 사이비 지도자, 어떤 사이버 게임에 빠진 상태는 매우 유사하다. 최면술사나 사랑하는 사람처럼 사이비 지도자, 교주, 게임 대상에 대해 복종과 명령의 추종, 비판의 결여 현상이 나타난다. 말하자면 최면 받는 사람은 자신의 자아를 서서히 잃게 되고, 급기야 최면술사가 이상적 자아의 자리를 차지하는 것처럼 교주, 지도자, 게임의 프로그램들이 이상적 자아의 자리를 차지하게 된다. 가령 최면 상태에서 최면술사가 최면 받는 사람에게 다리가 마비될 거라고 암시를 주면, 실제로 다리의 마비가 일어나는 현상이 발생한다. 최면술사의 말처럼 교주의 말을 신의 말처럼 믿게 되어 그가 한 말의 내용을 바로 실행하는 현상, 즉 정신－신체화 행위를 유발하는 것이다. 교주가 "당신은 현재 돌아가신 어머니를 봅니다"라고 말을 하면, 실제로 어머니를 보는 것으로 어머니의 모습, 환영을 떠올리며 이에 대한 말과 몸짓의 반응을 행하는 것이다.

프로이트는 **최면 관계는 두 사람으로 구성된 군중**이라 말할 수 있다고 했다. 이런 과잉 유대 관계가 중독이 될 수 있는 것은 신체가 어떤 타자와의 특수한 관계에 점유되어 있기 때문이라고 할 수 있다. 사이비 교주, 히틀러와 같은 사이비 지도자나 게임 중독 상태에 있을 때, 최면 상태처럼 신체의 장소는 의식에 토대를 두는 것이 아니라 타자의 암시, 타자의 지시, 타자의 현존에 토대를 둔다. 신체는 교주나 지도자의 현존, 타자의 현존, 프로그램의 지시에 사로잡혀 있는 이유로 이성에 따라 판단하지 못하고 환상으로, 사이버 언어로 응답하고, 환상의 언어에 신체로 응답하게 된다. **결국 마치 최면술사의 말에 빠져 신체가 반응하듯이, 사이비교주, 사이비지도자 등이 명령하는 말(언어)의 마술에 빠져 점점 중독의 수렁에 빠져드는 것이다.**

그러므로 정신분석 임상에서의 진정한 중독은 중독의 매체(PC, 스마트폰, 약물, 알콜, 도박, 성형재료, 특정 종교형태, 특정 집단 형태, 쇼핑 종류 등) 그 자체 재료의 문제가 아닌 정신심리의 문제로 볼 수 있는 것이다.

제4장

트라우마(Trauma)에 직면한 신경증과 정신증적 중독

병리적 증상들을 끄집어내기 위해서 최면은 환각적인 기억연상 작업을 진행한다. 이유는 깨어있을 시에는 정신의 검열 때문에 기억연상이 저항을 받기 때문이다. 기억연상은 신체가 겪은 사건, 체험한 사건을 떠올리게 되는 것이므로 최면이라는 반-수면 상태가 신체의 기억을 재현할 수 있게 되는 것이다.

최면술에 의한 신경증 히스테리 치료에서 히스테리 증상들은 언뜻 보기에 특이해서 환자 자신도 그 이유를 설명할 수 없다. 그러나 환자는 무의식적으로는 그 이유를 알고 있으며, 최면으로 무의식을 변형시켜 그 무의식 내용을 발산시키면 증상이 순간적으로 없어진다. 그러나 얼마 안 가서 프로이트는 최면술에 의문을 품게 되는데, 그 이유는 모든 환자가 반드시 최면에 걸리지 않으며, 최면에 의해 증상이 없어졌다가도 최면술사와의 감정 관계가 변화하면 그 증상이 다시 재발하는 식으로 일시적인 치료라는 것이고, 최면 상태의 기억 연상이 반드시 진실이 아니라 꾸며낸 환상도 있다는 등의 점 때문이다.

최면 요법을 통해 프로이트는 신경증의 대표적인 증상인 히스테리 현상을 이론화 할 수 있었고, 이런 히스테리 현상을 통해 우리는 신경증적 중독 증상의 흔적을 알 수 있었다. 환각 상태에 있는 중독 현상을 말할 수 있는 것이다. 그곳에서 그들은 **가상 세계의 환상에 사로잡혀 현실 인식의 장애** 상태에 놓이게 된다.

또한 프로이트가 히스테리에 관한 연구를 통해서 소개한 '**낯선 몸**'의 개념과 최면 상태에 빠진 최면 받는 사람의 환각적인 상태를 통해 중독 상태에서 겪는 자신의 낯선 몸의 모습을 관찰할 수 있다. 가령 어떤 게임 중독의 경우 수업 중에도 게임 소리가 들린다든지, 야한 장면이 떠오르고, 잠을 자려고 해도 잠은 오지 않고 말똥말똥 게임 생각, 게임 화면이 보이고 그 환각의 장면에 빠진다. 게임을 하지 않을 때도 게임을 하는 듯한 환상을 느끼는 등 이른바 후유증, 금단 현상이다.

알코올 중독이나 약물(마약) 중독에 빠진 사람이 알코올을 못 마시거나 약물 주입, 마약 주입을 하지 못하면, 불안해서 안절부절못하며 불면, 섬망 등 다양한 증상을 나타내 보이듯이, 도박 중독, 게임 중독, 주식 중독, 범죄중독, 사이비종교나 성 중독, 성형 중독 등에 빠진 사람들도 그런 중독 행위를 하지 못하면 안절부절 불안하고 무기력, 불면, 신경과민, 착란, 망상, 우울 등의 다양한 증상을 표출해 보인다. 그렇지 않으면 불법도박이나 사이비교주의 범죄, 사이비 지도자의 범죄 행위와 그 피해자들의 피해 사례가 세상에, 매스컴에 적나라하게 드러났는데도, 그런 일 없다고 아니라고 부정하고, 다른 사람 탓, 피해자의 탓으로 돌리거나 다른 사람들의 모함이라고 하는 식의 투사적 방어와 편집증적 증상을 보인다. 그들은 자기 잘못, 자기 내부의 잘못, 죄책감을 외부의 탓, 외부 타인의 탓으로 돌리면서 외부로 전가한다.

정신증에서 많이 볼 수 있는 정신착란증(편집증)은 자신의 내부로부터 온 불안과 죄책감, 양심의 비난과 적대감을 공상적, 망상적 형태로 외부에서 왔다고 하는 투사의 심리적 표출 현상이다. 그래서 편집증자는 경찰이 자기를 감시한다. 옆집 사람이 자기를 따라다니며 괴롭힌다. 신이, 간첩이,

방송이, 이웃집 사람이, 지인 누군가 모략하고 조작하여 꾸민 일이다. 간첩이 내란을 일으킨 일이다. 화장실 갔다 온 남편에게 그새 바람피웠다고 따지고, 아내가 장에 가서 그놈과 바람피웠다고 취조하는 등 모든 것을 다른 사람 탓으로 돌리는 투사의 방어 심리, 피해망상을 표출하는 것이다.

그들은 다른 사람들이 나를 박해한다는 것을 정당화하기 위해 현실적 인과 관계가 없는 여러 가지 사건과 지식을 근거로 온갖 과대망상을 동원하여 설명하는 방식을 취한다. 우리가 아는 바와 같이 독일의 판사 편집증자 슈레버는 자기 주치의 플레히지히 박사가 신과 공모하여 자신의 몸과 영혼을 괴롭히고 영혼을 살해하고 있다고 온갖 박해 피해망상을 환상화한다. 죽음의 영혼들이 몇 밀리미터의 조그만 인간의 형태로 머릿속에 꽉 들어찬다. 어느 날 밤에도 그것들이 무수히 슈레버의 머릿속에 들어와 우글거리고 있는데, 그것들 모두가 그 어떤 통제도 없이 악마들의 혼돈스러운 괴성을 질러댔다. 그의 육체이 어떤 부분도 가만히 놓아주지 않았다. 슈레버는 육체의 어떤 부분도, 어떤 기관도 훼손되지 않은 것이 없다고 말한다. 누군가가 그의 키를 작게 했고, 폐 안에 벌레들을 집어넣었으며, 그리고 폐가 거의 사라질 때까지 쪼그라들게 했고, 폐를 깨무는 듯한 고통을 당했다고 했다. 그의 창자를 꺼냈고 식도를 갈기갈기 찢었다. 가슴협착으로 가슴부위 전체가 눌려서 숨 쉴 수 없는 압박감의 고통을 겪어야 했다. 갈비뼈를 부러트렸고, 후두 부분을 갉아 먹었으며, 슈레버의 위를 유대인의 위로 바꾸어버렸고 뇌 신경계, 척수를 뽑아내려고 했다. 피아노 칠 때, 손가락을 마비시켰고, 악보를 보지 못하도록 두 눈의 방향을 바꾸었다. 오랫동안 지속적으로 눈을 감기려는 시도가 있어 왔다. 신의 광선들이 슈레버의 눈에 시각적 광경들을 빼앗아서 자신의 파괴성을 보존하고 있다고 했다. 아주 조그만 사람들, 작은 악마들이 눈썹 안에 있으면서 거미줄 같은 끈으로 마음 내키는 대로 눈꺼풀을 끌어올리고 내리고 한다고 했다.[1)]

---

1) 이유섭, 〈프로이트 · 라깡의 정신심리분석 사랑하기〉, 박영스토리, 2020, p.206.

편집증자에게 트라우마와 같은 정신심리적으로 받아들일 수 없는 내부의 사고, 내부 인식이 억압되면, 그 억압된 내용들은 밖으로 표출하려는 지속적인 충동을 일으킨다. 그런데 그 내용들은 자아에게는 절대로 수용할 수 없는 사고들, 재현들이므로 이 수용할 수 없는 사고는 아예 없는 것이라고 생각 자체, 인식 자체를 폐지시켜버리고 대신 밖으로 시선을 돌리면서 그 모든 것이 밖으로부터 온 것, 이웃 사람, 경찰, 간첩, 신, 어떤 배우, 어떤 친구, 남편, 아내 등에서 온 것이라고 왜곡하고 투사하면서 자아를 방어하는 것이다.

그래서 정신증자는 자기는 절대 정신병자가 아니라고 말하는 부정의 심리 기제를 이해할 수 있다. 중독의 심리도 이와 같은 면을 가지고 있다. '나는 절대 술 취하지 않았어!', '나는 절대 중독자가 아니야!'. '난 절대 아니야!', '게임 절대 안 해!', '나는 그 사람 몰라', '절대로 야동 안 봐!'... 그래서 우리는 국민뿐만 아니라, 온 세계가 다 아는 사실인 대도 아주 뻔뻔한 거짓말을 하면서 절대 아니라고 우기고 다른 사람 탓으로 돌리는 범죄자들의 투사적 자기방어 심리의 모습들을 볼 수 있다. 그들은 자아 자신이 받아들일 수 없는 사고, 그 재현을 외부의 탓으로 투사하면서 자아를 방어하는 것이다.

그러나 절대로 나는 아니야, 절대로 중독자가 아니야라고 부인하면 할수록 아이러니하게도 중독자는 점점 중독에 빠지게 되고, 곧 환각의 망상에 빠지고 고통에 시달리게 된다.

편집증적 중독은 결코 받아들일 수 없는 무의식 사고들, 그 아픔들, 동의할 수 없는 그 재현들을 없애버리기 위하여, 마약과 같은 물질중독이나 성형중독, 도박중독, 야동중독과 같은 행위중독으로 자신의 정신심리체계의 붕괴를 위협하는 어떤 낯선 이상한 방식으로, 병적으로 표출하는 자아의 필사적인 방어의 시도이다. 그 방어는 우선 타협할 수 없는 아픔, 그 아픔의 재현의 폭력적인 거부, 폐지이다. 프로이트의 재발견을 강조하면서 프로이트를 꼼꼼히 읽었던 라깡의 개념으로는 폐지(forclusion)의 언어, 그 시니피앙으로 말할 수 있을 것이다. 폐지(Forclusion)는 법률 용어에서 시효가 지나 소권이 상실 기각, 폐지되는 것을 말하는데, 라깡은 그것을 상징적 법, 상징적 은유, 아버지 이름의 은유가 사라지고 없어지는 상징계의 그침, 상실, 기능 정지의 의미로 개념화한다. 우리 인간이 말하는 존재는 말해진 존재이다. 우리는 우리의 의지와 의식적 지식을 초월하여 큰타자[2](Autre)에 의해 말해진 존재이다. 언어에서, 대화에서 송신자는 역의 형태로 수신자를 통해 자신의 메시지를 받는다. 송신자, 즉 자아는 마치 자기 말들이 외부에서 온 것처럼, 외부 어떤 다른 사람이 자기에게 말할 것을 발언한 것처럼 자신의 말들이 말하는 것을 듣게 된다. 중독 주체가 겪는 환청과 환시도 그렇게 이해할 수 있다. 예컨대 분석 상담 중에 한 여성 내담자가 자기 과거의 기억을 이야기한다. 이야기 중, 갑자기 놀라서 범칫하며 부끄러워하고 당황하며 혼란스러워 한다. 왜냐하면 그녀가 그때까지 숨기던 그녀의 욕망을 누설하는 어떤 말을 부지불식간에 방금해 버렸기 때문이다. "꼼보빵!!"

우리는 무의식의 언어, 큰타자가 말하는 것을 듣는 자신을 보게 된다. 그런 식으로 편집증적 중독의 망상은 환각, 환청의 소리들을 듣게 되는 것이다. 그 환각, 환청들은 자기 외부에서 온 것이기도 하고 자신의 내부에서 온 것이기도 하는 이중의 확실성에 시달린다. 결국 자아는 점차로 그동안 외부 세계를 이해하게 해왔던 내면 세계의 의미를 상실한다. 그 상실한 자리에 외부세계와 내면세계가 합쳐진 새로운 세계를 만들어내는데, 이 세계는 그거(거시기, Es), 즉 무의식의 충동들이 투사의 방어기제로 표출하는 온갖 망상 세계로 구성되어 있는 것이다(Freud, 1992, 5-6).

---

2) 라깡은 큰타자(Autre)와 작은타자(a)를 구분하는데, 작은 타자(a)는 실제의 타자가 아니라 자아의 반영과 투사인 그런 타자이고, 큰타자(A)는 어머니의 말로 상징되는 무의식의 시니피앙들이다. 그래서 라깡은 무의식은 큰 타자의 언술, 큰타자의 담론이라 말한다.

신경증을 포함한 우리 모두도 어떤 착각의 목소리를 들을 수 있지만, 그 체험은 근본적으로 다르다. 신경증은 그런 착각을 체험하고 놀라지만 곧 그의 무의식의 생각이 그를 통해서 말하고 있다는 것을 인정하지만, 정신증적 중독자는 환청이 슈레버처럼 어떤 박해자의 실제 목소리로 확신하고 자기를 미치도록 끊임없이 괴롭히는 박해의 목소리들에 고통스러워한다. 그러므로 프로이트를 빌리자면, 신경증의 결정적 요인은 자아가 현실의 영향에 지배를 받는다면, 정신증적 중독은 그거(거시기, Es), 즉 무의식의 충동들에 의해 지배를 받는다. 그래서 정신증적 중독은 현실감의 상실이 반드시 존재하지만, 신경증적 중독은 현실감의 상실 증상은 없는 것으로 보인다. 신경증적 중독은 현실을 부정하지 않고 그것을 바꾸려고 한다면, 정신증적 중독은 현실을 부정하고 그것을 환각적으로 대체한다(Freud, 1992, 38－39).

편집증적 중독의 거부, 폐지의 방어 메커니즘에서 자아는 너무 괴로운 나머지 그 참을 수 없는 고통의 재현을 없애버리고 외부 현실과 분리시켜 밖으로 추방해버린다. 자아는 화가 나서 분을 참지 못하고, 급기야 더 이상 화를 참지 못하여 맹목적으로 현실의 재현으로부터 자기의 일부를 절단해버리는 것이다.

밖으로 추방한다, 자아의 일부를 절단한다, 재현을 폐지한다는 의미는 자아에 너무 과잉 부과된 정신심리적 재현들이 갑자기 모든 의미작용을 빼앗겨버리고 잃게 되는 것을 의미한다. 추방, 절단, 폐지는 의미작용의 갑작스런 철수, 퇴행과 동등한 의미를 지닌다. 그래서 자아는 실체 안에 구멍을 낸다. 자아 내의 구멍은 현실 내의 구멍, 결여와 동등한 의미이다.

우리는 여기서 편집증적 중독의 진행과정을 일별할 수 있다. 먼저 보통의 재현들, 현실의 재현들과 타협할 수 없는 초긴장, 극도로 최고의 화난 과잉투자(과잉투여, surinvestissement)가 발생한다. 편집증적 중독의 자아는 참을 수 없는 괴로움과 화를 견딜 수 없게 되고 그 정신심리적 재현의 과잉투여, 과잉신경에 시달리며 괴로워한다. 이어 더 이상 타협할 수 없는 감정, 사고, 그 재현에 대해서 엄청나게 과격하고 급격한 거부로 이어지고, 그 재현을 현실에서 폐지하기에 이른다. 그 재현이 현실에서 폐지된 후 자아는 분열되어 결여된 자리에 대신 환각이나 망상의 형태로 중독이 그 자리를 대체하는 것이다.

그런 식의 중독 상태에 빠지게 되면, 자신의 낯선 육신의 모습이 자기를 지배하면서 자신의 자율적인 특징, 자유 의지와 자신의 독창성 및 창조성을 잃어버리게 된다. 중독의 환각 상태의 사람은 환각 상태의 수렁에서 점점 환각 놀이의 과정 속으로 빠져들게 된다. 종국에 가서는 환각 상태들이 중독 주체의 사고를 파괴하게 된다. 그런 의미에서 중독의 환각 상태는 상처받은 사건과 그 상처의 상흔인 트라우마가 원인이라 할 수 있다. 상처받은 사건과 트라우마 사이에서 정신심리는 중독의 환각 상태라는 병리적인 증상으로 타협할 수밖에 없었넌 것이다. 그것은 마치 히스테리 증상들이 정신심리적 충격인 트라우마에 대한 기억연상 작용이 이상한 신체적 반응을 행하게 하는 것과 같다. 말하자면 정신적 충격, 트라우마의 고통을 겪을 때의 감정의 상처를 사건의 인과 관계를 전혀 고려하지 않은 채 그냥 묻어버리고, 이해나 언어적, 신체적 표출로 그 충격, 그 트라우마를 이해시키고 해소하며 경감시키지 못했기 때문에, 대신 중독이라는 환각 세계로 도피하여 표출하는 것이다. 그럴 수밖에 없는 것은 충격을 겪을 당시에 그 트라우마들을 정신으로 재현할 수 있는 수단이 없고, 그 수단은 억압되었기 때문일 것이다. 그래서 중독 주체의 그 트라우마의 정신심리적 출구는 에로틱한 신체적인 증상을 동반한 환각 상태들로 도피 전환하여 표출하는 것이다. 그런 이유로 중독 주체가 집착하는 '환각 상태', '성 탐익', '에로틱한 신체', '성충동적인 몸'이라는 개념이 등장하게 된다.

제5장

애로틱한 몸에 집착하는 주이상스와 고통, 사도-마조히즘 중독

상처받은 몸, 신체, 그 트라우마가 어떻게 환각 상태의 몸으로 향유하는지를 알기 위해 라깡의 주이상스(jouissance)의 개념을 빌리지 않을 수 없다.

우리는 말하는 존재인데, 말하는 존재로서의 우리의 몸은 언어에 종속될 수밖에 없다. 우리의 몸은 유기체로서의 몸이 아니라, **정신심리적 에너지로서의 몸, 사랑의 에너지 리비도의 몸, 주이상스(희열, 생명, 향유, 쾌)의 몸**인 것이다.

아기는 출생 직후부터 자기 주변에서 일어나는 일들을 지각하고 받아들인다. 애무, 껴안음, 감정, 부드러움, 까칠함, 엄마 냄새, 따듯하고 달콤함, 생명력, 존재감, 교감, 몸의 느낌, 목소리 등으로 타자(엄마, 보모)와 상호작용한다. 이런 상호 교감의 변증법을 통해 아기의 자아가 피어나기 시작한다.

아기는 출생시부터 촉감과 목소리, 냄새, 몸짓의 언어를 알려고 하며, 자신을 안아주고 웃어주며 말을 거는 타자에게 주의를 기울인다. 편안하게 안아주는 몸과 몸의 스킨십으로 안정을 찾고, 말을 듣고 사랑을 주는 타자(부모, 보모)의 현존, 임재를 통해서 이 세상에 평화롭게 안착하게 된다. 아기는 5감각 언어와 지각으로 교감하고 공감하며 만남을 사는 정신심리 신체적인 세계를 사는 것이다. 따듯한 스킨십, 애무, 껴안음, 부드러움, 생명력, 존재감과 교감의 기쁨, 몸의 느낌, 소위 5감각 언어를 주고받으면서 아기의 자아가 탄생하는 것이다. 아이는 5감각의 접촉과 교감으로 구성되는 부모의 현존, 임재를 통해 **사랑의 에너지 리비도의 내체화로 신체(몸)의 무의식 이미지가 만들어진다. 몸의 무의식 이미지는 애정감정적인 경험의 살아있는 통합**이다. 그것은 선택적인 성감대 애정 감각들, 현재나 예전에 겪은 애정 감각들을 통해서 체험한 인간 상호 간의 반복적인 애정 감정들의 살아있는 통합이다. 그것은 **욕망하는 주체의 무의식의 상징적 체화**(incarnation)로 고려될 수 있다.[1]

우리 리비도적 존재, 주이상스의 존재는 몸 안에 트라우마가 상징적으로 각인된다. 몸은 언어(5감각 언어)에 종속되어 있고, 몸은 언어에 의해 감염되어 있기에 결국에 언어를 통해 몸이 주이상스를 느끼는 것이다. 가령 마약(약물) 중독자들은 자신의 아픔, 나약함, 무기력, 트라우마로부터 도피하여 약물 흡입으로 잠시나마 공감각 언어적 환각으로 에로티즘의 주이상스 탐닉에 집착한다. 그들은 환각적, 상상적 대상에 주이상스를 고정하고 집착하며 희열을 찾는다. 극도의 긴장, 최고의 긴장에서 느끼는 쾌, 희열을 찾는 주이상스이다. 그러나 이런 주이상스는 중독 주체에게 잠시 동안 무의식적으로는 어떤 환각적 쾌감을 느끼도록 하지만, 곧 의식적으로 중독 주체는 또 다른 고통의 반복이다.

사실 **중독이 환각 탐닉의 에로에 빠지는 것은 쾌감 추구를 통한 트라우마의 고통을 완화하기 위함이지만, 반대로 그것은 중독 주체의 자아에게 또 다른 고통의 반복이 된다. 그래서 우리는 중독 주체가 겪는 증상은 고통의 완화임과 동시에 고통의 반복**이라고 말할 수 있다. 그것은 무의식적으로는 고통의 완화이고, 의식적으로 자아에게는 고통인 것이다. 의식적으로는 중독에 빠지지 않으려고 노력해 보지만, 결국 중독의 반복에 빠지

---

1) Dolto, F., 〈L'Image inconsciente du corps〉, Seuil, 1984, p.22.

는 자신의 모습에 자책, 자학을 반복하곤 한다. 그런 중독 행위 주이상스는 불안이 밀려오는 만큼 점점 증가하면서 반복된다. 점점 중독의 수렁에 빠져드는 이유를 알 수 있다. **도박 중독(카지노, 경마, 온라인, 스포츠, 포커, 화투 등) 주체는 이성적으로 결국 잃는다는 것을 알고, 이미 많이 잃었다는 것을 알고 있는데도 불구하고 그 충동을 참지 못하여 도박에 휩쓸리게 되고는, 나중에 후회하는 반복을 계속한다.**

가학적이면서 자책에 시달리는 사도-마조히즘적 도착증(가학-피학증)의 모습을 볼 수 있다. 도박과 투기, 권력으로 일확천금을 꿈꾸지만 결국 다 잃어버리고 자책, 자학을 반복하는 것이다. 고통을 가하면서 만족을 느끼고(가학증, 사디즘Sadisme) 모욕을 당하고 자학하면서 고통의 만족을 느끼는(피학증, 마조히즘Masochisme) 그런 도착을 즐기고 있는 것이다. 가학-피학증은 우리 주위의 곳곳에 존재하며, 우리들의 일상 생활과 인간 관계에서 다양한 형태로 널리 퍼져있다. 그것은 권력과 복종, 지배와 종속, 능동과 수동, 승리와 패배, 삶과 죽음에 토대를 둔 그런 관계 일반에 두루 이루어지는 속성이다.

사도-마조히즘 중독 주체는, 최면에 빠지는 것처럼, 가상, 환상의 세계와 동일시되고 그것의 일부가 된다. 내가 환상과 동일시되어 내 몸이 그것에 빠지면 빠질수록, 내 몸의 생리적 반응, 생리적 흥분 상태는 더욱 증가하는 결과를 낳는다. 그래서 약물(마약) 중독 상태에 있거나, 어떤 사이비 종교에 빠지거나, 게임에 빠지거나 야동에 빠진 사람들은 실제로 극도의 흥분 상태, 수음 상태, 자아도취(나르시시즘) 상태에 있게 된다. 가령 도박중독, 권력 중독, 게임 중독의 경우, 권력, 게임에서 이기면 최고의 점수를 얻는 긴장 상태, 야동의 흥분 상태에 빠진다든지, 미인과 키스를 한다든지, 빵빠레가 울려 축하를 받는다든지, 상대를 폭력으로 제압해서 승리했다는 가학성 사디즘의 쾌감을 맛보기도 하고, 패배하면 분노와 화, 짜증의 공격 상태나 무기력 상태에 빠지기도 하고, 가학과 피학(자학)의 극도의 자극 상태, 긴장 상태에서 심장마비로 사망한 사건도 있었다.

사디즘은 마조히즘 없이 존재하지 않는다. 마찬가지로 사디즘 없이 마조히즘이 있을 수 없다. 이 둘은 공생하는 심리 구조를 갖는다. 사이비 종교 중독의 경우 교주와 신도 사이에 얽혀 벌어지는 사도-마조히즘 관계를 이해할 수 있다. 신도들은 교주를 신으로 받들며 절대적인 가치부여를 하였기에 나의 자아와 신체는 교주가 지배하도록 짜여 있게 된다. 최면에 걸린 상태로 지배되어 있게 된 것이다. 교주가 나를 지배하도록 유도하여 지배받는 고통을 쾌감으로 느끼는 마조히즘을 즐기는 것이다. 역으로 생각해보면 신도가 교주를 조종하여 자기를 지배하도록 한 것이기도 하니까 신도가 교주를 지배하는 사디즘도 즐기게 되어, 결국 사도-마조히즘의 주이상스를 즐기는 것이 된다. 마조히스트는 학대를 받으면서 느끼는 쾌감과 동시에 적대감을 갖게 되고, 일상에서는 성실하고 평범하며 행복하게 살고자 하는 소망이 있기 때문에 늘 수치심과 죄책감과 불안을 갖게 된다. **마조히스트는 최대한의 자극과 긴장을 일으켜서 절대 주이상스를 얻고자 하지만 만족하지 못하고 실망과 좌절, 욕구불만이 쌓인다. 겉으로 보기에 나약하고 무기력하며 패기없이 비참해 보이지만, 무의식 중에 분노와 복수의 충동이 들끓고 있는 것이다. 그런데 오히려 마조히스트는 분노의 감정을 억압하고 그 복수심을 사디스트에게 투사한다. 사디스트에게 대신해서 자기를 복수하여 자기를 처벌하도록 피학증(자학증)의 고통을 즐기는 것이다.**

어떤 경우에는 사도-마조히스트 주체는 다른 사람이 자기를 학대하게 함으로써 도덕적 우월감과 그 권력을 맛보려고 한다. 어떤 위기 상황을 만들어서 불안과 공허감을 해소하고, 그런 행위를 통해서 자신이 중요한 존재라는 것을 확인하고 과시하고 싶은 것이다. 상처받는 것을 통해서 자신의 살아있음과 존재감을 확인하고 싶은 것일 수도 있다. 사도-마조히스트의 성도착자는 파트너를 위협하거나 두드려 패는 경우도 있고, 무기로 위협을 하거나 목을 조르는 경우도 있으며, 반대로 자기를 때려 달라는 경우도 있다(이유섭, "가학-피학증의 이해", 〈인문사회연구〉, 2001, 73).

정신분석적 개념으로서의 성은 생식적이거나 생물학적 의미의 성이 아니다. 성은 애정 에너지, 사랑 에너지인 리비도적 삶의 본질적인 표본을 의미한다. 정신분석적 개념으로 인간 생명의 기원은 사랑 충동, 애정 충동의 에너지인 리비도에서 시작된다. 이미 시작된 삶, 그 삶을 지탱하고 있는 애정 충동, 사랑의 에너지 리비도는 인간의 애정 발달, 인성 발달의 근거가 된다. 정신심리적 삶 속에 사는 우리는 긴장, 스트레스에서 결코 완전히 자유로울 수 없다. 끊임없는 긴장이, 자극이, 스트레스가 주체의 정신심리에 주어진다. 그러면 주체는 긴장과 스트레스에서 벗어나서 고양된 평온한 정신심리 상태에 안주하고자 끊임없이 긴장을 푸는, 스트레스를 없애는 활동을 한다. 정신심리의 세계는 긴장과 스트레스를 제거하고 평온한 상태에 도달하기를 부단히 애쓰지만 결코 그것의 완전한 제거에 이르지 못한다. 그래서 정신분석에서 그 고통스러운 긴장 상태를 불쾌라 부른다. 피할 수 없는 불쾌의 상태와 대립적인 상태가 있는데 우리는 그것을 최고의 즐거움, 최고의 만족을 의미하는 말로 완전한 만족, 절대 만족, 절대쾌, 큰타자의 주이상스(jouissance de l'Autre)라 한다. 절대 만족, 절대쾌는 영원한 이상적인 완전한 쾌감, 성 행위 당사자의 완전한 일치로 완전한 쾌감을 달성하고자 하는 상징적 개념이다. 그곳에는 근친상간 이상향이라는 신화적이고 우주적인 형상을 내포한다는 뜻이 담겨있는 개념이다. 중독자는 최고의 긴장 상태에서 최고 만족, 최고의 희열, 이런 큰타자의 주이상스를 꿈꾼다.

중독자가 꿈꾸는 이런 광기의 이상향은 절대적으로 불가능한 곳이다. 이런 절대쾌의 상태는 정신심리 세계의 긴장된 모든 에너지를 즉시 내보내고 긴장을, 스트레스를 완전히 100%로 제거하는 데 성공하면 도래할 테지만 불행하게도 우리의 정신심리 세계는 그렇게 하게끔 되어 있지 않다. 정신심리는 고정된 세계가 아니라 단 한순간도 멈춤이 없는 역동적인 곳이다. 그곳은 정신심리의 내부, 외부와의 관계에서 끊임없는 상호교환과 자극, 긴장, 스트레스를 받으며 활동하는 세계이다. 우리는 이런 교환 없이, 긴장 없이, 스트레스 없이 살 수 없다. 긴장은 곧 삶이다. 다만 긴장을 부분적으로 해소하고 부분적으로 대체하고 경감·감소시키며 살 수밖에 없다. 그런 이유로 절대쾌, 절대만족의 상태는 하나의 가설이요, 가정일 뿐이다.

라깡은 절대쾌에 이르지 못하는 것을 "성 관계는 없다(Il n'y a pas de rapport sexuel.)"[2]라는 명제로 풀이한다. 그것은 절대적 성관계는 없다는 의미로, 절대적 쾌감, 완전한 만족을 주는 그런 주이상스는 없다는 말이다. 인간은 태어날 때부터 이미 완전한 성 쾌감이 결여되어 있다. 이를 메울 성 충동, 애정 충동은 부분적으로 수행할 수밖에 없으며, 이 부분 충동, 부분 대상의 실현으로 만족할 뿐이다. 그러나 중독에 빠지면 절대쾌, 절대만족이라는 환각의 늪에 점점 깊숙이 빠지게 된다.

어쨌든 불가능한 이상이지만 절대적인 만족, 쾌감을 바라는 이런 성향들로부터 신체 성감대라는 표상체가 발생한다. 신체 성감대의 성향들은 불가능한 근친상간, 절대쾌를 대체하는 것으로 외형화된 부분 충동의 대상인 것이다. 이런 성향들을 성 또는 성 충동이라 부른다. 부분 성 충동들은 다형적 형태를 띤다. 어린아이를 보자면 그들에게도 지극히 일찍부터 성 쾌감, 애정 쾌감, 즉 즐거움의 환희가 눈뜬다는 것을 알 수 있다.

사실 어린 시절에 여러 부위의 성감대－모든 신체가 성감대가 될 수 있다－의 자극, 그 흥분으로 행해지는 성적 충동의 원리는 후에 어른의 성행위와 비교하여 다를 바가 없다. 가령 구순 성애에서의 어린아이의 젖 빨기는 이불 빨기, 손가락 빨기, 가짜 젖꼭지 빨기, 장난감 빨기 등으로 이어지고, 그것은 다시 음주, 흡연, 키스로 연속된다.

도박 중독, 게임 중독의 흥분 상태가 주는 쾌감이나 마약 중독 상태의 환각적 성적 음란 흥분이 주는 나르시시즘의 자아도취적 환상의 쾌감

---

2) J. Lacan, 〈Le Séminaire XX: Encore〉. Seuil, 1975, p. 35.

은 이런 구순 성애의 한 형태라 할 수 있다. 말하자면 이런 나르시시즘 자아도취적 흥분, 희열, 주이상스가 바로 성애의 특성이라는 사실을 부인할 수 없다. 때문에 약물, 알코올, 사이비종교 집단의 환상, 권력 환상, 성형 환상, 야동이나 게임 중독자들의 환각 상태는 나르시시즘 자아도취애의 쾌감 추구라 할 수 있다.

제6장

중독의 자아도취애, 나르시시즘

이런 중독 증상들은 근본적으로 나르시시즘의 쾌감 추구이다. 구순기 입안으로 가져온 상상적 대상에 대해서 쾌감을 느끼는 것처럼, 중독 주체가 추구하는 대상은 환상화된 상상적 대상이다. 구순애에서 대상을 통한 환상화된 나르시시즘 자아도취, 자기만족을 즐기는 것처럼 중독 주체도 중독 물질이나 중독 행위를 통한 환상화된 자기만족, 자아도취애의 황홀한 순간을 즐긴다. 나를 믿고 따르면 영생의 행복을 얻게 된다는 사이비 종교나 김일성, 히틀러처럼 나를 따르면 최고의 국가를 건설하여 최고의 행복과 보상을 준다는 사이비 권력 집단, 성형만이 최고의 행복이라는 성형 중독, 섹스만이 최고의 행복이라는 섹스 중독, 일만이 최고의 행복이라는 일 중독, 일확천금으로 영원한 행복을 꿈꾸는 도박중독, 투기중독(주식, 부동산, 가상화폐 등) 등 모두 환상화된 자아도취애, 나르시시즘에 빠져있는 것이다.

그리스 나르시스(Narcisse) 신화에서 유래한 용어 나르시시즘은 프랑스의 심리학자 알프레드 비네(Alfred Binet, 1857–1911)가 성적 대상으로 자기 자신을 취하는 페트시즘의 형태를 묘사하기 위해 1887년에 처음 사용된 용어이다. 그 후 1898년에 성 의학자 해브록 엘리스(Havelock Ellis)가 이성 상대를 사랑하지 않고 자기 자신을 사랑하는 성도착증을 설명하면서 사용하게 되고, 이어 1899년에 정신의학 분야에 파울 낵케(Paul Näcke)가 이 용어를 처음 도입한다.

19세기 말까지 이 용어는 주체가 사랑의 대상이 자기 자신인 그런 사랑을 특징으로 하는 성도착을 선별적으로 정의하기 위해 성 과학자에 의해 사용된 것이다.

1908년에 이지도르 자드게(Isidor Sadger)는 나르시시즘을 동성연애자의 상대 선택 양상처럼 자기 사랑 양상이라 말한다. 그의 개념은 나르시시즘을 도착증이 아니라 인간의 정신 발달 과정에 일어나는 정상적 단계라 생각한 점에서 앞서 말한 해브록 엘리스와는 구별된다.

프로이트의 나르시시즘이란 용어는 1910년에 『성 이론에 관한 세 편의 에세이』의 주석에 처음으로 등장한다. 프로이트는 나르시시즘에 대해서 성적 대상으로 자기 자신을 취한다고 했고, 동성애에서 자기 어머니가 자기를 사랑했던 것처럼 자기가 사랑하기를 원하는 자기와 같은 다른 사람을 원한다고 했다.

1914년 「나르시시즘의 소개」에서 그 용어는 본격적 이론적 가치를 띠게 된다. 리비도에서의 나르시시즘은 정신심리의 성 발달 이론에서 본질적인 지위를 차지한다. 정교화된 이 논문은 정신증 연구의 토대가 되었고, 그것은 원래 선행하는 칼 아브라함의 연구에 도움을 받은 덕택이었다. 베를린 출신인 아브라함은 조발성 치매(démence précoce)를 다루는 1908년 논문에서 나르시시즘이라는 용어를 사용하는 대신에 주체에 대한 대상의 역투자 과정으로 주체에 대한 리비도의 숨겨진 부분으로 서술하였다. 보통 사람이 이웃을 향해 리비도의 생동과 활력을 쏟는 데 비해 정신질환자는 유일한 성적 대상으로 자기 자신을 선택하고 모든 리비도를 자기 자신에만 쏟아붓는다. 성적 과대평가의 상대는 자기일 뿐이다. 프로이트는 「정신분석의 소개」 25번째 강의에서 정신증에 관한 이런 정의를 받아들였다.

1914년의 〈나르시시즘의 소개〉 논문에서 프로이트는 정신증을 관찰한 결과로 나르시시즘을 외부 대상에 근거한 이전의 리비도 투자를 주체의 자아로 역으로 투자한 결과론적 상태라고 정의 내리게 된다. 대상을 통한 환상화된 자기만족, 자아도취애인 것이다. 프로이트는 그때 이 역행은 단지 두 번째 단계에서만 생산될 수 있을 뿐이라고 했다. 두 번째 단계에서 몰입 투자 대상은 자아로의 몰입 투자로 외부 대상에의 투자보다 훨씬 능가한 자기 자신으로의 투자가 된다. 그러므로 아기의 나르시시즘, 1차적 나르시시즘을 말할 수 있고 또 아이의 관찰과 더불어 마술적 언어와 전지전능한 사고에 대한 신앙을 특징짓는 원시인의 관찰에서도 그것이 확인된다. 1차적 나르시시즘은 사랑의 대상을 자기 자신으로 선택한 아이요, 자기에 대한 사랑이 외부 대상을 향한 투자보다 훨씬 강하고 우월한 단계로 고려될 것이다.

또한 프로이트는 이 논문의 중요한 대목 중 하나인 자아 리비도와 대상 리비도 사이의 대립이 영속적이고 동시적으로 존재한다는 것을 성찰하고, 이 둘 사이의 균형 운동의 가설, 가령 한쪽이 풍부하게 대두되면 다른 한쪽은 빈약해지는 식의 가설을 이론화하였다. 이런 관점에서 대상 리비도의 최대한의 발달은 사랑의 상태를 특징하는 반면에, 반대로 자아 리비도의 최대한의 확장은 편집증에서처럼 극도의 환상을 낳는 토대가 된다.

그러나 이 발전된 이론 저편에, 프로이트는 이 1차적 나르시시즘에 대해 하나의 장애를 만나야 했다. 그것은 『성 이론에 관한 세 편의 에세이』에서 동일한 것으로 간주했던 자가-성애(auto-érotisme)와의 관계 문제에 대한 정의이다. 그는 그때 두 시기로, 즉 자가-성애를 거쳐서 1차적 나르시시즘에 이른다는 '정신의 새로운 행위'라는 자아의 발달을 공증하였다. 이런 자아의 발달과 충동의 발전 사이에 어떤 일치성을 설정하기를 바라고, 부분적인 성 충동에서 그것의 합으로 이행을 원한다 할지라도, 아이의 나르시시즘, 1차적 나르시시즘은 자아 구성에 관한 결정적인 개념으로 보는 것에 손색이 없다.

리비도 만족의 최초 양식은 자가성애(auto-érotisme)일 것이다. 자가성애는 자기 신체의 일부를 선택하여 만족을 취하는 쾌감으로 자기 신체의 부분 충동들이 각기 선택한 자기 몸에서 만족을 얻는 것이다. 프로이트는 자아가 아직 온전히 형성되지 않았지만 이것을 1차적 나르시시즘으로 본 것이다. 그때 부분 충동들이 목표로 삼는 대상들은 신체의 일부분이다.

프로이트는 1차적 나르시시즘을 자리매김하는 문제에 많은 난관이 제기된다는 점을 그 스스로가 인정하였다. 그것은 추론하는 것보다 관찰하기가 더 어렵다. 그래서 아이를 애지중지하는 부모의 경우로 간접 관찰하여 설명한다. 부모들은 자신이 포기했던 1차적 나르시시즘의 표출 상태로 '자식 폐하(his majesty the baby, 자식을 왕처럼 모심)'를 그 위치에 놓아 모시고, 그런 자리매김을 통해 점차적으로 자아 이상을 형성한다. 그토록 감동적이고, 그토록 어린애 같은 부모 사랑은 다시 탄생한 나르시시즘에 다름 아니고, 비록 그것이 대상의 사랑으로 변형되었다 하더라도 부모가 간직한 예전의 특징을 감추지 않고 표출한 것과 다르지 않다. 자기 아이를 향한 부모의 사랑, 그것은 방금 다시 태어난 부모들의 나르시시즘이다.[3]

제2차 위상학을 정교화하는 범주에서 프로이트는 1차적 나르시시즘의 자리매김 문제를 다시 검토하였다. 그때 1차적 나르시시즘은 자아의 형성에 앞서, 자아와 그것(거시기)(ça, es)가 분별하게 되는 시기를 특징화하는 인생의 첫 번째 상태로 자리 매김된다. 그러므로 태아가 갖는 삶의 형태에 관한 구체적인 표상을 상정할 수 있게 된 것이다. '자아와 그것'의 위상학을 정교화하면서 그동안 이해했던 1차적 나르시시즘의 몰입투자에 오류가 있음이 발견된 것이다.

자아의 리비도 투자와 대상의 리비도 투자는 모든 인간에게 공존한다. 이런 관점에서 결국 프로이트는 에로스, 즉 삶의 충동에 참여하는 투자와 죽음의 충동에 반대하는 결투에 가담하는 투자라는 두 형태 사이에 리비도 에너지의 균형 과정의 존재를 증명했다. 어쨌든 이런 개념 정립은 프로이트의 정신심리 발달 이론의 발전에 왜곡되지 않은 아주 자연스러운 특징임을 입증했고, 나르시시즘은 1914년 논문에서부터 '자아 이상'이라는

3) S. Freud, "Pour introdure le narcissisme", 〈La Vie Sexuelle, PUF〉, 1969, 96

앞으로 등장할 것에 관한 최초 윤곽을 구성하게 된다.

애매한 점과 불충분함이 있더라도 나르시시즘의 개념은 후기 프로이트주의의 많은 발전을 위한 출발점으로 기여하게 된다.

라깡은 1차적 나르시시즘의 자리매김과 그것과 자아의 구성 관계가 불명료하게 남은 점의 극복을 위한 토대로 고안된 거울상계(단계) 이론을 펼쳐 보인다. 라깡에게 원초적 나르시시즘은 거울 영상 안에서 아이가 자기의 이미지를 포착하는 순간에 구성된다. 자아는 거울에 비친 아이 자신의 몸 전체, 전신의 이미지를 본다. 그때 그 이미지는 타자의 이미지를 토대로, 특히 자아를 구성하게 하는 어머니의 이미지를 토대로 아이의 자아는 형성된다. 그러나 조각난 신체 이미지에서 한 몸으로 통일된 자기 자신의 영상을 보지만, 그가 처해있는 현실은 여전히 서투르고 의존적이며 미숙하기 짝이 없다. 그래서 아이는 거울 속에서 어떤 상상적 소외를 겪는다. 그리고 자가－성애의 시기는 부분 충동의 시기이자 '조각난 신체'의 시기인 갓 태어난 아기와도 일치한다. 이때 조각난 신체의 모습은 항상 기회가 주어질 때마다 회귀하여 위협과 공격성의 근원을 구성하는 인간 아이의 '원초적 고뇌'를 의미한다. 그렇게 라깡에게 자아는 나르시시즘으로 환원되고, 자아는 나르시시즘에 일치하는 상상적(영상적) 자아가 된다. 그리고 나르시시즘과 조각신체의 공격성은 같은 시기에 형성되고 그것은 타자의 영상으로부터 자아를 형성하는 시기와 겹친다. 또한 자아는 편집증적이다. 내가 나를 있는 그대로 인식하는 것이 아니라, 밖에서 온 나, 타자가 보는 나로 인식하기 때문에, 편집증에서처럼 투사를 통해 가현실을 진실인 양 얘기하는 것과 같은 모습을 갖고 있기 때문이다. 우리는 시기 질투에서 그런 편집증적 투사 심리가 여실히 입증되는 것을 이해할 수 있다. 자아도취애, 나르시시즘의 영상에 빠진, 그 영상 속에서 소외에 빠진, 분열된 공격성에 빠진 중독 주체의 모습을 본다.

거울상계 이전에 일차적 나르시시즘이 존재한다는 것을 인식한 라깡

이론을 세분한 프랑수아즈 돌토(Françoise Dolto)의 사유는 나르시시즘의 근원을 욕구에 대한 응답보다 더 욕망의 만족에 집중하는 모성적 말에 의해 구성되어 특수화된 경험의 순간으로 자리매김 되는 세 가지의 나르시시즘을 서술한다. 근본적 나르시시즘, 1차적 나르시시즘, 2차적 나르시시즘이다. 근본적 나르시시즘은 삶의 욕망을 가진 주체로서의 나르시시즘으로 탄생시에 이미 존재하며 수태시와 태아에게도 존재한다고 본다. 1차적 나르시시즘은 이전의 근본적 나르시시즘을 토대로 하여 형성된다. 이전의 체험의 반복 덕분에 선정된 신체의 어떤 장소나 어떤 기능은 1차적 나르시시즘의 중심이 되게 한다. 1차적 나르시시즘은 아동이 자신의 얼굴을 알아보게 되는 거울 경험으로부터 유래한다고 본다. 2차적 나르시시즘은 근친상간 금지와 성 충동의 사회화로부터 유래한다.

물의 수호신 세피스와 요정의 신 릴리오프의 아들인 나르시스(Narcisse)는 누구와 비교할 수 없는 아름다움을 가졌다. 한 요정 에코는 나르시스의 매력에 끌려서 그를 끌어안으려 했지만, 나르시스는 그녀를 밀쳐버렸다. 이에 절망하고 화가 난 에코 요정은 병들어 누웠고 여신 네메시스에게 나르시스를 복수해 줄 것을 간청했다. 어느 날 사냥 중에 있던 소년 나르시스가 아주 맑은 연못가에서 쉬고 있었는데, 연못에 한 아름다운 소년이 비쳤다. 나르시스는 비친 그 인물이 한 다른 사람이라고 믿었고 어리석게도 물에 비친 소년의 모습에 도취되어 이 모습을 잡으려고 물에 팔을 빠트려 잡으려 했지만 그 이미지는 잡히지 않고 계속 빠져나가는 것이었다. 결국, 불가능한 욕망에 고통을 받은 나르시스는 통곡하였고, 사랑의 대상이 자기 자신이었다는 것을 의식한 후 그 행위가 멈추었다. 이에 자신에 식상한 그는 자신이라는 인물과 헤어지기를 원했고 자기 자신을 죽도록 채찍을 가했고 급기야 운명의 거울에 인사를 하고 죽게 된다.[4)]

4) 이유섭, 〈정신건강과 정신분석〉, 레인보우북스, 2020, p.84

그리스 나르시스(Narcisse) 신화에서 유래한 나르시시즘이라는 용어는 한 개인 주체가 사랑의 대상으로 자기 자신을 사랑하는 것을 의미한다.

그리스의 나르시스 신화가 상징하는 바와 같이, 중독자는 인생의 여정에서 겪는 아픔, 실패, 좌절, 트라우마, 고통을 이겨내지 못하거나 승화하지 못하고, 다른 사람들과 애정 관계를 맺거나 다른 사람과 사랑할 수가 없었기에 다른 이와 사랑하는 대신에 자신의 거울상과의 자아도취적 사랑에 빠졌고 그것으로 인해 중독이라는 병을 얻고 사회적 삶과 애정 관계를 상실한다. 그는 외부의 다른 목소리나 다른 생각, 다른 모습, 다른 신체로 인식되는 어떤 다른 사람이 아닌, 바로 자신의 모습과 똑같은 영상과의 환각적인 사랑에 빠진 것이다.

이런 중독 주체의 위기나 유혹 중의 하나가 바로 이 자아도취애, 나르시시즘이라 아니할 수 없다. 그런 사랑은 너무나 위험해서, 중독으로 자살하는 사람처럼 미래에 대한 희망이 없는 이들에게는 죽음을 가져올 수도 있다. 사실 보통 사람이 이웃을 향해 리비도의 생명력과 활력을 쏟는 데 비해 중독자들은 유일한 사랑의 대상, 성적 대상으로 자기 자신을 선택하고 모든 리비도를 자기 자신에만 쏟는다. 주변의 가족이나 친지, 친구 등 누구의 말도 듣지 않는다. 이런 중독자들이 추구하는 과대평가의 상대는 오직 자기 자신, 자기중심일 뿐이다. 그래서 그들은 과대망상적인 자아중심주의, 자아도취에 빠져있다.

이렇듯 중독 주체가 절망에 의한 고통과 불행을 여러 형태의 집착으로 도피하여 중독 증상에 빠져서 그런 착각, 공상, 환상, 환각, 망상 세계로 도피한다면, 그것은 어떤 넘어야 할 시련, 오이디푸스적 시련, 거세의 시련, 통과해야 하는 통과의례가 상실되었기 때문이라고 본다. 인간의 속성은 미래를 향해가는 것인데, 그는 자신의 인생길에서 겪는 시련과 두려움, 아픔, 트라우마, 장애물 때문에, 그것을 이겨낼 도전과 모험에 대면할 용기를 갖도록 어떤 도움이나 목표를 갖지 못했거나 잃어버렸을 것이다. 또한 우리 사회는 그들에게 인생의 의미와 목표, 지향성을 제공하고, 시련과 고통, 트라우마, 장애물을 이겨내고 극복하도록 도움을 제공하지 못하였다고 본다. 또한 이웃을 사랑하면서 어울려 사는 모습의 결과가 얼마나 아름다운 것인지 그 본보기를 습득하거나 제공받지 못했던 까닭에, 그들은 모든 걸 체념하고 멈추고 퇴행하여 중독물질이나 중독행위의 반복으로 퇴행하면서 나르시시즘, 자아도취의 사랑에 빠졌고, 그 결과 그들 자신의 삶을 자립하고 영위할 능력을 갖추지 못하게 된 것이다.

중독의 나르시시즘은 환각, 환영 속에서 자기 자신만을 사랑할 뿐이다. 해소할 다른 일. 다른 방도에 관한 출구가 없기 때문에, 그들의 나르시시즘, 자아도취애는 약물(마약), 알코올, 도박, 사이비종교, 사이버 권력, 사이비 집단, 성도착, 인터넷, SNS, 게임, 성형 등의 환영, 환상을 통해 자신만의 만족을 추구하고 그렇게 자신만을 위한 사랑에 빠진 것이다. 나르시스 신화에서 에코는 나르시스를 즐겁게 하지 못한다. 그런데 나르시스는 다른 사람을 찾는 것이 아니라, 그 자신의 영상 속으로 피해버린다. 마찬가지로 중독 주체 개개인은 자기 자신의 영상 속에 빠지는 것으로 도피해버린다. 그들은 다시 한 번 가치 있는 모험과 도전할만한 자신감을 상실한 채, 어린 시절 엄마의 품을 찾듯이 구순단계 구순애 나르시시즘의 퇴행 상태에 머물러 있을 뿐이다. 그들은 좌절과 패배, 트라우마와 상처, 상실감, 우울, 무기력, 죄책감, 수치심, 열등감 등으로 창의성과 자신감을 상실했기에 나르시시즘 자아도취애의 거울을 보았던 지난번의 모습으로 반복해서 되돌아오는 반복되는 중독의 삶을 살게 된 것이다.

제7장

라깡의 "거울상계" 관점에서 중독

중독자의 나르시시즘적 자기 영상으로의 몰입은 라깡의 "거울상계(le stade du miroir, 거울단계)"로 이해할 수 있다. 거울상계는 우리 인간이 거울 속에서 자기 이미지를 어떻게 인식해가는지에 대한 설명이다. 아기의 탄생 때에 어머니를 비롯하여 모든 가족이 무한한 축복과 경이와 행복, 모성애 등을 느끼지만, 아기 편에서는 어머니든 아버지든 대상에 대한 앎이 없다. 엄마가 누구고 아빠 누구인지, 돌보고 있는 어머니를 인지할 수단이 결여되어 있다. 자기 신체가 무엇인지를 사고하지 못한다. 자기와 어머니, 아버지, 자기와 외부를 구별하지 못한다. 다만 자기 신체가 조각조각 분열되어 있다고 지각할 뿐이다. 그래서 퇴행이 심하면 조각난 신체, 분열된 신체의 환각이 공격성으로 표출하게 된다. 자기와 다른 종교, 다른 집단, 다른 인종, 다른 견해 등에 대한 비이성적 폭력과 공격성을 보이거나, 다양한 종류의 캐릭터나 무기, 사물을 활용하여 상대를 무참하게 분열시키고 폭파시키는 게임 중독의 공격성은 이런 분열된 신체 환각의 반영이라 볼 수 있다. 보통 사람들도 꿈속에서 이상한 인물이나 괴물, 물체가 좀비처럼 추격하고 죽이려 하는 환각의 꿈을 꾸기도 한다. 영화 '부산행'에서, 감염된 괴물 인간들, 좀비들이 끊임없이 추격하고 공격하여 인간들을 물어 모두 좀비로 만들고, 결국 인류를 죽이고 말살하려 하는 장면들도 이런 분열된 공격성의 심리 상태를 상징적으로 묘사한다고 볼 수 있다.

인간 존재는, 아기는 자기 신체의 통합된 몸을 그를 돌보는 타자의 이미지, 엄마의 이미지 내에서만 찾을 수 있다. 즉 거울 안에 반영된 타자, 시니피앙, 주위 환경을 바라보면서 반추하며 자기 몸을 관찰한다. 거울 속 이미지, 환경 속 이미지에 접한 아기는 아직 신체적으로 미숙하여 자기 몸을 완전히 조절하고 스스로 가누지 못하는 상황에서 거울에 비친 자기 이미지는 통합된 완전한 상으로 착각하는 현상이 일어난다. 그 이미지를 자신으로 동일시하면서 희열을 느끼지만, 동시에 실제 몸의 감각과 그것의 투영된 이미지 간의 괴리가 은폐되는 순간이기도 하다. 그러므로 도박 중독이나 마약 중독, 게임 중독, 인터넷 중독, 사이비종교 중독, 성형 중독 등에 빠진 순간은 그 이미지에 동일시하며 즐거워하지만, 그것이 실제가 아닌 환각이기에 그 순간은 주체의 분열, 주체의 소외감과 불안을 느끼는 순간이기도 한 것이다. 그렇게 주체 분열적 공격성의 근원에는 타자화된 모습으로 마주하는 자신의 이미지에 대한 주체의 적대감과 불안이 내재해 있는 것이다. '거울상'은 이미지에 대한 나르시시즘적 환희와 적대적 불안, 환각과 분열적 공격성 등 모순적인 양가감정을 갖는데, 그것은 중독 주체의 현실 세계의 반영이기도 하다.

거울상계에서 아이는 거울 속의 자기 이미지를 보면서 자아와 타자, 자아와 거울에 비친 이미지(상상적 자아) 간에 어떤 혼돈, 착각을 하고 있다. 이미지가 바로 나라는 착각이다. 중독 증상의 특징 중의 하나가 자아와 이미지 간의 혼동, 착각이라는 사실을 우리는 잘 안다. 그래서 거울에 비친 타자의 이미지에 관해서 아이가 그 타자에 직면하여 그와 닮은 행동을 하겠다고 결정하는 것처럼 중독자는 이미지가 현실인 것처럼 이미지에 빠지게 되는 것이다. 그렇게 마약 중독, 게임 중독, 도박 중독, 사이비 종교 중독, 성형 중독 등은 영상의 공간, 사이버 공간에서 펼쳐지는 다양한 이미지의 황홀한 자아도취적 매력에 빠지는 것이다.

이 시기 동안 우리는 어린이가 겪는 타동적 전이 현상의 감정적 반응과 그 실례들을 확인할 것이다. 한 어린이가 다른 어린이와 싸워서 우는 것을 본 아이는 마치 자기가 싸워서 우는 것처럼 울게 된다. 그때 아이는 영상적 타자와의 동일시 상태에 있다. 그래서 아이는 한 편으로는 위엄이 있고, 다른 편으로는 왜소하고 공격적, 방어적인 반응을 동시에 갖춘 삶을 산다. 그래서 좋아하는 인형을 공격하기도 하는 일이 벌어지는 것이다. 마찬가지로 중독 주체는 사이비 교주에 동일시하는 충성하는 신도이지만, 마음에 들지 않으면 공격적으로 돌변한다. 사이비 종교, 사이비 권력, 나치즘·파시즘 극우 집단, 조폭 집단에서 고문, 학살, 살인, 암매장 등의 일이 벌어지는 것을 본다. 나치즘 사이비 권력자, 히틀러에 동일시하는 맹목적 추종자들의 무자비한 잔인한 폭력과 살해, 대량학살, 홀로코스트를 우리는 잘 알고 있다.

어떤 중독자는 상상적 대상을 모방하면서 대단히 즐거워하고, 또 변덕이 나면, 대번에 공격적으로 변한다. 게임 중독자는 인형과 같은 캐릭터를 대단히 좋아하면서도 찌르고, 자르고, 죽이고, 폭파하는 등의 잔인한 놀이를 수없이 반복하는 것이다. 그렇게 중독 주체의 공격성과 잔인성을 이해할 수 있다.

또한 중독 증상의 퇴행과 분열된 신체의 모습은 정신분열증에서 나타나는 공격적 피해망상, 몸이 조각나는 환상, 자신이 둘이 되는 것, 절단, 거세 또는 잡아먹히는 환상 등과 같은 부류에 속한다. 그래서 중독 증상이 심한 경우에 정신분열증과 같이 무엇인가 쉴 새 없이 찢고, 뜯고, 할퀴고, 자르고, 조각내는 공격 행동을 한다. 중독 증상이 심각해지면 정신분열적 정신증에 이르게 될 수 있는 것이다.

거울상계의 마지막 단계에 이르면 아이는 거울 속에서 특유의 자기 이미지를 인식하게 된다. 그러기 위해서 타인의 현전, 타자의 시선, 어머니의 현전, 임재가 그에게 필수적이다. 거울 속의 자기 이미지와 어머니의 이미지를 번갈아 보면서 아이는 거울 속에 비친 자기 신체는 바로 자기 모습이라는 사실에 확신을 갖게 되고, 이미지와 실체를 완전히 구별할 수 있게 된다. 즉 아이는 거울 속에 비친 모습이 어떤 이미지, 영상일 뿐만 아니라 그 이미지는 자기 자신의 모습이고 다른 사람의 모습과는 다르다는 사실을 깨닫게 된다. 동시에 거울 속에서 한 몸으로 된 자기 모습을 보면서 그리고 분열된 신체에 대한 불안의식을 잘 포장하기 위하여, 아이는 이제 자기 이미지에 자기를 동일시하면서 자신의 성숙을 지향한다. 조각나고 분열된 신체에 대한 고뇌로부터 종지부를 찍는 순간이기 때문에 아이는 대단히 즐거워한다. 이렇게 하여 인간 주체는 '나'라는 신체 이미지와 동일시하는 주체의 동일성을 얻게 된다.

거울 영상 속에서 터득한 실제 자기와 거울에 비친 자기 이미지의 동일시로 아이의 몸은, 인간의 몸은 구조적으로 한 몸이 되었음에도 불구하고, 그 자아 동일성의 형성은 이미 자기 스스로가 아닌 타자에 의해 이루어진 것이기에, 그 시니피앙들에 의해 이루어진 것이기에 상상 속에서는 자기가 소외된다. 자아 주체는 스스로 잉태한 산물이 아니고 바깥에서 주어진 부산물이기에, 인간 주체는 상상적 소외를 겪는다. 소외된 대가로 자아 동일성을 달성한다.[1)]

마찬가지로 중독 주체는 자기 앞에 발견된 타자 이미지, 즉 사이비종교의 경우 교주의 말, 영생, 극락, 천국, 성형 중독의 경우 가장 이상적인 외형의 자기 모습, 도박 중독의 경우 일확천금의 환상, 사이비 권력의 경우 최고의 힘과 권세, 무소불위 등, 타자 이미지를 빌려서 자신을 정립하고 자기의 나약함과 쇠약성을 해결하려 하는 것이다. 그들은 거울 영상처럼 타자 이미지에 자신을 동일시하고 그 이미지, 영상에 사로잡힌 삶을 산다.

---

1) 이유섭, 〈프로이트·라깡의 정신심리분석 사랑하기〉, 박영스토리, 2020, p.140.

이렇게 중독 주체는 타자 이미지와 중독 주체의 자아를 동일시하면서 자신의 욕망을 마약, 약물, 알코올, 도박, 섹스, 게임, 사이비종교, 돈(물질), 권력(사이비지도자), 성형(외모), 쇼핑 등 타자의 욕망에 종속시킨다. 우리는 중독 주체가 형성되는 허구적인 경로를 알 수 있었다. 자신을 약물, 알코올, 도박, 섹스, 게임, 권력, 돈, 성형 등의 중독 물질이나 중독 행위라는 타자 이미지로 동일시하겠다는 허구로 가장된 것이다. 이런 의미에서 중독 주체는 거짓과 소외의 상태인 영상계, 상상계의 상태에 머물러 있는 것이다. 사실 거울 영상, 상상계, 영상계는 모사요, 가장이요, 거짓이기에 더 이상 매력을 주지 못한다. 이제 중독 주체는 상상계, 영상계를 벗어나 '의미'와 '뜻'의 세계인 상징계를 찾아야 비로소 중독의 고통으로부터 벗어날 수 있을 것이다.

다시 말해서 출생 후 인간은 어머니로 대표되는 타자의 돌봄이 인간 생존에 필수적이다. 아기에게 어머니는 어머니의 돌봄에 만족하고 어머니의 사랑에 동일시하는 2자(양자)의 유대관계이다. 그러나 곧 2자 관계는 제3자, 아버지, 아버지 이름, 아버지 법, 상징적 아버지, 아버지 메타포의 개입에 의해서 파괴된다. 어머니와 아이의 상호 종속관계, 공생관계는 분리의 심적 기제인 아버지 이름의 개입으로 그런 관계의 금지에 직면한다. 아버지 이름은 아이로부터 욕망의 대상(어머니)을 빼앗고, 어머니에게서는 팔뤼스(남근) 대상(아이)을 빼앗는다. 이 말은 거세를 상징한다. 정신분석의 거세는 근본적으로 욕망의 대상과 아이를 분리시키는 행위로 정의된다. 욕망의 대상과 아이 사이에 맺어진 상상적이고 자아도취적인 유대 관계, 나르시시즘적 관계를 자르고 분리시키는 행위에 의해 생산된 **단절의 상처**이다. 이 나르시시즘 관계, 이 2자 관계의 단절로 작용하는 요인은 근친상간 금지의 법을 표상하는 아버지, 아버지 이름, 아버지 메타포, 아버지 법이다.

거세는 아이를 인간화시킨다. 근친상간 금지가 없었다면, 우리는 인간화되지 못했을 것이고 언어의 존재가 되지 못했을 것이다. 거세는 고통스러운 일이나 인간화를 위해 인간이 겪어야 할 필연이다. 상징은 먼저 사물(팔뤼스 상징의 어머니)의 죽음을 나타내는 것이고, 사물의 죽음을 대가로 인간 주체는 욕망, 사랑을 탄생시킨다. 포기하고 금지를 받아들이는 것은 그것을 인접한 것으로 대체하여 상징화를 탄생하게 하고 욕망의 우회적 실현을 용이하게 한다. 그러므로 금지는, 거세는 열매를 맺게 하는 것이다.

거세의 무의식 경험은 인생의 여정에서 끊임없이 갱신된다. 중독 주체도 금단 현상, 불안, 심신증, 대인 기피 등 거세 공포를 겪는다. 욕망의 좌절, 희망의 좌절, 실패, 상실, 무기력, 우울, 수치심, 죄책감, 열등감, 패배감 등 거세의 시련 상태에서 그 불안과 고통, 두려움을 마약이나 알코올, 도박, 게임, 섹스, 사이비 종교, 권력, 성형, 쇼핑, 등으로 도피하여 직면한 현실의 고통을 회피하여 환각적인 만족에 집착하는 것이다.

제8장

실재계와 중독의 환타즘 (fantasme, $\$\Diamond a$), 죽음충동

오늘날 한국 사회와 중독 주체들은 중독의 유해한 환경으로부터 좀 더 성숙하고, 발전하며, 건강하기 위한 예방과 노력이 부족한 것 같다. 우리가 인생의 목표를 향해 갈 때 부딪치는 문제들과 난관들, 장애들을 해결하고 이겨내고자 하는 의욕과 의지를 보이지 않고 사전 대비책도 상구하지 않는다면, 많은 사람들은 어린 시절 엄마 품 안에 안주해 있는 아기처럼 의존과 중독이라는 덫에서 헤어나지 못할 것이다. 각종 중독 물질이나 중독 행위를 통해 자신의 모든 욕망의 대상을 발견하려고 집착하게 될 것이다. 결국 그들은 중독 증상이라는 병 증후군 속에서 고통을 겪게 된다.

한편 인생의 욕망은 보완적인 대상을 찾게 한다. 대상, 상대방을 인정하고 존중하며 서로 조화되는 것이 사랑의 체험이다. 상대방과 자기의 차이성과 다양성이 바로 인생과 사랑의 굴곡과 힘을 불어넣는다. 중독 주체가 인생길에 다람쥐 쳇바퀴 돌 듯이 늘 똑같은 행위만을 반복한다면 거기에 무슨 사는 의미와 즐거움이 있겠는가? 만약 한 부부가 또는 서로 사랑하는 연인이 서로의 차이와 다양성을 인정하지 않고 서로 완전히 하나이고 완전한 합일이라고 믿고 그것의 추구에 집착한다면, 그들의 삶은 무료와 따분함, 갑갑함과 답답함에 빠지게 될 것이다. 곧 그 갑갑함과 따분함을 견디지 못할 것이고, 나아가 적어도 그들 중의 하나는 그 무료함과 갑갑함, 답답함에서 벗어나기 위해 다른 짝을 찾을 것이고, 그것은 시기와 질투라는 고통의 나락으로 이어질 것이다. 이와 같이 엄마 품의 젖을 먹는 유아처럼 절대적 사랑, 절대쾌 상태를 열망하면서도 그 환상, 상상계로부터 끊임없이 치유되고자 하는 상태에 있는 것이 바로 중독자들의 특징이기도 하다.

사람들은 실패와 좌절, 상처, 버림 받음, 수치, 고통, 피해에 너무 민감한 것 같다. 그래서 자신이 상처와 고통, 피해를 당한 만큼 상대방도 고통당하기를 바란다. 가령 가정불화, 가정폭력, 고부간의 갈등, 처가 갈등, 부부 싸움, 부모 자신들의 스트레스와 상처들을 자식에게 전가하고 투사시키는 경우처럼 부모의 상처와 고통을 자식에게 투사 전가하게 되면, 자식은 도피와 탈선과 타락, 중독이라는 변태에 빠지지 않을 수 없게 된다. 이런 원인들로 인해서 게임 중독에 집착하는 어떤 청소년, 청년을 본다. 그는 어떤 실패와 좌절, 절망, 고통의 진퇴유곡의 곤경에 빠져 있다는 느낌에 있게 된다. 게임 중독에 빠진 행위는 실패와 좌절, 상처에 대한 투사로 다른 사람에 대한 정복을 환상적으로 행하는 것이다. 이런 환각 행위는 어떤 환상을 통해 상상 속에서 상대를 찾아 즐기고 싶다는 뜻이다. 결국 어떤 형태가 되었든지 게임 환각을 통한 희열, 주이상스가 사라지게 되면, 현실에서 대상과 소통하고 교감하며 관계를 맺고자 하는 바람이 더 이상 없게 된다. 이유는 내부에서 홀로 이미 환상적 환각적 쾌감을 느꼈기 때문이다. 반면에 그들의 욕망은 환각 속에서의 만족이기 때문에 그들은 현실에서 인간관계의 상대와 교감하고 관계 맺는 것에 너무도 연약하고 허약하다. 그들은 직업이나 일, 친구, 이성을 사귀는 등 대상을 찾는 것에 자신감 있고 당당하게 관계 맺지 못한다. 단지 야동에 만끽하며 환각으로 투사된 이성 상대와 상상 환상 속에서 즐기며 꿈을 꾸는 것뿐이다. 부모로부터 분리되기 전 부모와의 애정 접촉을 했었던 최초의 경험을 상상 환상하는 쾌감이다.

우리는 종종 젖 뗀 후에도 계속 손가락을 빨면서 젖 빨던 환상을 즐기는 아이들을 본다. 아이는 어머니 신체에 접촉해서 느꼈던 즐거움의 환상이 그리워서 몇 시간이고 멍하니 자기 손가락을 빠는 것이다. 중독 환상도 마찬가지의 환상을 즐기는 것 같다. 근원적 어머니 품 안의 즐거움이 인간 서로 간에 호감있는 언어와 놀이, 문화 등으로 대체되지 않았다는 의미일 수 있다. 인간은 주위에서 만나는 사람과 마음을 교환하고 소통하며, 애정을 표현하고, 상대방의 애정 표현에 응답하면서 부모로부터 차츰 독립해 나가고, 타인과 관계를 맺으며 자아 이상을 실현해가고 사회화를 지향해 가는 것이다.

그것은 라깡의 용어로 상징계로의 진입을 의미한다. 상징계에 들어오면, 그곳은 완전하고 영원한 만족이 없다. 분리와 결여, 부족함은 인간의 운명이다. 결여의 완전한 충족, 완전한 만족, 절대쾌기 없기에 상싱계는 결여를 배척한다. 어떠한 의미도 결국 불충분하다는 원초적 상실의 경험을 덮기 위해 인간 주체는 의미를 갖는 모든 것을 상징화한다. 말하자면 인간은 존재와 의미를 모두 가질 수가 없기에, 완전한 존재, 절대쾌를 가질 수가 없기에 의미를 선택할 수밖에 없는 운명에 산다. 의미를 선택하면 물론 존재(절대만족, 절대쾌)는 사라지지만 인간 주체는 살아남는다. 존재(절대쾌)를 선택하면 의미가 사라지기 때문에 그것은 더 이상 인간이 아니다. 상징계는 의미의 완전성, 절대만족을 허용하지 않는다.

그래서 주체는 결코 완전한 만족을 채우지 못한 채 결여와 부족, 공의 존재이다. 의미에 이르지 못한 특별한 상태, 상징계를 벗어난 상태, 그런 결여와 상실, 빈자리, 공의 영역은 실재계이다. 실재(계)는 사물과 그것을 상징하는 것 사이에 발생하는 간극, 결여, 공이다. 인간은 존재의 결여, 부족, 빈자리, 잉여, 공을 메우기 위해 욕망하는 것이다. 공즉시색 색즉시공이다. 언제나 충족되지 않은 잔여, 잉여, 공이 욕망을 낳고, 그것은 우리를 계속 욕망하게 한다. 욕망의 원인이자 욕망의 미끼인 이것을 대상 a(오브제 아)라 부른다. 욕망의 원인 대상 a는 존재의 결여, 주체의 결여를 낳게 한 장본인이기에 주체는 환타즘(fantasme, $\$\diamond a$)을 통해 그 잃어버린 대상(대상 a)을 추구한다. 그러므로 중독 주체($\$$)는 잃어버렸다고 가정하는 대상 a를 대체된 대상(마약, 도박, 게임, 권력, 돈, 성형, 사이비지도자 등)을 통하여 주이상스를 되찾으려고 상상적 재현의 환타즘($\$\diamond a$)을 꿈꾼다. 중독 주체($\$$)와 대상 a 사이에 결여이자 아갈마를 상징하는 다이아몬드 꼴 기호(◇)가 놓인다. 그렇게 무의식 중독 주체는 대체된 중독 물질과 중독 행위를 통해 결여된 대상 a, 아갈마를 꿈꾸고 찾으며 환타즘을 그린다. 중독주체는 그런 환타즘의 핵심 중심에 궁극적인 욕망 절대쾌라는 핵으로 중독 물질과 중독행위를 설정하고, 핵 주위를 돌면서 환각 환상적인 장면을 반복적으로 상연하는 것이다. 그런 반복은 현실원칙을 넘어서 무(無)를 찾는 반복이고 무로의 회귀의 반복 강박이며, 죽음 충동이다. 중독 주체가 절대 주이상스를 추구하는 동시에 반복 강박과 자학, 자해, 자기 파괴를 통한 긴장의 극대화, 결국 파괴의 상태, 무의 상태, 죽음의 상태, 무기체 상태로의 숙명적 회기 이른바 죽음 충동의 고통을 반복적으로 겪는 모습이다.

또한 절대쾌의 관계를 분리시키는 모든 것들이 거세로 작용한다. 거세라는 말은, 한 인간 존재가 자신이 원하는 대로 자신의 욕망을 성취하려는 것에 대해 법이 금지할 때 겪는 시련 과정이다. 즉 상징적 분리의 시련이다.[1] 중독자들은 지속되는 환각 속에서 고통을 겪고, 일, 사랑, 문화, 예술, 취미 생활 같은 다른 것에 에너지를 유용하지 못하는 것에 대한 상실감과 절망감, 열등감 속에서 또한 고통을 겪는다. 그러므로 중독 주체는 거세 공포의 시련 속에서 소외와 고독의 고통을 겪고 있는 것이므로 상실과 절망, 죄책감을 벗어버리고, 삶의 여정을 이해하고 찾도록 도와주어야 한다.

---

1) F. Dolto, 〈L'image inconsciente du corps〉, Seuil, 1984, p.74.

중독 주체의 재활과 중독의 예방을 위한 사회복지적 정책 시스템의 총체적 구축이 절실히 필요한 이유이다. 2024년도의 '청소년 도박문제 관련 사회 경제적 비용'이 2조 1,739억 원으로 추정되었다(대한급식신문 2025년02.20 김나운 기자). 도박중독으로 인한 사회경제적 비용은 261조 원(구로연세봄정신과, 2023년 9월 22일 박종석 원장, blog) 수준, 도박 중독 문제의 사회경제적 폐해(도박 기회 비용, 도박 비용, 의료 비용)가 연간 78조 원(성대신문, 2023.02.27. 강형 기자), 알코올 중독은 25조 원에 달한다고 하니, 여기에 기타 게임, 성형, 사이비 종교, 사이비 집단, 인터넷, 휴대폰, 쇼핑 등 기타 행위 중독으로 인한 비용까지 모두 포함한다면 중독 관련 사회경제적 폐해 비용은 어마어마하게 도를 넘을 것이다. 그런 의미에서 국가는 총체적 차원에서 모든 중독을 예방하고 치유해야 하는 당위성이 있고, 그것이 국민의 행복과 정신 건강한 복지국가 실현을 위한 책무인 것이며, 국가의 사회경제적 비용을 최소화할 수 있는 지름길이라는 것을 강조하면서 글을 마친다.

제2부

몸(신체)의 정신심리 분석

제1장

정신심리 에너지의 몸, 리비도의 몸, 주이상스(희열, 향유, 쾌)의 몸

인간의 몸, 신체가 무엇인지를 정의하는 것에 관하여 단지 생물학적, 신체해부학적 모습만으로 대답할 수 없을 것이다. 가령 만약 우리 모두가 생각 없이, 정신의 사고 없이 오직 신체 하나만을 갖고 산다고 주장한다면, 생각 없이, 사고 없이 오로지 신체 하나만으로 사는 것은 있을 수 없는 일이고 끔찍하고 치명적인 일이 벌어질 것이다.

철학자들은 유사 이래로 몸은 개인의 고유성이라는 차원을 제시했다. 그것은 인간이란 종의 정체성 인식을 탐구한 것이고, 인간은 각자 특유의 모습, 고유성이 있다는 것을 주목한 것이다.

정신심리 분석은 지속적으로 몸을 돌아보고 신체가 어떻게 구성되는지, 즉 외부 자극, 스트레스가 어떻게 신체로 내체화(incorporation) 되는지를 탐구하고, 내체화로 구성된 나머지, 여분은 어떻게 되는지, 신체 구성의 효과는 무엇인지를 탐구한다. 인간이 신체만을 지닌다는 것은 인식의 기본적인 요소가 아니고 인식의 최초 요소도 아니며 인식의 자연적인 조건도 아니다. 또한 정신분석학적 관점에서의 신체 의미 탐구는 신체해부학적으로는 전혀 얻을 수 없는 것이다.

인간은 말하는 존재인데, 말하는 존재로서의 우리의 몸은 언어에 종속될 수밖에 없다. 우리의 몸은 유기체로서의 신체도 아니고, 아무런 느낌

과 감각, 지각, 정신이 없는 신체가 아니라, 정신심리적 에너지로서의 몸, 사랑의 에너지 리비도의 몸, 주이상스(희열, 생명, 향유, 쾌)의 몸인 것이다. 아기는 출생할 때부터 촉감과 목소리, 냄새, 몸짓의 언어를 알려고 하며, 자신을 안아주고 먹여주고 웃어주며 말을 거는 타자에게 주의를 기울인다. 편안하게 안아주는 몸과 몸의 스킨십으로 안정을 찾고, 말을 듣고 사랑을 주는 타자(부모)의 현존, 임재를 통해서 이 세상에 평화롭게 안착하게 된다. 아기는 출생 직후부터 자기 주변에서 일어나는 모든 것을 지각하고 받아들인다. 그런 아기의 경험은 타자(부모, 보모)와의 공감, 공명을 통해서 구조화되고 구성된다. 아기의 세계는 5감각(5감 언어; 후각, 시각, 청각, 촉각, 미각)과 지각으로 교감하고 공감, 공명하며, 그렇게 지각되고 인식된 것이 몸과 만나서 이루어진 정신심리신체의 세계이다. 그런 이유로 아기는 자신에게 부딪친 어려움과 불편함, 문제가 발생하면, 내장 소화 기능 장애, 식욕 상실, 수면 장애, 불안, 시선 회피, 접촉 회피 등으로 표현하는 것이다.

엄마 냄새, 부름 사랑의 목소리, 생명력, 따듯한 스킨십, 애무, 껴안음, 부드러움, 달콤한 우유, 존재감과 교감의 기쁨, 몸의 느낌, 소위 5감 언어를 주고받으면서 아이의 자아가 탄생하는 것이다. 5감의 접촉과 교환, 교감으로 구성되는 부모의 현존과 임재를 통해 사랑의 에너지 리비도를 내체화하면서 아이 몸의 무의식 이미지가 만들어진다. 점차 삶의 단계, 관계를 살아가면서 지속적으로 부모(보모)와의 접촉과 관계 속에서 아이는 자신의 몸의 이미지, 몸의 무의식 이미지를 다양하게 구성해 간다.

몸의 무의식 이미지는 그런 애정감정적인 경험의 살아있는 통합이다. 그것은 선택적인 성감대 애정 감각들, 현재나 예전에 겪은 애정 감각들을 통해서 체험한 인간 상호 간의 반복적인 애정 감정들의 살아있는 통합이다. 그것은 욕망하는 주체의 무의식의 상징적 체화(incarnation)로 고려될

수 있다.[2)]

탄생의 순간부터 아기는 자연스럽게 언어 교환, 소통으로 들어간다. 아기는 무언의 몸짓과 울음을 표현하고 부모는 응답의 표현으로 상징적 교환이 이루어지고 욕망의 존재로 피어난다. 사실 태어나기 전에 태아는 이미 엄마의 심장 박동 소리, 호흡, 리듬, 감정으로 느끼는 언어적 소통 관계를 해왔다. 태아는 엄마의 리비도 감정들과 교감하는 것이다.[3)] 아기는 욕망의 존재이며 타자를 찾는 교감과 소통의 존재이다.

결국 우리 리비도적 존재, 주이상스의 존재는 몸 안에 우리의 애정감정적인 경험과 트라우마가 상징적으로 각인되어 있게 된다. 몸은 언어(5감 언어)에 종속되어 있고, 몸은 언어에 의해 감염되어 있기에 결국에 5감 언어를 통해 몸이 주이상스를 느끼는 것이다.

---

2) Dolto, F., 〈L'Image inconsciente du corps〉, Seuil, 1984, p.22.

3) 이유섭, 〈정신건강과 정신분석〉, 2020, p.70.

제2장

심신증(psychsomatisme), 신체화 증상(somatisation)

정신심리 분석에서의 몸, 신체에 관한 고찰은 라깡(Jacques Lacan)의 핵심적인 개념으로 연구되어 왔다. 말하는 존재의 구조는 상징계가 신체를 취하는 순간에서부터 포착된다. 거기에는 내체화와 성차(sexuation)의 개념, 신체 의미를 입증하는 뜻을 담고 있다.

주목할 것은, 정신심리 분석의 발견 그 초창기 때부터 히스테리 증상 그 흔적의 수수께끼로 몸, 신체라는 주제가 담겨있었다는 점이다. 프로이트는 〈히스테리 연구〉(1895년)에서 무의식과 억압, 감정해소, 저항, 방어, 전환에 관한 이론을 발전시켰으며, 이 무의식의 발견 덕택에 리비도 에너지가 어떻게 신체의 신경 지배로 전환되며, 상징적 의미를 지닌 심신증(psychsomatisme), 신체화 증상(somatisation)이 어떻게 발생하는가를 이해할 수 있게 했다. 신경증의 몸에서 어떤 신체 부분이 성애화되어 신체화되는 지는 개인 삶의 역사적 상황에 따른 무의식의 충동들과 자아의 요구, 초자아 사이의 갈등의 타협으로 이루어진다. 바로 이런 프로이트의 발견으로 무의식의 위상학에 관한 혁신적인 탐구를 공식화했다.

히스테리 증상들이 신체 해부도(해부학, 신체 해부의 유기체 지도) 내에 모두 포함되어 있지 않다는 사실이 명백하다면, 우울증 역시 모든 신체 해부도 내로 신체를 환원할 수 없는 가치를 지니고 있다는 것 또한 명백하다. 19세기 말에서부터 신체 해부학과는 구분되는 정신심리의 유기체, 정신심리의 신체라는 개념이 통용되었다. 히스테리의 신체화 전환 증상과 우울증의 신체화 증상 또는 증상의 무의식적 상징화 문제와 고통의 무의식적 상징화 문제가 그것이다. 라깡의 개념으로는 시니피앙으로 감내하는 신체와 신체의 고통으로서의 실재를 말할 수 있다.

또한 정신심리 분석이 시작된 시기에 현대 임상병리학은, 사르코(Charcot)와 코타르(Cotard) 같은 학자처럼 신체의 상징적 구성의 문제를 이미 포착하고 있었다. 이러한 문제의 발견이 19세기 말에 일보 더 전진하게 했다. 이 시기에는 신경학에서 벗어나서 유전 법칙의 발견과 방사선 치료 기술의 개발, 신체와 기질의 밀접성 탐구가 가속화되고 있었음에도 말이다.

19세기 말, 프랑스 신경과 의사로 신경학 학자이며 현대 신경학의 아버지로 불리는 샤르코(Jean Martin Charcot 1825－1893)는 많은 의학용어, 의학적 진단명을 만들었고, 특히 히스테리에 관한 연구로 널리 알려져 있다. 그는 최면을 통해 많은 히스테리 환자를 치료했다.

샤르코는 처음에는 히스테리가 신경계의 유전적 특징에 의한 신경질환이라고 생각했는데 나중에는 심리적 질환이라고 결론내렸다. 샤르코는 유전적인 요인과 유전적인 요인이 전혀 작용하지 않는 정신심리적 충격, 트라우마에 의해 형성된 히스테리를 구분하였다. 그는 정신심리적인 트라우마 증상(특히 마비증)과 유전이 아닌 조직 파괴가 없는 기능 장애를 동일한 것으로 간주했다.

샤르코는 정신심리적인 트라우마에 의해 발생한 남성 히스테리 사례를 제시하면서 남성에서 히스테리가 발견되지 않는다는 광범위한 의학적 및 대중적 편견에 반박했다. 히스테리가 정신심리적인 트라우마에 의해 발생할 수 있는 신체 질환이라는 그의 견해는 어떤 사고 또는 전쟁의 트라우마로 인한 신경증을 이해할 수 있는 길을 열었다.

19세기 말, 정신심리적 아픔들, 그런 문제들을 신체화로 상징화하여 나타내는 증상들로 잘 알려진 것으로 코타르 증후군이 있다. 프랑스의 정신과 의사였던 쥘 코타르(Jules Cotard, 1840~1889)는 많은 부정 망상의 증상을 구성하는 망상 우울증들, 이른바 코타르 증후군(Cotard's Syndrome)을 얘기했다. 신체 일부가 없어졌거나, 자기 자신이 이미 죽어 존재하지 않는다고 생각하는 증상을 말한다. 즉, 자신의 존재를 부정하거나 장기 부정망상, 체감이상 등의 정신적인 증상을 보이는 희귀병으로 '걷는 시체 증후군'이라고도 한다. 자신의 신체 일부가 이미 사라졌거나 죽었다고 착각하기 때문에, 먹거나 마시거나 하는 기본적인 생존 활동을 포기한 채 마치 좀비처럼 살아가는 모습을 보인다.

코타르는 'X'라 불린 한 여성 환자를 진단하게 되었는데, 그녀는 아주 심한 자기혐오증에 시달리며 자신의 뇌와 신경, 가슴 등이 없다고 믿었다. 또 자신에게는 뼈와 피부만 남았으며, 자신의 몸이 여러 갈래로 찢겨 고통당하고 있다고 믿고 먹지도 않았다. X 여성의 경우처럼 이런 증상을 겪는 사람들은 자신이 이미 죽어 존재하지 않거나, 장기의 일부가 없어졌다고 믿는 상태가 된다. 이에 음식 섭취나 위생 관리 등 생존에 필요한 기본적인 활동을 해야 할 필요를 느끼지 못한다.

이 증후군은 심한 우울증으로 인한 부정 망상들을 표출하는 증상을 나타내 보인다. '위나 장이 없어졌다'는 것과 같은 장기 부정망상, 열등 망상, 체감이상, 심기망상, 죄책감 망상, 허무 망상, 불사 망상(죄를 지었기에 죽는 것도 허용되지 않고 영원히 고통당하면서 살아가야 된다는 망상) 등이 심한 우울증을 배경으로 나타나는 것이다.

코타르 증후군의 형태는 크게 세 가지 부정 요인으로 구성되어 있다고 볼 수 있다. 신체 장기들의 부정, 시간의 부정으로 불사 감정을 갖는 것, 세상의 부정 이렇게 세 가지로 분별할 수 있겠다.[1)]

---

1) Jacques Postel, 〈Dictionnaire de psychiatrie et de psychopathologie clinique〉, Larousse, 1993, p.131.

우리는 위의 샤르코와 코타르의 발견을 주목해보면서 생물학이 경험과학이라 확신한다지만 인생과 생명체의 정의를 정확히 구분하지 못하고 두 영역 모두를 유기체적 생명체로서의 대상으로만 관찰할 뿐이라는 생물학의 한계를 알 수 있다. 반면에 정신심리 분석은 인생과 유기체적 생명체 모두를 탐구하면서도 그 둘의 경계를 분명히 하고, 주체와 신체(생명체)의 관계에 관한 상징적인 재현들과 결과들, 증상들을 탐구한다. 그러므로 신체에 대한 탐구도 의학적이고 생물학적인 담론에서 벗어나서 주체의 정신심리적 신체화와 그것의 잉여 주이상스를 탐구한다.

제3장

몸은 무의식의 상징적 체화이다

이제 우리는 신체, 몸의 형태는 무엇이고 유기체에 대한 메타심리학적 현주소는 무엇인지를 살펴보자.

프랑스의 인류학자 마르셀 모스(Marcel Mauss, 1872년~1950년)는 1934년 '신체 기술'이라는 개념으로 신체 또한 문화적 형성물의 일종이라는 이론의 기초를 제공했다. 그는 신체의 생물학적 차원을 부정하지 않으면서 몸을 여러 요인의 구성체로 보고 신체의 활동과 외모를 대상으로 하는 문화적이고 사회적인 영향을 입증해보였다. 모스의 신체 기술은 시대에 따라서 각 사회마다 사람이 자신의 몸을 어떻게 사용하는지 아는 방식을 말한다. 몸을 이용한 행동은 자연스러운 것이 아니라 역사적이고 문화적으로 변화하는 후천적 속성이다. 예를 들어, 이슬람교도들은 식사할 때 의식적으로 오른손만 사용한다. 이러한 신체 기술은 사회와 교육을 통해 후대로 이어진다. 서구 문화와 자유, 민주화의 영향으로 많이 변화되기는 했지만, 한국의 유교 전통사회에서 남성들은 양반 다리하고 근엄하게 어깨에 힘주고, 어른이 말할 때 바른 자세를 취하고 한다든지, 여자들은 항상 몸매를 정숙하고 다소 곳이 순종의 자세를 취해야 한다든지 하는 것도 그런 예가 될 것이다. 그런 것들은 생물학적이기보다는 한국의 유교 전통사회의 영향에 기인한 것이다.

모스는 자연적인 무기물질인 신체가 환경의 상징적인 지표에 따른 행동을 보이는 방식으로 작동한다고 본 것이다. 그래서 신체 인류학의 이론은 신체가 말과 상징의 지표에 의한 손상의 경험, 손상의 지속성의 경험을 말하고자 한다. 예컨대 우리가 경험한 바로 군에 입대하여 군인이 되면, 군 생활을 하는 동안은 사회의 생활 방식이 일정 부분 제약이 되고, 군에서의 생활방식과 태도, 행동을 수행하게 된다. 군인의 자세, 수면 및 식사 방식, 걷는 방식, 인사 규칙, 계급의 상하 관계 규칙, 군사 훈련기술 습득 등 군 생활 방식을 수행한다. 그런 의미에서 신체를 행하게 하는 이런저런 규칙과 제약들, 신체의 기술들은 그것을 수행하는 시작과 끝의 경계를 알아야 하는 고유하고 사회적이고 집단적인 필요성을 의미한다. 그 경계가 담론의 행위이고 경험의 행위이다. 가령 코로나-19 팬데믹 시기에 코로나19 바이러스의 전파로 일정 부분 우리가 지키는 신체 행위들, 가령 손씻기, 기침 예의, 식사 예의, 마스크 쓰기, 거리두기 등은 코로나-19 팬데믹의 사회적 삶을 사는 신체 행위들이다.

주이상스에 관한 정신심리 분석의 체험은 신체의 경험과 기술을 다루는 그런 인류학적인 모든 자료를 넘어선다. 정신심리 분석에서의 시니피앙은 주이상스 없이 생각할 수 없다. 시니피앙은 신체의 표시를 의미하는 것이 아니라, 그것은 이미 신체이고 그래서 시니피앙의 주이상스인 것이다. 태초의 시니피앙, 가령 아기를 안아주고 목욕시키고 대소변 갈아주며 말해주고 놀아주고 하는 모든 아기의 돌봄은 사랑이고, 그리고 그것은 사랑충동의 단계에 일치하게 하는 신체, 사랑충동에 일치하는 몸이 되도록 했다.

정신심리 분석적인 임상 경험은 최초의 타자(큰타자, 엄마, 보모)가 대상으로 제공되지 않았을 경우, 즉 큰타자(엄마)의 부재인 경우에 신체의 유지와 보살핌이 없게 될 때, 아기주체는 얼마나 심각하게 고통을 겪게 되는지를 증명한다. 우리는 자폐증(autisme)이나 망상적 우울증의 혹독한 고통의 표현들을 통해서 그 예를 생각할 수 있다. 생리학적 기능을 넘어서 성감대 부분 성충동으로 분산된 신체는, 주체가 큰타자의 투영을 결정하는 각각의 만남을 수정하는 자취들, 그 흔적들의 연속이라 말할 수 있다. 구순단계 구순애의 자취들은 항문단계 항문애에 이어 성기단계 성기 충동과 오이디푸스, 피부애 등 다형적 형태를 띠면서 연속된다. 그러므로 몸, 신체는 동반자로서의 큰타자 일뿐만 아니라, 한계의 시련으로서의 큰타자를 내포하는 개념으로 나타나고 가치화된다. 정신심리 분석이 큰타자의 역할에 대한 이런 이해와 수용이 없다면, 그것은 현인의 지혜 정도로 축소될 것이고 별로 유용하지 못한 새로운 발달심리학 정도로 평가되었을 것이다.

프로이트의 정신심리 분석과 그의 사랑충동(에로스, Eros)과 죽음충동(타나토스, Thanatos)이라는 충동 2원론의 발견으로 신체는 질료와 형상으로 구성된 실체(實體)로 생각하지 않게 되었다. 사랑충동의 근원인 정신심리 분석은 만족 그 자체를 목표로 하는 것이지 몸과 정신이 2분화 되어있는 것은 아니다. 그러므로 그것은 아리스토텔레스적인 오랜 전통과 결별의 시작인 것이다. 아리스토텔레스의 질료형상론(質料形相論, Hylemorphism)에 의하면, 생명체, 실체는 질료와 형상으로 되어있다. 그는 질료와 형상을 대립시켰다.

인간은 말하는 존재인데, 말하는 존재로서의 우리의 몸은 언어에 종속될 수밖에 없다. 우리의 몸은 유기체로서의 몸이 아니라, 아무런 느낌과 정신이 없는 몸이 아니라, 정신심리적 에너지로서의 몸, 사랑의 에너지 리비도의 몸, 주이상스(희열, 생명, 향유, 쾌)의 몸인 것이다. 아기는 출생시부터 촉감과 목소리, 냄새, 몸짓의 언어를 알려고 하며, 자신을 안아주고 웃어주며 말을 거는 타자에게 주의를 기울인다. 편안하게 안아주는 몸과 몸의 스킨십으로 안정을 찾고, 말을 듣고 사랑을 주는 타자(부모)의 현존, 임재를 통해서 이 세상에 평화롭게 안착하게 된다. 아기는 5감 언어와 지각으로 교감하고 공감하며 만남을 사는 정신심리 신체적인 세계를 사는 것이다. 따듯한 스킨십, 애무, 껴안음, 부드러움, 생명력, 존재감과 교감의 기쁨, 몸의 느낌, 소위 5감 언어를 주고받으면서 아기의 자아가 탄생하는 것이다. 아이는 5감각의 접촉과 교감으로 구성되는 부모의 현존 임재를 통해 사랑의 에너지 리비도의 내체화로 신체(몸)의 무의식 이미지가 만들어진다. 몸의 무의식 이미지는 애정감정적인 경험의 살아있는 통합이다. 그것은 선택적인 성감대 애정 감각들, 현재나 예전에 겪은 애정 감각들을 통해서 체험한 인간 상호 간의 반복적인 애정 감정들의 살아있는 통합이다. 돌토의 말을 빌려 인간은 욕망하는 주체의 무의식의 상징적 체화(incarnation)로 구성되어 있는 것이다.

그래서 우리 리비도적 존재, 주이상스의 존재는 몸 안에 트라우마가 상징적으로 각인되어 있다. 몸은 언어(5감 언어)에 종속되어 있고, 몸은 언어에 의해 새겨져 있기에 결국에 언어를 통해 몸이 주이상스를 느끼는 것이다.

라깡 정신분석 신체 이론의 새로운 품격은, 히스테리의 신체화 증상에서부터 시작하여 우울증의 무의식적 신체화의 고통스런 주이상스에 이르기까지 몸, 신체를 주체의 인생사적 삶의 경험을 간직한 큰타자(Autre)의 자취들, 그 흔적들의 총체에 의한 애로존들(애정충동 성감대부위들)과 실재 사이에 구성되는 그런 몸, 신체를 설명한다. 애정충동들이 작동하는 곳은 신체 기관, 그 애로존들(구순충동, 항문충동, 생식기 충동, 시선충동, 목소리충동 등)이고, 그것들은 부분 충동들이며 다형적, 비정형적이다. 애정충동들은 애로존의 신체에, 그런 구멍들에 형상을 부여하고, 신체는 애정충동들의 무대에 의존하여 움직이는 역동적인 지도를 그린다. 그리고 무의식의 신체, 무의식의 몸은 생명체 내부에 살고 있는 충동적 삶(사랑충동과 죽음충동)의 둥지이다. 그것은 無의 측면에서 말하면, 죽음충동의 거처로 기능할 수 있다고 말할 수 있겠다. 라깡은 생명체에서의 성의 현존은 죽음과 연관되어 있기 때문에 성충동의 종착지는 죽음이라고 말한다.[2)]

---

2) Jacques Lacan, 〈Séminaire XI〉, Seuil, 1973, p.162.

그러므로 신체가 변화와 경계의 결과라면, 그런 정신심리 분석의 신체 지도는 애로존들과 그 자취(흔적)들과 변이체들 사이의 일종의 연결 고리들에 의존한다. 이 연결 고리를 고려하면서 생명체(실체)의 개념을 다시 검토하면, 생명체는 질료적 형상이 아니라, 주이상스의 생명체, 주이상스의 몸이라는 의미로 이해하게 되는 것이다.

제4장

라깡의 이미지의 몸에서 시니피앙의 몸으로 이행 단계

의심할 바 없이 라깡의 신체, 몸의 개념에 대한 발전은 프로이트와 함께 프로이트 이후에 놀랄 만한 도약을 수행했다. 우리는 편의상 라깡의 신체에 대한 발전적 구분을 3단계로 이해해 본다.

라깡의 신체 개념의 정교화의 첫 번째 단계에서 몸, 신체는 동일시 놀이 내에서 이미지에 의해 통합된 신체(유기체)이다. 먼저 라깡은 이미지적 차원, 영상계(상상계)와 신체의 관계들로 논의를 전개시킨다. 신체의 이미지는 어떤 대상이 아니라, 이미지의 산물이다. 라깡의 거울상계는 아이가 거울 이미지를 통해가 어떻게 자기 신체를 자아 이미지로 포착해가는지를 잘 설명한다.

그러나 대상이 항상 주체의 신체 이미지로 구조화되어 있다 하더라도, 그것이 균열 없이, 틈 없이, 흠결 없이 완벽하게 형성되어 있는 것은 아니다. 라깡은 발전적으로 이런 상태를 입증하는 그림을 그려 간다(세미나 7권 〈정신분석의 윤리〉에서부터 세미나 10권 〈불안〉). 이 그림은 프로이트의 물(사물, Chose)에 대한 설명으로 시작하여 이미지가 아닌 부분 충동의 특징들과 함께 대상 a(오브제 a, objet a)를 묘사하는 것으로 되어 있다. 또한 거기에서 언어는 결여의 차원에서 도입된 신체, 언어적 신체, 언어적 몸이라는 것을 설명했다. 우리는 이 시기의 라깡의 사상은, 유기체의 신체에 비교한 시니피앙의 신체의 우위성을 논증했던 단계로 이해된다. 상징적 차원을 부양하기 위하여 희생물로 이용되거나 방어물로 이용되었던 신체적 질료의 많은 요소들이 거절과 증여, 교환, 반-증여의 근원적 모태로 이해되었다. 신체의 다양한 부분들과 부분 충동의 대상들은 신체 기능으로 정의되는 차원을 넘어서 시니피앙들의 역할도 수행하게 된 것이다. 앞에서 살펴본 신체가 환경의 상징적인 지표에 따른 행동을 보이는 방식으로 작동한다는 모스의 '신체 기술'도 이 단계 시니피앙들의 역할 수행에 포함된다.

제5장

라깡의 시니피앙 몸으로부터 큰타자 몸의 주이상스로 이행

여기서 중요한 점은 몸과 성차(남여 성의 차이) 사이의 관계를 생각해 보면서, 정신심리 분석적인 성차 논리와 관련하여 인류학적인 모습의 심리적인 문제, 그 어려움을 점검하지 않을 수 없다. 차이의 관점에 따른 성적인 차이는 변별 자질의 없음 또는 있음으로 여할하는 어떤 작업자(연산자, opérateur)에 의해 제시될 것이다. 성차 논리는 구분된 영역의 범주와 두 개의 분리된 합신의 범주에서 남성과 여성으로 제시된다. 이런 대립으로 치장된 통상의 모습은 능동/수동, 가지다/갖지 못하다, 세다/약하다, 작다/크다 등으로 나타난다. 이때의 성차 논리에 내포된 신체의 논리에는 남녀, 두 성의 접합적 본질의 구성은 발생하지 않는다.

상징계에는 성 차이의 시니피앙이 존재하지 않는다. 팔뤼스는 단지 욕망의 시니피앙일 뿐이다. 여성의 성의 상징화는 없다(Lacan, Séminaire III, 198). 그곳에는 남성/여성이라는 비대칭을 탄생하게 한다. 그 비대칭은 동일시 신화의 보물에 의해 주어진 변별자질의 범주에서 구조화된 것으로 논리적으로는 결코 흠이 없는 것으로 되어 있다. 라깡은 남성과 여성의 관계와 비대칭을 성차공식(Sexuation)으로 기호화하여 설명한다. 이 공식에서 팔뤼스는 욕망의 시니피앙이자 동시에 거세의 시니피앙을 지칭한다.

라깡의 성차공식[1)]

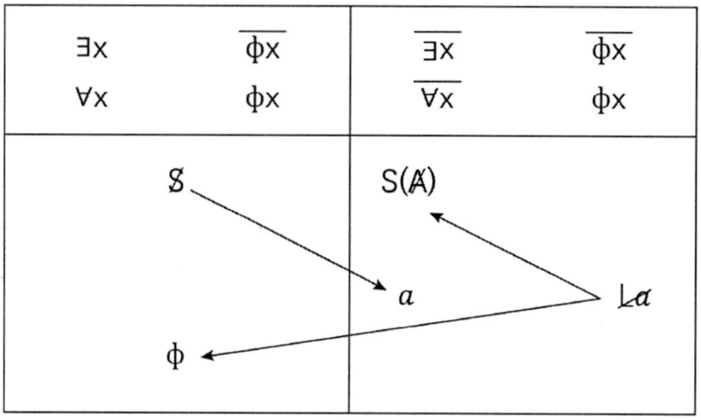

위 공식의 왼편은 남성이고 오른편은 여성이다.

왼편 남성의 공식은 '팔뤼스 기능에 속하지 않는 예외적인 X가 존재한다. 즉 거세되지 않는 X가 존재한다'와 '모든 X는 팔뤼스 기능에 속한다. 즉 모든 X는 거세되었다'이다.

오른편 여성의 공식은 '팔뤼스 기능에 예외적인 X는 존재하지 않는다. 즉 거세되지 않은 X는 존재하지 않는다'와 '모든 X가 팔뤼스 기능(거세기능)에 속하는 것은 아니다'이다.

간단히 말해서 '남성은 팔뤼스를 갖지 않고는 존재하지 않는다'라고 한다면, '여성은 팔뤼스를 갖지 않고도 존재한다'고 말할 수 있는 것이다.

그림 아래 부분의 기호식(Ła→Φ)은 제거된 그여성의 시니피앙(Ła, Ł afemme)에서 큰팔뤼스의 시니피앙(Φ)으로 향해가는 백터(Ła→Φ)를 본다. 그것의 의미는, 그여성은 존재하지 않기 때문에, 모든 여성은 큰팔뤼스(대문자Φ)와 관련되어 있어서 팔뤼스 주이상스를 추구한다는 뜻이다. 큰팔뤼스 시니피앙(Φ)은 아버지 이름, 아버지 메타포로 부여된 팔뤼스 의미화의 세계를 의미한다.

---

1) Jacques Lacan, 〈Séminaire XX〉, Seuil, 1975, p.73.

제거된 그여성의 시니피앙(L̸a, L̸afemme)은 '그 여성은 존재하지 않는다(La femme n'existe pas)'는 의미이다. 이 말은 남성들이 꿈꾸어 온 영원한 이상의 그여성은 존재하지 않는다는 뜻이다. 모든 인간 주체처럼 그녀도 분리·분열되어 있음을 의미한다. 그림에서 보는 것처럼 결여된 그 여성(L̸a, L̸afemme)은 남성편의 큰팔뤼스의 시니피앙(Φ)과 여성편의 결여된 큰타자의 시니피앙[S(Ⱥ)]으로 분리 분열되었음을 알 수 있다. 결여된 큰타자의 시니피앙[S(Ⱥ)]은 큰타자의 큰타자는 없다는 것을 의미한다.[2] 그렇게 분석내담자는 분석가와 만나서 큰타자의 근원적인 결여를 만나게 된다.

또한 기호식은 남성편 S̸(분리 분열된 주체)에서 시작하여 여성편 대상 a(오브제 a)로 향하는 백터(S̸→a)를 본다. 이 기호식은, 여성이 동의할 때 여성은 남성에게 남성의 환타즘에서 욕망의 원인 대상(a)으로 기능할 수 있다는 것을 의미한다.

아래쪽의 남성편과 여성편의 기호식들 사이에 그 어떤 백터 화살표도 서로 만나지 않는다는 것을 본다. 이것은 라깡의 명제인 "성 관계는 없다"라는 명언이 반영되어 있는 것으로 보인다.

세미나 XIV "환타즘(fantasme)의 논리"에서 라깡은 신체라는 것에 대한 새로운 조음을 제안했다. 거기에서 신체는 이미지의 결과가 아니고 시니피앙의 산물도 아니며 부채와 증여와 교환의 올가미 안에 참여자도 아니며 그런 시니피앙의 승화에 의한 가치도 아니다. 몸, 신체는 환타즘 구성의 실체이다. 그 환타즘으로 주체는 대상과의 주이상스(희열, 쾌)에 이르기 위한 유일한 지지 대상을 찾는다. 신체는 큰타자의 장소의 기원이다. 라깡의 세미나에 언급된 언술 "신체의 장소로서의 큰타자(A)"[3]는 문자, 언어에 의해 각인된 몸, 신체의 장소로서의 큰타자를 의미한다. 이때 라깡은

---

2) Jacques Lacan, 위의 책, 1975, p.75.

3) Jacques Lacan, ⟨Logique du fantasme⟩, Séminaire XIV, 1967.5.30.

해석 가능한 주이상스(희열, 쾌감)의 측면에서 섹슈얼리티를 접근한 것이다. 그는 큰타자의 신체와 주이상스 사이의 관계를 확인하면서 주이상스와 행위가 결합된 개념을 도입한 것이다. 그곳에서는 큰타자의 장소로서 신체의 주이상스가 있게 된다.

제6장

라깡의 표면들과 매듭들의 위상학을 향하여

1973년부터 라깡은 몸, 신체의 개념을 해부학, 생물학의 지식으로부터 훨씬 더 자유롭게 했다. 인생과 생명체의 관계뿐만 아니라, 신체와 주이상스의 관계는 거울 이미지의 영상적 타자의 이해로부터 시작하여, 대상 a(오브제 a, objet a)로 자리매김 되있다. 그래서 신체는, 경험에 의해 섭근할 수 있는 자기 신화를 넘어선 유일의 물(큰사물 la Chose), 주이상스의 실체로 이해되었다. 이제 신체는, 신체 내부의 기관들을 담고 있는 단순한 가방도 아니고 욕망하는 기계나 육체를 수행하는 가련한 이미지적 존재로의 축소도 아니다. 몸, 신체는 실재계와 상징계, 상상계 이런 세 가지 차원의 매듭, 연결고리의 결과이다. 오브제 a는 이 세 가지 차원의 고리를 묶는다.

실재계와 상징계, 상상계의 연결 고리의 심장으로 오브제 a를 정한다는 것은, 팔뤼스(phallus)가 더 이상 주체와 신체 관계의 구성을 결정하고 수행하는 조직관리자가 아니라는 것을 의미한다. 팔뤼스가 구성요인으로 부여된다면 중심의 주작동자, 주동자의 범주에서가 아니라, 팔뤼스(남근)로 부양되는 존재라는 이름으로 부여된 4번째 구성요인으로 행해질 수 있을 것이다. 아무튼 대상 a(오브제 a)는 욕망과 사랑과 주이상스의 운명들과 그 상황들의 기능으로 다양하게 전개될 것이다. 이유는 우연, 운명, 상황의 만남은 불가능하기 때문이다. 그래서 신체의 주이상스와 팔뤼스적 주이상스를 분리하는 오브제 a의 기능이 작동하게 된다. 이제 신체의 주이상스, 즉 생명체의 주이상스와 팔뤼스적 주이상스는 분할되는 것이다. 신체(몸, 생명체)의 주이상스가 실재계에 속한다면, 팔뤼스적 주이상스는 상징계에 속한다.

우리는 여기서 보로메오 고리를 통해 인생의 의미에 속한 것으로 정리되는 실재계의 구멍(결여)과 죽음에 있게 될 상징계의 구멍(결여) 사이에 독특한 차이를 발견할 수 있음을 조명해 본다. 인생은 더 이상 일시적으로 죽음에 저항하는 힘들, 그런 운동들의 총체로 이해되는 것이 아니라, 말하는 존재와 성애화(애정충동)된 존재로 분리된 생명체의 탐구로 정의되는 것이다. 이와 같이 우리는 사랑충동과 죽음충동이라는 두 충동을 재고찰하면서 다음과 같은 두 차원의 토대로서 그 기능을 가치화 한다. 한편으로는 팔뤼스(남근) 기능의 토대로서 자리매김되는 시니피앙의 신체와 다른 한 편으로는 실재(계)와 말하는 존재(말존재, parlêtre)와의 관계를 유지하는 신체이다. 말, 언어는 신체 주이상스의 출범, 신체 주이상스의 기제로 자리매김 되고, 말은 애정 감정, 성애 감정, 사랑 감정을 부여한다. 또한 모든 말, 글은 신체의 문자를 내포한다.

이와 같은 라깡 이론의 발전적 전개는 결론이 없는 것이 아니다. 애로존의 감각들과 분절들도 말하는 존재(말존재, parlêtre)의 신체로 존재할 뿐이다. 거기에는 구순(구강), 항문, 성기, 눈, 귀 등 신체의 구멍들에 관한 중요점을 포함한다. 그래서 실재적 구멍들과 추상적 구멍들에 연결된 신체 구멍들에 주목하지 않을 수 없다. 가령 잘 알려진 대로 망상적 우울증의 경우 깊은 동굴, 우물, 늪과 같은 심연의 구멍 상태에 있곤 한다. 그런 의미에서 덮개, 봉투, 구와 같은 모든 이미지는 신체를 나타낸다는 원형 상징의 개념은 더 이상 유효하지 않다.

라깡이 신체에 관한 정교화된 모습을 안내한 후반기 모습은 또르(tore, 원환체)의 전복과 회귀라는 새로운 공간, 구멍을 탐구하는 다양한 형

라깡의 원환체

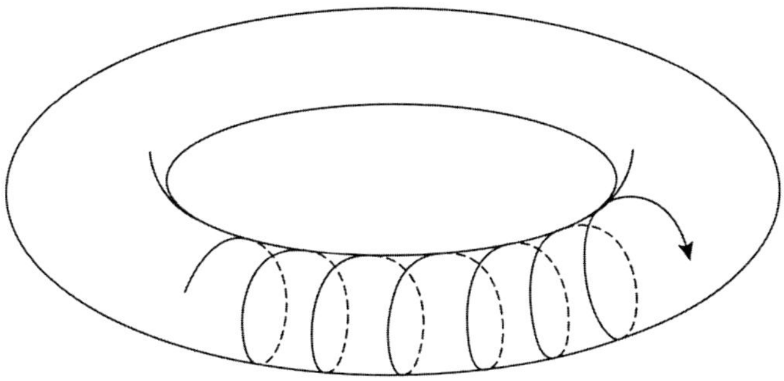

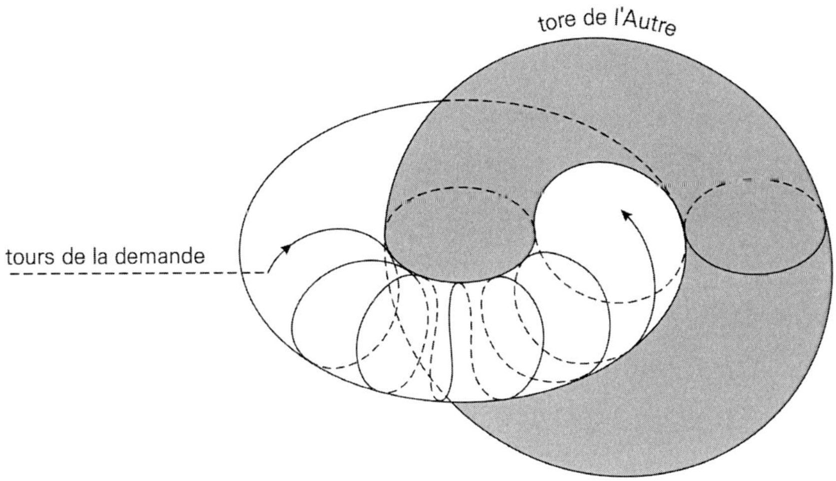

태의 라깡의 위상학으로 전개된다. 바야흐로 그것은 원환체, 뫼비우스 밴드, 클라인의 병, 크로스-캡으로 형상화되어 전개될 것이다. 그것은 실재계의 신체 탐구를 의미한다. 원환체의 구멍, 공간, 공은 신체의 구멍으로 형상화된다. 라깡은 말한다. "삶은 그 자체가 어떤 구, 공, 원환체로 고려되지만, 시간의 측면에서는 구, 원환체가 없었던 것처럼 인지되었다. 왜 조직되어 있는 것이 인지되지 못했을까? 나의 바람은 생명체의 신체를 말하는 것이고 … 분명 그거(거시기, ça, es)가 된 것은 그거(거시기)에 속한 것이고(그거에 속한 것은 그거에 이른 것이고), 그거에 존재하는 것으로서의 신

뫼비우스 밴드의 다양한 형태

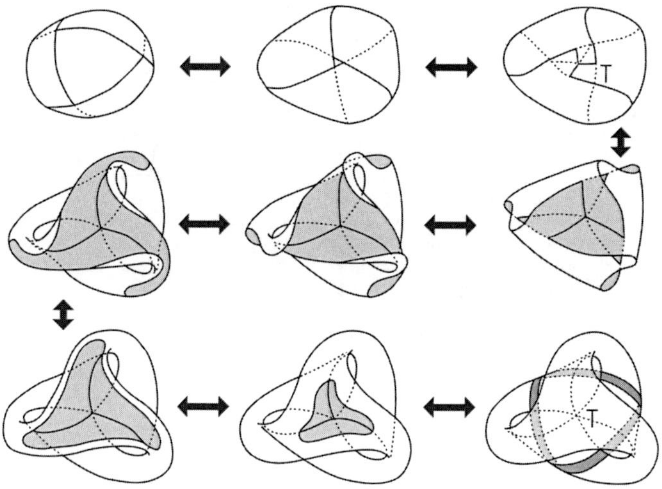

클라인병

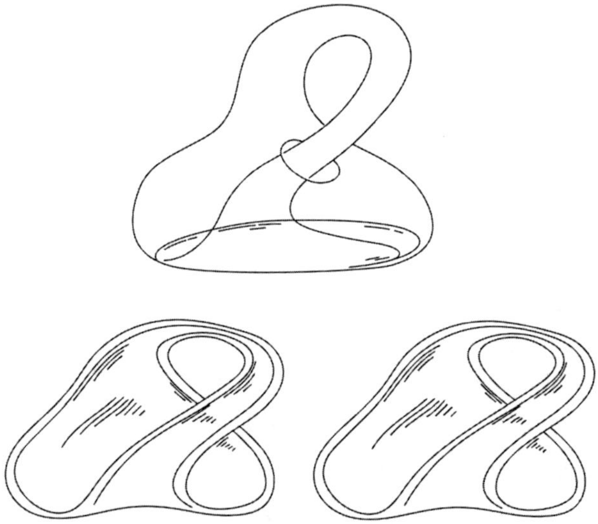

체를 아는 것이다."(Lacan, Séminaire XXIV, 1976.12.14.)

결론적으로, 프로이트에서 라깡까지에 이르는 정신심리 분석이 신체와 정신(영혼)의 이원론을 전복시켰다면, 그것이 추구했던 점은, 오랫동안

크로스-캡

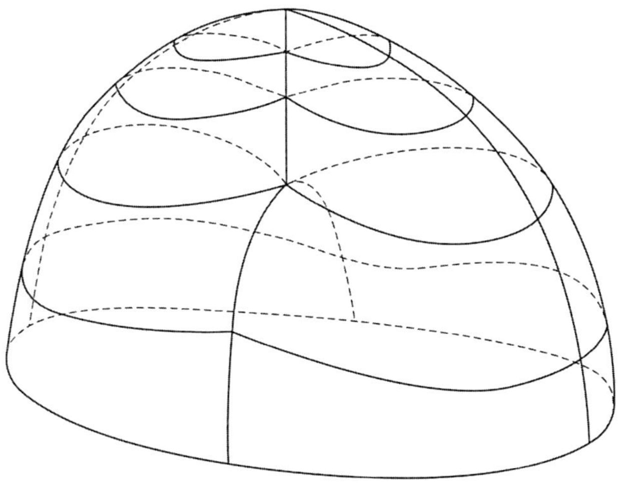

생물학이 지속해온 신체의 조직적 특성과 생체 활동 사이의 대립을 넘어섰던 점이다. 정신심리 분석은 신체의 개념을 〈상상적 모든 것(상상계)〉에서 〈모든 시니피앙〉으로 점진적으로 풀어가면서 그것을 해결했다. 이어서 시니피앙과 실재(계) 사이의 연속성에 균열, 틈이 탄생한다. 말하자면 신체는 시니피앙으로 유지되며 신체의 실재(계)에 있다. 신체는 시니피앙으로 구성되고 여분, 잉여, 오브제 a를 낳는다.

그런 의미에서 위의 라깡의 위상 그림들을 다음과 같이 설명할 수 있겠다.

실재계를 신체의 구멍으로 형상화한 원환체는 원환 중앙과 주위를 따라 반복하여 돌고 있는 주체의 요구와 욕망의 형상화를 보여주고 있고, 또한 그 원환체는 큰타자의 욕망을 욕망하는 그런 욕망의 연쇄를 표상한다. 요구(요청)의 시니피앙은, 원환체 내부의 구멍을 돌면서 동시에 원환체 중앙의 구멍을 돌면서, 원환체 단층(절단, 상흔)을 만들면서 반복된다. 요구는 대상의 주위를 맴돌지만, 욕망의 진정한 대상에 대한 요구는 실패, 결여이고, 그것은 다른 곳, 큰타자 원환체 중앙이 구멍인 결여에 위치한다.

다음은 무의식과 의식, 몸과 언어, 내면과 외면이 구분되지 않는 주체의 공간 세계, 그 실재계를 알리는 뫼비우스 밴드와 같은 주체의 형상화를 볼 수 있다. 더 나아가 클라인 병은 4차원 이상의 위상 공간으로 3차원으로 나타낼 수 없지만, 3차원의 공간을 활용하여 최대한 4차원 공간의 도형을 형상화해보는 것이다. 클라인 병은 분명 입구가 폐쇄된 닫힌 공간인데, 입구와 출구, 안과 밖, 표면과 이면의 구분이 없는, 결국 모서리, 분리면, 칸막이가 없는 4차원 공간의 위상 도형이다. 그것은 그 어떤 경계도 없이 안과 밖, 내부와 외부가 소통하면서 연속되는 그런 공간을 형상화한다. 우리는 꿈속에서 이런 경험들을 늘 한다. 어두운 밀폐된 닫힌 공간에 있다가 어느 순간에 어린 아이가 되어 벽을 뚫고 나가서 허허 벌판을 날고 있다든지, 폐쇄된 중학교 교실에서 무시무시한 시험 감독자의 감시 하에 시험치고 있는데, 어느새 군인이 되어 어떤 철조망을 통과하고 있는 남루한 군인의 모습으로 3차원의 시공간을 넘나들고 있는 자신의 모습 등을 경험한다.

또한 우리는 크로스－캡으로 형상화된 주체와 오브제 a(대상 a)의 관계 문제를 보게 한다.

크로스－캡상에는 아주 다른 두 가지 공간 유형이 존재한다. 하나는 크로스－캡의 표면적인 동질성 중심에 숨겨진 이질적인 면과 다른 하나는 환타즘의 관점에서 구성된 구형 모형에 보이는 현실의 면이다. 중심에 숨겨진 이질적 타자로 투사된 오브제 a의 위상 구형이 바로 크로스－캡을 구성하게 한다.

제3부

돌토의 몸의 무의식 이미지(무의식적 신체상)

제1장

몸의 무의식 이미지란?

아동은 분석가와의 전이 관계 내에서 그들의 환타즘, 즉 이야기, 음악, 퍼즐 놀이, 조형 놀이, 점토 놀이, 동물놀이, 모래놀이, 물놀이, 인형놀이, 장난감 놀이, 휴대폰 놀이, 음식만들기, 아빠 엄마 놀이, 그림 그리기, 공놀이 등 각종 놀이를 하면서 말하고 표현하면서 자신의 내면세계를 펼쳐 보인다. 아동 주체가 제공하는 우화적, 알레고리적인 재현들 내에서 그거(거시기, Es, Ça), 자아, 초자아의 이 세 가지 정신심리 메커니즘의 중개를 독특하게 증명해 보이는데, 돌토는 그것을 몸의 무의식 이미지라 부른다.

몸의 무의식 이미지는 완성된 그림이나 점토, 퍼즐 등에 나타난 이미지가 아니라, 아동과 함께 그림이나 점토, 모래놀이, 장난감 놀이 등을 할 때에 놀이 중의 대화를 통해서 드러나는 것, 그런 이미지, 그 시니피앙을 말한다. 그림이나 퍼즐, 레고, 음악, 점토, 조형, 인형, 피규어, 장난감, 꽃, 나무, 동물, 곤충 등을 수단으로 그 이미지에 관해서, 그것들의 몸의 이미지에 관해서 말하는 아동의 언어 연상을 통해 드러나는 그 시니피앙들이 바로 몸의 무의식 이미지(무의식적 신체상)이다. 그런 신체의 무의식 이미지를 말하는 것은 단지 이미지 세계, 영상계(상상계)만을 말하는 것이 아니라, 그것은 또한 상징적 세계(상징계)를 나타내는 것이기도 하다. 그것은 어떤 차원에서 아동이 씨름하는 갈등의 리비도적 구조의 표현, 그 시니피앙이기도 하다. 분석가는 아동이 말을 표현하도록 하여 그 갈등을 해결하게 한다. 그래서 분석가는 아동의 개인사, 개인사 속에서 겪은 사건들을 듣고 공감하며 수용해야 한다.

제2장

몸의 무의식 이미지(무의식의 신체상)와 몸의 형태(신체 형태)의 구별

몸의 형태(신체형태 Schéma corporel)는 인간이 살고 있는 조건들, 그것이 어떤 장소나 시기이건 간에 주어진 공간에서의 몸의 형태로 개인을 특성화한다. 몸의 형태는 인간 개인 그 자신의 형태, 모습, 즉 머리, 얼굴, 입, 귀, 눈, 팔, 다리, 발, 가슴, 배 등을 말한다.

이와는 반대로 몸의 무의식 이미지(무의식의 신체상, l'image inconscient du corps)는 개인 주체, 개인 인생의 역사와 관련된 개인 고유의 속성이다. 그것은 개인 주체가 겪는 리비도적 애정 관계 유형을 특성으로 한다. 그래서 몸의 형태가 의식과 전의식, 무의식의 일부라면, 몸의 무의식 이미지는 항상 거의 무의식이다. 물론 몸의 무의식 이미지는, 구어에서의 모방 언어와 같이 신체 이미지가 반영된 은유와 환유를 이용하여 전의식의 일부도 될 수 있고, 의식의 언어와도 연결될 수 있다. 몸의 무의식 이미지는 애정 감정적인 경험의 살아있는 통합이다. 그것은 선택적인 성감대 애정 감각들, 현재나 예전에 겪은 애정 감각들을 통해서 체험한 인간 상호 간의 반복적인 애정 감정들의 살아있는 통합이다. 그것은 욕망하는 주체의 무의식의 상징적 체화(incarnation)로 고려될 수 있다(Dolto, 1984: 22).

몸과 연관되어 욕망하는 무의식 주체는 수태 때부터 존재한다. 몸의 무의식 이미지, 무의식의 신체이미지는 매 순간 겪는 모든 관계 체험의 무의식적 기억이고, 동시에 그것은 현재 살아서 역동적으로 활동하는 것이며, 나르시시즘적이고 상호 관계적이다. 그것은 아동에게 모든 언어적인 표현, 말, 행동, 몸짓, 놀이(숨박꼭질, 술래잡기, 공놀이, 물놀이, 까꿍놀이, 장난감, 인형, 모래, 점토, 조형, 피규어 등), 음악, 모방 등으로 표현된다.

우리는 겉으로 표현된 신체 모습을 통해 간파한 신체의 무의식 이미지 덕분에 타인과의 소통에 들어간다. 타인과의 접촉은, 이 접촉이 소통이건 소통의 회피이건 간에 몸의 무의식 이미지가 내포된 것이다. 나르시시즘, 자기애, 존재동일성, 자존감을 유지해주고 지지해주는 이런 무의식의 신체이미지 내에서 시간은 공간과 교차하고, 무의식의 과거는 현재 상황에서 공명하고 메아리친다. 현재의 시간 내에서 과거와 관련된 그 무언가를 필터처럼 거르면서 항상 반복한다. 리비도는 현재와 관련해서 활동하지만, 과거와 연관된 매우 오래된 이미지들, 억압되어 왔던 것들을 깨우도록 하고 다시 환기시키고, 회귀시킨다. 억압이 있으면 반드시 억압된 것, 억압물의 회귀가 있다.

몸의 형태가 현 상황에서 현재의 신체를 직접 경험하여 보는 것이라면, 몸의 무의식 이미지, 무의식의 신체이미지는 주체들 간에 의사소통의 기억 언어에 의한 중개로 주이상스의 기쁨을 느끼는 욕망의 주체를 비추는 것이다. 그것은 몸의 형태 내의 독립적인 개별화라고 할 수 있다. 가령 쌍둥이는 신체 모습은 같을 수 있으나 각 개인 신체의 무의식 이미지는 개별화된다.

몸의 무의식 이미지는 수태에서 시작하여 주체의 관능적 쾌감에서 발원하는 나르시시즘으로 연결(연속분절, 분절연속)된다. 그것은 항상 무의식적이고, 기초 이미지, 기능적 이미지, 충동들의 긴장을 표출하는 애로존(애정성감대)의 애정 이미지로 역동적으로 연결(연속분절, 분절연속)하며 구성된다(Dolto, 1984: 24).

제3장

몸의 무의식 이미지와, 에로스(사랑충동, 삶충동), 타나토스(죽음충동)

몸의 무의식 이미지는 매 순간 인간 생존, 인간 존재를 위한 무의식의 내재적인 재현이다. 이 무의식의 재현이 욕망의 원천이 된다. 프로이트를 따르면 욕망의 성취를 향한 충동들은 사랑충동(생명충동, 삶충동, Eros)과 죽음충동(Thanatos)에서 온다. 항상 재현과 연관된 사랑충동들은 능동적이거나 수동적으로 될 수 있는 반면에 주체의 휴식인 죽음충동들은 능동도 아니고 수동도 아닌 항상 재현이 없는 것이다. 죽음충동들은 사고의 부재, 결여 상태, 무의 상태로 체험한 것들이다. 죽음충동들은 깊은 잠에 빠져있는 동안의 부재 상태, 코마 상태를 지배하는 것이다. 그것은 죽음의 욕망이 아니라, 휴식의 욕망이다(Dolto, 1984: 34).

죽음충동들은 타자와의 애정 관계의 잉여적 재현 없이, 잉여 주이상스 없이 존재하는 특징을 갖는다. 그것들은 욕망의 알림이 없는 신체 행위이다. 죽음충동들은 깊은 잠에 빠진 상태처럼, 또는 엄청난 감정을 폭발한 후의 기절 상태처럼, 주체에게 모든 애정적 애로티즘의 이미지로부터 후퇴하고 물러나라고 꾸준히 반복적으로 자극한다.

몸의 무의식 이미지, 신체의 무의식 이미지는 항상 환타즘(환상화 fantasme) 내에 담겨진 것으로 의사소통, 의미소통의 잠재 이미지이다. 인간이라는 타인과의 접촉 경험에 연관된 과거 기억을 갖지 않은 그 어떤 홀로된 인간은 존재하지 않는다. 상상계(영상계)와 상징계 없는 오직 실재계 상태만의 인간은 존재하지 않는다. 혼자 고독에 빠진 아이, 소위 자폐아도 항상 과거와 관련된 환타즘, 자기와 타자 사이에 겪은 실재와 나르시시즘의 상처에 연관된 환타즘이 자기 자신 내에서 현존한다. 그는 현실 세계에서 경험했던 것과 연관된 어떤 것을 내사(내입 introjection)한다. 혼자 있는 요람의 아기도 엄마(큰타자)에게 들은 음성들, 젖(우유)을 빨던 구순애의 이미지들, 엄마 품의 몸 이미지들을 반복하여 연상하면서 옹알이로 엄마를 현재화한다. 아기는 더 이상 혼자가 아니고 엄마를 위하고 엄마와 함께하는 것을 환상화한다. 설령 그것이 착각이라 할지라도 그렇게 한다.

아기가 보는 세상은 현재 몸의 무의식 이미지, 무의식적 신체 이미지를 따르고 그것에 의존한다. 그러므로 신체의 무의식 이미지의 중개에 의해 우리는 세상과 접촉하여 들어갈 수 있다. 탄생부터 아기의 신체 접촉으로 지각된 감각들을 동반한 말들과 음성들이 존재한다. 이 말들로 우리는 인식하고 생각한다. 이 말들이 우리가 사용하는 모어 언어의 기원이고 한국어, 영어, 프랑스어, 방언 등 세상의 모든 자연 언어, 그룹 언어, 공동체 언어의 기원이다. 이 모어 언어들을 통해 우리의 무의식이 드러난다. 무의식이 드러나는 이런 언어를 라깡은 라랑그(lalangue, la+langue)라 부른다. 라랑그는 언어학적인 언어(랑그 langue)와 구분하는 신체의 무의식 이미지가 담긴 모어 언어라 할 수 있다, 라랑그는 내면에 몸의 무의식 이미지를 담고 있기 때문에 모성적이고 주이상스를 품는 충만한 의미를 갖는다. 바야흐로 라랑그가 사물에 의미를 부여할 때, 그 중심에 몸의 무의식 이미지가 담겨있게 된다. 우리의 언어는 그렇게 신체의 무의식 이미지를 통해 의미를 부여하면서 말을 한다. 신체가 라랑그에 스며들어 있는 것이다. 이제 이 언어들은 타인의 몸과 접촉하면서 자기 몸의 무의식 이미지들을 동반해 간다. 이 언어들을 아기는 듣고 이해하게 될 것이고 다음 단계로 발전을 지향해 갈 것이다. 그러므로 아동 분석가, 모든 분석가는 아동이, 분석내담자가 사용하는 말들이 이미 상징화된 신체적이고 감각적인 경험이고 현재도 진행 중인 것이라는 사실을 잘 이해해야 한다.

또한 몸의 무의식 이미지, 무의식적 신체이미지는 욕구와 욕망의 관계 경험들, 나르시시즘과 비－나르시시즘의 관계 경험들, 가치화와 비가치화 경험들로 각인된 그 무엇이다. 가치화와 비가치화의 느낌들은 다양한 신체 모습 지각의 상징화로 표현된다. 그것들은 인간관계의 만남으로 귀납된 것들인데, 그 중에 가장 특별한 것으로 엄마(큰타자)와의 접촉과 엄마의 말들이 가장 우위를 점유한다. 예컨대 “아기에게 엄마의 얼굴은 먼저 엄마가 보는 아기 자신의 얼굴이다”(Dolto, 1982: 215) 아기를 바라보는 부모 등 큰타자의 얼굴, 표정은 아기 자신의 거울, 아기의 신체 이미지이다. 몸의 무의식 이미지는 엄마(큰타자)의 얼굴, 표정을 보고 말을 듣는 것을 기초로 성립된나.

제4장

몸의 무의식 이미지와 그거(거시기, Ça, Es)

강조하자면 몸의 무의식 이미지, 무의식적 신체이미지는 욕망의 편에 속하는 것이고, 생물학적 욕구(본능) 그 자체를 언급하는 것이 아니다. 상징적 토대의 범주에서 몸의 무의식 이미지에 관한 탐구는 그거(거시기, Ça, Es)의 개념을 밝히는 데 공헌할 것이다. 무의시적 신체이미지, 몸의 무의식 이미지는, 이미 어떤 공간에 위치한 신체를 가졌기에 이미 관계적인 어떤 그거(거시기)이다. 공간적 자산의 범주에서 자율성을 가진 것이고, 그거(거시기)의 일부는 선－자아(pré－Moi)를 구성한다. 선－자아는 큰타자(엄마)의 신체로부터 분리되어 일시적으로 살아남을 수 있는 아기의 앞선 자아, 선－자아이다. 선－자아(pré－Moi)는, 거세 전의 몸의 형태와 몸의 무의식 이미지 내에서 주체의 의식을 의미한다. 이때 그 몸의 이미지는 아직은 성애화되지 않았지만, 이미 부분적 발기 현상에 의해 성애적이다. 선－자아는 놀이의 경험과 행동, 감정과 관련된 말, 언어에 대한 기억으로 형성된다. 선－자아는 욕망을 지지하고 격려하거나 욕망을 차단하는 선－초자아에 의해서 제한되기도 한다. 구순 단계 구순 충동이 잘 승화되어 말의 즐거움을 알게 될 때, 그것은 구순기 선－자아가 될 것이다. 항문 단계 항문 충동이 승화로 행동의 즐거움을 느낄 때 항문적 선－자아가 될 것이다. 성기 단계에서는 성에 관련된 의문을 이해해 가면서 성적 선－자아가 형성될 것이다.

선-자아는 돌보고 양육하는 엄마와의 합-분리 과정, 존재-부재 과정의 반복을 거치면서 점차 나타난다. 신체 형태 내에서는 생물학적 기반에서 나온 충동들, 본능들은 신체의 무의식 이미지라는 수단을 통해서만 전이 관계 내에서 환타즘의 표현으로 통과될 수 있을 뿐이다. 본능 충동의 장소가 신체 형태라면, 그 충동의 재현은 몸의 무의식 이미지이다. 우리는 신체 형태의 구조화 과정 중에서 이런 몸의 무의식 이미지의 정교화를 연구할 수 있다. 몸의 무의식 이미지는 신체의 시각적 이미지의 발견으로 억압된 후에 이어서 오이디푸스적 거세로 억압된다. 2~4세의 유아는 시각, 청각, 후각, 미각, 촉각, 소위 5감각 언어의 경험으로 준거 기준을 세운다. 체험한 5감각 언어로 아이는 몸과 몸을 접촉하지 않고도 타인들과 의사소통의 가치를 부여한다. 우선 엄마와 그리고 주위 환경에 존재하는 타인들과 그렇게 의사소통을 한다. 이런 5감각 언어 경험은 주체에게 이미 알고 있는 상징적 관계의 기억을 재발견하게 한다(Dolto, 1984: 38).

제5장

환타즘(환상화 fantasme), 욕망, 욕구, 자폐증

한 아기가 탁자에 처음 부딪친다면 아기는 울면서 그 탁자를 나쁜 것으로 여길 것이다. 아기는 몸의 이미지에 그 탁자를 나쁜 것으로 투사(projection)한다. 차츰 아기는 엄마의 말을 이해하고는 사물과 사람을 구별하는 것에 이르게 되면 탁자에 부딪쳤던 아픈 마음을 위로받게 될 것이다. 우린 종종 아프게 한 탁자(사물)에 '누가 그랬어! 때찌! 때찌!' 야단치며 아기를 위로하는 엄마 말을 듣곤 한다. 이제 아기는 탁자에 부딪친 것에 대해서 자기 손으로 만져보고 쓰다듬어 보기도 하면서 자기 신체의 아픔을 치유하기도 한다. 아기는 더 이상 사물들이 의도적으로 그런 행위를 했다고 생각하지 않는다. 그렇게 아기는 사물과 자기 신체(살아있는 몸, 생명체)의 차이를 내체화한다. 어릴 때 사물에 부딪쳐서 아팠을 때, 엄마가 아기를 위하여 대응해 준 위로 덕분에 아기는 용감하게 구원 행동의 능력을 몸소 체득하여 전수받는다. 이런 내체화, 내면화로 우리는 사랑, 모성애를 수용한다. 우리는 어린 시절, 배 아플 때, 엄마가 배를 쓰다듬으며 말해준 "엄마 손은 약손!"이라는 말을 들으면, 신기하게도 배가 아프지 않는 경험 등을 한다. 그렇게 우리의 몸은 몸의 무의식 이미지, 큰타자의 언어에 종속되는 것이다. 우리는 아무 감각이 없는 유기체의 신체가 아닌, 언어화된 몸, 정신심리의 몸, 시니피앙의 몸, 주이상스의 몸에 거주하고 있음을 알게 된다.

몸의 무의식 이미지를 통해 우리는 큰타자와의 상호 주체 관계, 주체 상호 관계를 점차 구조화되어 가는 것인데, 이런 관계, 이런 의미소통 관계의 갑작스런 중단은 아기에게 비극적인 결과를 낳을 수 있다. 가령, 아기는 늘 엄마를 기다리는 법인데, 갑자기 엄마가 2달 동안 아기를 떠났다. 아무와도 소통이 없다가 2달 후 엄마가 돌아왔을 때, 아기는 엄마를 타인으로 보게 된다. 아기 역시 현실에서 타자가 되었다. 바로 거기 그런 상황이 자폐증(autisme, 오티즘)을 낳을 수 있는 것이다. 이유는 2달 동안 아기는 타인과 함께 자신의 감정을 찾지 못했기 때문이다. 아기는 엄마 안에서 자기를 찾지 못했고, 예전의 엄마, 내체화된 엄마를 통한 자기 자신을 찾지 못했기 때문이다. 이런 갑작스런 변경이 트라우마를 낳게 된 것이다. 엄마를 기다리는 아기의 환타즘이 현실에서 잘 통과되지 못한 것이다. 상상과 현실의 불일치의 결과는 종종 병적 증상을 낳는다.

아기는 변하고 발전해 간다. 모든 아이는 과거와 관련된 것에서 유래한 환타즘을 현재 현실에서의 경험, 예상하지 못했던 경험과 부딪치면서 지속적인 조정을 수행해 간다. 과거와 견주어 현재의 그런 경험은, 그런 환타즘은 과거와는 다른 것이다. 이런 영속적인 조정은 몸의 무의식 이미지, 무의식적 신체이미지의 측면에서 아이에게 변함없이 완벽한 어른(큰타자)의 현실 모습에 직면하면서 아이의 신체 형태의 계속되는 동반 성장을 가져다준다. 아이가 보는 어른(큰타자)은 몸의 무의식 이미지의 측면에서 아이가 욕망하는 매력적인 완벽한 어른(큰타자)의 모습으로 비추어질 것이다(Dolto, 1984: 40).

인간의 생물학적 욕구, 물질적 욕구 추구의 계속적인 반복은, 가령 음식은 먹어서 채워지면 그것으로 족할 텐데, 계속 먹고 싶어 한다는 것은 인간 존재가 신체의 생물학적 욕구 충족보다는 훨씬 더 신체의 무의식 이미지, 무의식적 신체이미지와 연관된 욕망의 감정들을 추구하며 나르시시즘적인 인생을 산다는 사실을 알게 한다. 가령 음식 섭취의 욕구는 채워서 배부르면 그만이지만, 우리는 늘 그것을 채우려는 나르시시즘적 욕망을 반복한다. 폭식증처럼 말이다. 만족을 채우기 위한 욕망이 있을 뿐이다. 욕망은 허용하는 범위에서 말로, 행위로, 이미지로, 환타즘으로 끝없이 채우려 하지만 결코 완전히 채워지지 않는다. 그곳에서 욕구, 생물학적 욕구는 시간, 말에 의해 지체될 수 있을 뿐이다. 신체의 삶이 계속될 수 있기 위하여 욕구는 만족 또는 불만족으로 효율적이고 의무적으로 채워져야 한다. 지각 인식의 인간화를 위한 관점에서, 큰타자의 말들의 내체화(incorporation)와, 신체 형태와 신체의 무의식 이미지의 관계성의 이 두 과정은 신체의 즐거움(쾌감) 또는 고통을 준다.

큰타자와의 언어적 관계를 세운 몸의 무의식 이미지는 인간 상호 간의 의미소통의 다리, 그런 수단을 구성한다. 반대로 몸의 무의식 이미지가 없는 인생은 침묵, 벙어리, 고독, 무감각, 무기력, 극단적 우울증의 삶이라고 말할 수 있다. 자폐증 주체 또는 정신증 주체는 의사소통, 의미소통이 없는 이미지에 갇혀 있고, 동물적인 이미지, 식물 이미지, 사물 이미지에 갇혀있다. 그곳에서는 어떤 쾌감이나 욕망, 고통이 없는 동물-존재, 식물-존재, 사물-존재로 나타내 보일 뿐이다(Dolto, 1984: 41).

반복적으로 회전하는 욕망들은 말, 언어, 시니피앙에 의해서만 몸의 무의식 이미지를 구조화할 수 있고 과거 기억들은 신체 형태의 영역들에 영향을 미칠 수 있다. 이 영역들은 애로존, 성감대가 될 것이다. 만약 말, 언어, 시니피앙을 가지지 못하면, 신체의 무의식 이미지는 주체의 상징화를 구조화하지 못하고, 관계의 정신박약 상태로 추락하게 될 것이다. 이 경우 몸의 무의식 이미지의 부정, 폐지가 있게 된다. 그곳에는 사람과의 의미소통 없이, 언어 없이, 아무 의미 없이 떠돌고 사라지는 감각적인 이미지만 있게 될 것이다. 그런 주체는 상징화가 지체된다. 그는 자기 신체 이미지를 표현할 수 없고, 그것을 모델링 할 수 없다. 그는 의미의 지체 상태인 바보같이 예민한 경악, 놀람, 불안을 표출할 뿐이다. 의미는 인간이라는 두 주체 간에 최소한 한 명이 자기의 감정을 말하면서 서로 교감하는 말, 언어에 의해서 주어진다. 이 두 주체는 그들의 신체의 무의식 이미지로 의사소통을 한다. 만약 이것이 결여되면, 이 결여의 이유가 무엇이든지 주체는 외관상으로 지체 상태로 된다. 이유는 몸의 무의식 이미지라는 언어적인 중재가 없기 때문이다.

임상적 관점에서 정신지체아의 경우에는, 몸의 무의식 이미지의 상징화 잠재성이 마비된 상태에 있다. 정신분열증의 경우, 이런 상징화 잠재성이 어떤 시기에 중단되었을 것이다. 그것은 마치 그가 다른 사람과의 사랑 관계, 애정 관계에서 구조화되었던 말들, 언어들이 없었던 것처럼 상징화의 중단이 일어난 것이다(Dolto, 1984: 42). 아이는 사랑 관계, 애정 관계를 내체화하여 자기 삶의 모든 것을 상징화하는 것인데, 정신분열증 주체는 그것이 갑자기 중단되어서 상징화의 실패를 겪는다. 라깡의 개념으로는 아버지 이름, 상징적 아버지, 아버지 메타포의 폐지(forclusion)이다.

제6장

몸의 무의식 이미지와 말의 인지

일반적으로 어떤 단어, 말의 이해는 각자의 신체 형태와 동시에 신체의 무의식 이미지의 구성에 의거한다. 몸의 무의식 이미지는 살아생전의 교감과 소통으로 그 단어를 습득하고 통합하여 내체화한 것이고, 그때 그 단어는 자기 자신에게 상징적 의미를 갖게 된다. 말하자면 시간과 공간에 의해서 경험한 저장된 언어, 글, 시각, 청각, 촉각, 후각, 미각, 이른바 5감각 언어로 교감하고 소통하여 통합하고 상징화한다. 그리하여 인간 존재는 각자의 신체의 무의식 이미지와 신체 형태의 교차점에서 습득한 언어의 결실들을 세상에 전파할 수 있게 된다(Dolto, 1984: 44).

탄생 때부터, 소위 선천적 시각 장애를 가진 사람도 색상, 빨강, 파랑, 노랑, 녹색, 검정 등 색상을 말하고 발성할 수 있다. 그 단어들은 사람들 간에 서로 말하면서 의미를 소통한 것으로 이미지를 사용한 것들이다. 이 이미지의 언어들, 그 시니피앙들은 신체의 무의식 이미지의 구성에 성공한 것들이기 때문에 그 색상들을 말하고 소통하는 것이다. 시각장애인들도 일반인들과 똑같이 색상의 시니피앙들을 상호 소통하면서 신체의 무의식 이미지로 잘 통합하였기 때문에 색상들을 잘 알고 그 시니피앙을 사용하여 의사소통하는 것이다. 다른 모든 단어와 말들도 마찬가지이다. 그러므로 신체 모습을 신체의 무의식 이미지(무의식적 신체상)로 잘 통합하여 내체화(incorporation) 했느냐 아니냐가 의미 이해의 핵심이라 할 수 있다.

제7장

몸의 무의식 이미지의 세 가지 역동적 양상

몸의 무의식 이미지(무의식적 신체상)는 신체 모습(형태)처럼 자연적 해부학적으로 부여된 것이 아니라, 그와는 반대로 주체의 인생사 내에서 정교화된 것이기 때문에, 우리는 아이의 발달 여정에 따라서 어떤 방식으로 그것이 구성되고 수정되는지를 연구해야 한다. 우리는 그것을 세 가지 양상으로 구분하여 이해할 수 있다. **기초 이미지**, **기능적 이미지**, **성충동(성애) 이미지**가 그것인데, 그것들 모두는 주체의 발달 단계에 따른 살아있는 신체 이미지와 나르시시즘을 구성하고 보장한다. 그 세 가지 양상들은 사랑(생명)충동들의 주체적인 메타포를 의미하는 **역동적 이미지** 또는 역동적 토대라 부르는 것에 의해 응집되어 연결된다. 사랑충동들은 다른 주체들과 의미소통 하는 주체의 욕망에 의해 영속적으로 유지되는 것이다(Dolto, 1984: 49).

1) 기초 이미지

아기에게 엄마의 얼굴은 먼저 엄마가 보는 아기 자신의 얼굴이다. 아기를 바라보는 부모 등 큰타자의 얼굴, 표정은 아기 자신의 거울, 아기 몸의 무의식 이미지이다. 몸의 무의식 이미지(무의식적 신체상)는 먼저 엄마(큰타자)의 얼굴, 표정을 보고 말을 듣는 기초 이미지를 토대로 성립된다.

기초 이미지는 존재 자신에 관련된다. 기초 이미지는 아이에게 '존재 자신(존재 동일성, mêmeté d'être)' 내에서 느끼도록 허용된 것이다. 비록 삶의 변화와 신체에 부과된 변동들, 감내해야 할 시련들에도 불구하고, 기초 이미지는 탄생 때부터 풍부하게 지닌 나르시시즘의 영속성 또는 시-공간적 지속성의 느낌을 뜻한다. 이것은 태아의 이미지, 수태 장면, 생존 욕망의 통합으로 근원적인 사랑(생명)충동이요, 원초적 나르시시즘이다. 돌토는 나르시시즘을, 인간 개인이 자기 성의 특성을 형성해가는 것을 알고 인식하는 존재 자신, 존재 동일성으로 정의한다. 이 존재 자신, 존재 동일성의 영속적인 유지와 지속되는 힘은 존재의 개념, 존재감을 부여한다. 인간의 존재감, 자존감은 비록 그것이 환상일지라도 이런 존재 자신, 존재 동일성의 영속적인 확신에서 온다. 이와는 반대로 이런 나르시시즘의 붕괴, 지속성의 붕괴는 인간 존재의 균형의 관점에서 일정 부분의 탈선, 도착, 판단의 착오를 갖게 된다. 바로 이때에 기능적인 고장, 혼란이 자리 잡게 된다. 우리는 그것을 신체 부위들에 자리 잡고 있던 죽음충동들의 자극에 의한 나르시시즘의 균열 또는 심각한 추락, 와해로 해석할 수 있을 것이다(Dolto, 1984, 50).

나르시시즘의 영속성 내에서 기초 이미지는, 개인 주체의 인생사가 있고, 수정될 수도 있으며, 매 순간 연절(연속분절, 분절연속)된다. 왜냐하면 기초 이미지는 원초적 나르시시즘과 관계되어 있고 그것으로 구성되어 있기 때문이고, 생명을 욕망(사랑충동)하는 주체의 범주에서 주체의 나르시시즘이 바로 원초적 나르시시즘이기 때문이다. 이 원초적 나르시시즘은 종족 개인을 위하여 세상에 속한 존재, 환경적 존재, 그 시니피앙들의 존재에서 체험한 일종의 통찰로 구성된다. 말하자면 그것은 그 어떤 표현으로도 말할 수 없는 자궁내의 태아로 비유할 수 있다. 이 원초적 나르시시즘, 이 시니피앙에 사회적이고 상징적인 정체성의 의미를 부여한다. 이 지점에서 우리는 태아에서 신생아로 이행하는 순간 불러지는 이름의 중요성과 가치를 생각해 볼 수 있다. 아기 주체에게 이름은 시각적 신체 이미지와 연결되어 자기를 보호하고 사랑하고 수호하는 후견인, 엄마(큰타자)를 수용하는 의미이고, 현실적으로는 자기 존재의 지속성을 보장받는 의미가 된다. 그렇게 이름의 부름, 엄마(큰타자)의 부름, 그 말이 죽음충동에 대한 사랑충동(생명충동)의 우위와 지배로 인정된다(Dolto, 1984: 51).

기초 이미지는 장차 인생 자체를 위협하는 어떤 재현, 환타즘(fantasme)의 등장으로 변경될 수 있고 상처받을 수 있다. 그러나 이런 재현, 환타즘이 죽음충동의 생산물은 아니다. 죽음 충동은 무기체, 무의 상태, 재현이 없는 것이기 때문이다. 기초 이미지가 위협을 느낄 때, 주체는 학대의 위험에 대한 방어의 특별한 수단으로 공포증 상태를 표출할 수 있다. 기초 이미지가 위협을 느낄 때, 주체는 내장 학대의 환타즘, 탯줄 학대의 환타즘, 호흡 학대의 환타즘, 구순단계 학대의 환타즘, 항문단계 학대의 환타즘으로 기초 이미지가 위험에 놓여있는 상태에 대해 방어할 것이다. 또한 그것은 인생의 여정에서 처음 겪는 트라우마의 시련을 겪는 순간에도 폭발적으로 등장하게 될 것이다.

아이가 기초 이미지로 가질 수 있었던 재현들은 아이의 발달 단계에 따라 수정을 하게 된다. 달리 말하면 각 단계에 따라 그 단계 특유의 기초 이미지가 있게 된다.

먼저, 탄생 이후 호흡－후각－청각적인 기초 이미지가 나타나고, 그것은 공기에 사는 최초의 기초 이미지이다. 이어서 구순적(구강적) 기초 이미지로 이어진다. 그것은 첫 번째의 호흡－후각－청각적 이미지일 뿐만 아니라, 구순, 구강, 인후의 모든 부분을 포함하는 것으로 이해된다.

두 번째 기초 이미지로 그것은 코와 인후에 이어 배의 이미지로 연결된다. 배의 이미지는 위가 채워지고 비워지는 배부르고 배고픈 재현으로 나타난다. 배부름과 배고픔의 이런 배의 재현은 위의 포만감과 배고픔에 관한 태아 감각의 반향일 수 있다.

세 번째 기초 이미지는 앞의 두 기초 이미지에 첨부된 항문과 관련된 기초 이미지이다. 이 이미지는 소화기관 하부의 밀고 당기는 기능이고, 여기에 엉덩이와 회음부의 촉각적인 재현을 구성하는 신체 집합 부위가 첨부된다(Dolto, 1984: 52).

우리는 기초 이미지가 진정한 관계적인 건축물이라는 사실을 다시 주목하게 된다. 엄마(큰타자)가 보살피는 중에 말하는 것을 통해서, 쾌감의 애로존, 성애적 부위들, 신체의 구멍들을 중심으로 구성된 건축물이다. 그것들은 엄마의 만족과 거부를 수용하는 아이의 지각에 따라 기능적인 부위로 연절(연속분절, 분절연속)되어 구성된 건축물이다.

2) 기능적인 이미지

기초 이미지에 이어 신체의 무의식 이미지의 두 번째 구성 성분은 기능적인 이미지이다.

기초 이미지가 정적인 차원을 갖는다면, 기능적인 이미지는 욕망의 성취를 겨냥한 주체의 힘, 역동성, 향진의 이미지이다. 그것은 어떤 신체 형태 부위를 향한 요구(요청)로부터 특유의 결여를 느끼고 애로존의 위치로 넘어가는 욕망을 불러일으킨다. 기능적인 이미지 덕분에 성 충동들은, 욕망을 주체화 한 후에, 주이상스(쾌, jouissance)를 얻기 위한 행동을 표출할 것이고, 세상과 타인과의 관계를 대상화할 것이다(Dolto, 1984: 55).

아이 몸에서 항문의 기능적인 이미지는 먼저 방출 이미지이고, 그것은 아이가 참은 배설 욕구의 관계에서 기원한다. 그때 아이는, 참았던 내장물, 변이 꽉 차면 그것을 저절로 비우는 수동적 쾌감을 느끼고, 이어 이 부분 대상(변)과 관계된 유쾌한 향진적인 배설의 쾌감을 느끼는 그런 방출 이미지를 갖게 된다. 이때 자기 몸의 부분 대상(변)은 다른 대상으로 대체되면서 전이될 수 있다. 예를 들자면 음성, 음을 열고 방출하는 것을 조절하면서 행하는 폐기관의 쾌감을 위한 방출 형태를 들 수 있다. 언어로 말을 조절하고 목소리로 노래를 부르는 것은 항문 단계 방출의 승화로 나아갈 것이다. 기능적인 이미지의 정교화는 애로존의 놀이와 비교하여 타인 관계, 대상 관계 가능성의 풍부함을 실현한다. 가령 손은 먼저 구순의 애로존 잡기이고, 이어 항문 단계 방출의 쾌감으로 이어지며, 아이에게 목표 달성에 이르기 위한 뼈와 근육의 자유를 부여하면서 팔의 기능적인 이미지로 통합되어 욕구의 만족과 놀이에 의한 욕망의 성취를 수행하도록 할 것이다. 반대로 기능적인 이미지가 전부 또는 일부 방해되어 저지될 때, 가령 아이가 행동하는 것에 반대 저지하여 말을 못하게 하거나 신체로 저지하거나 할 때, 아이는 후퇴, 퇴행의 기능을 선택할 것이고, 아이의 애로존은 금지 대상, 위험 대상과 접촉하지 않을 수 있고, 돌보는 어른의 욕망과의 관계에 들어가지 않을 수 있다(Dolto, 1984: 56).

3) 성 충동(성애) 이미지

신체의 무의식 이미지의 세 번째 구성요소는 성 충동(성애) 이미지이다. 그것은 유일하게 성 충동 이미지를 표현하기 위해 신체의 기능적 이미지와 연결되어 있고, 성애 이미지의 장소는 타인과의 관계 안에서 애로틱한 쾌감과 불쾌감에 집중되는 곳이 된다. 그것의 재현은 능동적인 방출 또는 수동적 수용의 목적으로 이미지화된 형태, 유쾌하거나 불쾌한 목적으로 이미지화된 형태, 즉 순환형, 타원형, 오목형, 공, 촉각, 얼굴 모습, 구멍 등으로 재현된다.

중요한 것은, 이런 신체의 무의식 이미지의 이 세 가지 구성요인(기초 이미지, 기능적 이미지, 성 충동 이미지)이 어떻게 변화되고 변주되며 개정되는지, 그것에 직면한 주체는 어떻게 시련을 겪게 되고, 부딪치는 한계들은 어떤 것인지, 특히 거기에 부과된 상징생성적 거세들(castrations symboligènes), 그 미세 인생사의 흥망성쇠 등 이런 복합 요인들을 어떻게 설명하고 묘사해야 하는지가 중요한 일이다.

그것을 위해서 다음의 사항이 필수적이다.

첫째로 기능적인 이미지는 신체 모습(형태)에서 채택되어 활용하는 모습을 수용한다.

둘째로 성 충동(성애) 이미지는, 주체에게 상징적 가치로 휴머니즘화 한, 인간화 한 어떤 쾌감의 길에 문호를 개방하며 공유한다. 그리고 그것은 모방과 행동뿐만 아니라, 타인들에 의해 말해진 말들, 언어들, 그 시니피앙들, 아이가 그런 상황을 기억했던 말들, 언어들, 시니피앙들로 표현될 수 있다(Dolto, 1984: 57).

우리가 앞에서 말한 바와 같이 몸의 무의식 이미지는 장차 확인되는 이 세 가지 이미지, 기초 이미지와 기능적 이미지, 성애 이미지의 통합이다. 그들 사이는 사랑충동(생명충동)들에 의해 연결되어 있고, 이 사랑충동들은 역동적 이미지 내에서 주체에게 현실화된다.

4) 역동적 이미지

역동적 이미지는 존재의 욕망에 상응하는 것으로 그 욕망이 미래에도 지속되기를 집요하게 추구하는 것이다. 이 욕망은 미지의 세계에도 항상 열려있다. 그러므로 역동 이미지는 그냥 재현만이 아니라, 지향성의 긴장, 지향성의 역동이다. 그것은 욕망이라는 말의 능동태 현재분사로 체화된 "욕망하면서 가는(가면서 욕망하는, allant désirant)" 것이고, 기초 이미지와 기능적 이미지, 성애 이미지 이 세 이미지 각각이 현실적 소통으로 서로 연결되어 있는 것이거나 다른 두 이미지와 잠재적으로 연결되어 있는 것이다. 역동적 이미지는 우리 각자의 현존재(l'Étant), 미래존재의 표현이다. 욕망하는 권리의 주체, 욕망 중의 주체의 표현이다(Dolto, 1984: 58).

이 역동적 이미지의 표상적 도해를 그려본다면, 그것은 신체의 애로존, 성감대를 매개로, 주체에서 출발하여 대상을 향하여 가는 점선의 잠재 모습이 될 것이다. 그래서 역동적 이미지는 목표대상에 이르기 위한 예상의 강도에 상응한다. 그것은 아이들에게 총과 총알, 포와 포탄의 재현으로 등장하고, 총과 포로 목표대상에 이르기 위하여 화살표 점선 형태의 궤적을 그린다. 그것에는 목표 대상을 향해가는 의미를 지닌 아이들의 욕망의 여정이 담겨있다.

가령 구순 단계에서, 욕구에 따른 역동 이미지는 구심력 이미지이고, 욕망에 따른 역동 이미지는 구심력이면서 동시에 원심력 이미지이다. 아기는 욕망의 존재이기에 엄마의 몸, 젖가슴은 아기의 욕망의 대상이다. 엄마의 젖가슴은 자신의 것이기도 하다. 구순 단계 젖가슴은 아기의 대상 관계적인 입이고 언어적인 입이다. 그것은 들고 나는 역동 이미지의 입이다. 입을 통해, 코를 통해, 혀를 통해, 기관지를 통해 들고 나는 구심력과 원심력의 이미지를 갖게 되는 것이다.

항문 단계에서, 욕구에 따른 역동 이미지는 원심력 이미지이지만, 욕망에 따른 역동 이미지는 원심력이거나 구심력 이미지이다. 가령 항문 단계 구심력 이미지는 남성 동성애의 계간을 들 수 있다.

성기 단계에서, 역동적 이미지는 여성의 경우 끌어당기는 구심력 이미지이고, 남성의 경우는 방출하는 원심력 이미지이다.

분만에서는, 대상을 방출하는 원심력의 역동적 이미지가 있다. 탄생의 태아 아기 주체의 전체 대상에 따른 것이든, 여성 산모 생식기관 부분 대상으로 아기 탄생을 받아들이든 거부하든, 엄마 주체의 부분 대상이든, 즉 전체 대상이든 부분 대상이든 방출하는 원심력 역동 이미지가 존재한다.

구순(구강)－항문 단계의 역동적 이미지의 경우를 다시 생각해보면, 이 이미지는 신체 형태의 관점에서 소화기관의 완성된 이미지인 것으로, 항상 입에서 출발하여 항문으로 내려가는 연동운동기관의 구심력 이미지가 된다. 반면에 이런 연동기관의 반대 모습, 구토의 경우가 있게 되면, 구순 이미지도 반대가 된다. 먹었던 음식, 부분 대상을 내버리는 방출 이미지가 있게 된다. 여기에선 타자와의 관계, 현재 관계이건 상상적 관계이건 실재적 관계이건 그 관계를 거역하는 현상이 발생하거나 소화에 위험을 느끼는 대상 이미지를 갖게 된다. 이와 같은 예들은 역동적 이미지의 생명력을 알게 하고, 그것에는 욕구의 부분 대상을 향한 여정이 반대로 향해 갈 수 있다는 것을 내포한다(Dolto, 1984: 59).

생식 단계 역동적 이미지가 퇴행에 이른 경우가 있다.

여성과의 관계를 맺을 수 없는 무기력과 무능을 느끼는 어떤 청년의 경우인데, 그는 강박적인 자위행위에 집착을 한다. 대상의 욕망 대신에 기능적 신체 이미지인 손으로 성기 자위행위를 하면서 퇴행적으로 욕망을 대체한다. 그는 욕망하는 대상을 환타즘(fantasme)으로 영상화하면서 만족할 뿐이다.

결국 그는 생식 단계에 관련하여 점점 자폐적인 양상으로 들어가고, 현실에서는 점점 사람 만나는 것을 억제하고 기피하며 두려워하게 되어 은둔하는 은둔형 외톨이가 된다.

역동적 이미지는 항상 새로운 욕망의 대상을 찾는다. 이런 점이 자위행위의 오토－에로티즘(auto－érotisme)과는 거의 상반된다. 오토－에로티즘은 욕망 실현을 위한 실제 대상의 부재를 대처하기 위해 등장한 것일 뿐이다.

몸의 무의식 이미지들, 그 무의식적 신체상들의 발달에 관해서 부딪치는 어려움들은 항상 똑같은 시나리오로 전개되지 않는다는 점이다. 욕망은, 기능적인 이미지와 성애 이미지 도움으로 욕망의 대상을 붙잡아 주이상스(쾌)에 이르기 위해 집중하는 그런 역동적 이미지를 수행하면서 욕망을 성취하고자 한다. 그러나 욕망은 그런 욕망의 실현에 장애를 만난다. 이유는 주체는 흡족한 욕망의 충족에 이르지 못하기도 하고, 또는 그런 대상이 부재하기도 하거나 그런 욕망은 금지이기도 하기 때문이다. 때문에 우리는 욕망 만족 대상의 현존과 부재(현존－부재)의 변증을 살펴보아야 한다.

제4부

프로이트의 발견, 프로이트로 돌아옴, 라깡의 애매(Aimée)사례 분석

제1장

프로이트의 발견, 프로이트로 돌아옴

"내가 정말 강조하고 싶은 말은, 정신심리 분석의 담론, 그 교육의 제공 이유는 분석가가 분석내담자(analysant)의 입장에 서도록 하는 것인데, 겉보기와는 다르게 어떤 주도권을 행하는 것이 아니고, 굳이 말하자면 증상의 이름을 생산하는 것이다."[1]

정신심리 분석에서 실수행위를 통해 내보이는 자신의 무의식 사고인 실수의 원인 이유라 부르는 개념이 있는데, 우리는 말실수, 글실수, 건망증, 여러 실수행위 등 무의식의 표출물을 통해 조금이나마 무의식의 실재(실재계)를 알게 된다. 바로 그때 그 표출물을 통해서 분석 상담 중에 분석가는 분석내담자가 말하는 목적, 이유, 원인을 발견할 수 있을 것이다. 그렇게 하지 않으면, 이전부터 내려오던 그 오해, 오인, 억압을 다른 것들로 바꾸면서 대체해 왔을 것이고, 바야흐로 그 대체들은 진실의 말(말진실, dire-vrai)과 실재(계)와의 거리, 간극, 결여를 채우려 할 것이며, 나아가 말과 글로 그 간극, 공백, 결여를 채우려 할 것이다. 말이 부족하면 글로서, 글이 부족하면 말로서 그 간극, 공백, 결여를 채우려 할 것이다. 알다시피 오늘날 우리는 직접 대면하는 말뿐만 아니라, 휴대폰으로 늘 이용하는 통화와 문자, 각종 SNS 담화들과 유튜브의 담화들을 확대 사용하면서 간극 결여 채우기 담화를 펼쳐보이고 있다.

1) Jacque Lacan, 〈Scilicet 2/3〉, Paris, 1970, p.399.

처음에 정신분석학의 창시자 프로이트가 있었고 이어 라깡이 있었다면, 라깡 이후에는 어떤 길을 갈까?

우선 연대기적 계승은 그렇게 중요해 보이지 않는다. 라깡 이후, 연대기적 시기, 구분, 그런 필연적인 계승의 문제가 그렇게 중요한 것은 아니다. 분석의 주체들이, 우리들이 프로이트·라깡으로 이어지는 연구의 범주 안에서 주체적인 입장에서 프로이트와 라깡이 남긴 유산들, 개념들을 잘 체득하고 정리하여 일상생활에 애용하는 것이 중요하다고 본다.

라깡은 '프로이트로 돌아옴(회귀, Un retour)'을 원했다. 그것은 1951년부터 1980년까지 행한 그의 강의, 그 교육의 일관된 주제로서 그것을 실제로 입증해 보였다. 프로이트로의 회귀는 프로이트의 발견(découverte)을 의미한 것이기도 하다. 프로이트로 돌아가서 프로이트를 어떻게 발견하고 다시 읽을 수 있을까?

첫째로, 그것은 정신심리 분석가들과 정신심리 분석을 공부하는 학생들, 여러 분야의 심리치료 및 심리상담자들, 인간 정신심리 현상의 학문적 연구를 바라는 마음에서 프로이트 정신심리 분석을 공부하는 여러 분야의 연구가들이 프로이트 텍스트의 총체 안에서 프로이트의 글 또는 언어를 통한 그의 가르침을 공부하고 연구하는 것이다.

둘째로, 어떤 의문을 던지고 그 응답을 찾으면서, 즉 진실의 언어(말－진실, dire－vrai)를 찾으면서 프로이트의 텍스트를 읽는 것이다. 그것은 프로이트 텍스트 자체, 언어 내에 포함된 간극, 여백, 결여, 공백을 읽는 것도 포함한다. 프로이트의 발견이란 의미는 무의식의 발견을 뜻하는 것이기도 하기에 임상 공간과 심리학적인 것으로만 그 모든 것을 알아낼 수가 없다.

이런 관점에서 라깡은 1955년 11월 7일 "프로이트의 사물(물, La

Chose) 또는 정신심리 분석에서 프로이트로의 회귀의 의미"라는 주제로 행한 오스트리아의 빈 신경-정신의학 크리닉(Clinique Neuro-Psychiatrique de Vienne)의 강연에서 다음과 같이 말한다.

> "프로이트의 발견들은 우리가 탐구해서 찾도록 남겨진 임상적 세부 사항들로서 아직 탐구하지 못한 나머지들이고, 프로이트가 경험했던 그 영역을 우리가 탐구하여 다루게 되는 길은 그 길을 통과하는 것이라는 것을 증명하는 것이며, 철두철미하게 분석했다는 인상을 준 사례대상들이 어떤 점에서 프로이트가 증명한 만큼 그것에서 자유롭지 못했다는 것을 증명한 것이기도 하다."[2]

그래서 아직 탐구하지 못한 이런 나머지들, 간극, 공백, 결여가 "프로이트로의 회귀, 돌아옴"의 호출이자 부름이다. 텍스트가 모든 것을 말할 수 없다. 그렇기에 나머지, 간극, 공백, 결여가 우리에게 묻는 것이고, 결국 우리는 자문자답하면서 진실의 언어, 말-진실을 찾고 읽는 것이다.

셋째로, 프로이트의 텍스트를 이해한다는 것은 놓인 문제를 프로이트의 텍스트 자체에서 답을 찾는 것을 의미한다. 그것은 번역본과 함께 원본 텍스트의 이해를 바탕으로 원본을 해석하고 주해하는 것이며, 문제와 관련된 텍스트를 다른 텍스트로 주해하고 응용하면서 관련된 문제를 이해하고 체화하는 것이다. 가령 프로이트의 초창기 개념으로는 전이(Transfert)의 차원을 예로 들 수 있을 것이다. 한 여성이 현재 직장 상사와 부딪치는 문제를 어릴 때부터 겪어왔던 아버지와의 문제의 차원, 전이의 차원에서 답을 찾아 문제를 풀어가는 것을 예로 들 수 있다.

그렇게 우리는 프로이트의 텍스트를 해석적, 분석적인 텍스트로서 뿐

---

2) Jacques Lacan, 〈Ecrits〉, Paris, Seuil, 1966, p.404.

만 아니라, 무의식의 형성물의 과정과 규칙에 따라 분석적으로 읽을 수 있게 된다. 그런 이해, 해석, 주해를 라깡은 문자적 주해(le commentaire littéral. *Lacan, Ecrits*, 1966: 364)라 불렀다. 그런 의미에서 라깡의 문자적 주해, 문자적 이해는 프로이트의 무의식의 형성물이라 부르는 진실의 이해이고, 바로 그 진실이 언어 문자에 긴밀히 의존하고 있는 정신심리의 사고라 할 수 있는 것이다.

넷째로, 변형생성적으로 프로이트의 텍스트를 읽는 것이다. 변형생성적 방식은 프로이트가 우리에게 준 메시지를 읽으면서 동시에 라깡이 열어주고 알려준 문자적 주해라는 새로운 글 읽기를 하면서 동시에 그 둘 사이의 나머지, 간극, 공백, 결여도 고려하면서 읽는 것으로 프로이트와 라깡으로 회귀적 글 읽기라 할 수 있는 방식이다. 각자가 주체적으로 프로이트와 라깡으로의 회귀의 글 읽기, 간극, 공백, 잉여의 글 읽기를 하는 것이다.

위와 같은 네 가지 관점 각각은 상호 관계를 맺고 있고, 서로 관련 의미를 내포하고 있는 것이다.

이런 텍스트 읽기가 모두에게 꼭 같은 정답을 제시하는 것은 아니다. 프로이트가 열어준 텍스트 읽기는 개인의 무의식 읽기의 영역이기 때문이다. 개인의 무의식 영역은 늘 똑같을 수 없다. 무의식의 영역은 본질적으로 겉으로 드러나 있는 것은 아니지만, 그럼에도 불구하고 영원히 열려있으면서 다시 닫아버리는 속성을 갖고 있다. 그런 무의식의 속성으로 인해 분석적 경험과 일반적인 경험 사이에 좁힐 수 없는 불일치의 결과가 발생한다.

그런 의미에서 정신심리 분석의 경험, 정신심리 분석가의 현존은 무의식의 개념 내에 포함되어야 한다. 라깡의 개념으로 우리는 그것을 정신심리 분석에서 '증상에의 동일화(동일시)'라 한다. 말하자면 정신심리 분석을 통한 증상의 메타포를 생성해 내도록 하여 증상으로부터 벗어나게 하는 것이다. 증상의 앎, 그 체득을 통한 증상에서 벗어나기이다. 증상을 안다는 것은 증상을 지각하고 그것을 어떻게 수용하고 다루며 풀어낼지를 아는 것을 의미한다. 그것이 정신심리 분석의 목표이고 종결이다(Lacan, 〈Séminaire XXIV〉, 1976.11.16.).

증상의 무의식을 발견하는 유일한 기회에 닫혀있는 그거(거시기, Es)에 이름을 붙여 풀어주는 것이 증상에서 벗어나는 과정이다. 그런 의미에서 분석가의 역할은 충동의 원천인 그거(거시기 Es)의 활성화 대상의 역할을 하는 욕망의 원인 대상 a(오브제 a, objet a)의 위상(위치)과 동일화된다.

제2장

라깡의 뫼비우스 밴드[더블(이중) 회전]

라깡은 "프로이트로 돌아옴(회귀)"에 대한 의미를 더블(이중) 회전을 하는 주체의 위상학(라깡의 뫼비우스 밴드)으로 사유한다(Lacan, 〈Ecrits〉, 1966, p.366). 그 위상학에서 주체는 자기 자신이 두 번의 회전, 더블 회전으로 조명된다. 라깡의 뫼비우스 밴드처럼, 모든 것이 닫혀서 폐쇄되어 있는 앎(이런 앎이 절대적 앎은 아니다)과 앎에서의 진실의 결과를 회귀하며 전복하는 그런 앎, 그런 다른 면을 다시 말해야 하는 더블 회전이 바로 회귀이다. 회-귀(Re-tour)는 더블(이중) 회전(double tour)이다.

뫼비우스 밴드의 첫 번째 회전(가령 표면)은 단순 회전(단일 회전)으로 다른 면(이면)은 제외하는 회전이고, 밴드의 두 번째 회전은 폐쇄되지 않은 봉합이 없는 회전이다. 이는 이중 부정을 내포한다.

뫼비우스 밴드 더블(이중) 회전

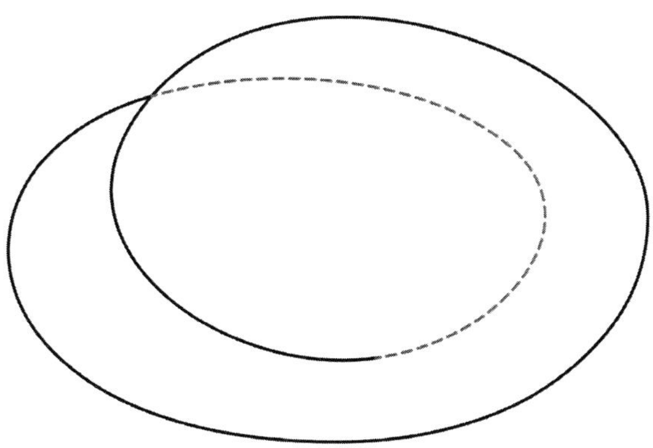

라깡의 뫼비우스 밴드의 관점에서 첫 번째 단순 회귀(첫 번째 회전) 형태에 관해서는 프로이트가 우리에게 남겨놓은 유산들과 궁지 아포리아, 예컨대 자아와 인식의 주체, 도덕의식이라는 오이디푸스의 계승자로서의 초자아, 여성의 성 등을 얘기할 수 있을 것이다. 라깡은 프로이트가 시작하여 연구했지만 미결로 남겨놓은 문제들에 응답하면서 그것들을 완성했고 넘어서기도 했다.

이런 첫 번째 발전된 개념들에 대립된 두 번째 형태, 두 번째 회귀는 밴드가 봉합 없이 중지된 채로 남아있다. 프로이트 텍스트는 프로이트 텍스트 내에서 닫힌 선형을 그린다면, 라깡의 텍스트는 그런 문제들을 열려진 채로 입 벌려진 채로 놓아두고 있다. 매력적인 회귀로 무한정으로 신비하게 그 앎의 탐구를 던져놓고, 그렇게 만족해한다. 그것은 프로이트에 대한 모든 도그마티즘을 반대한다는 의미이고 모든 것을 무대에 올려놓고 논의하자는 의미이기도 하다.

그런 이유로 이 두 번째 회귀, 두 번째 개념은, 그 앎은 프로이트가 발견했듯이 이미 과거 안에 존재해 있는 것이고, 그 앎의 상실, 결여에 관한 열린 연구를 끊임없이 새롭게 갱신해가야 하는 것이기도 하다.

제3장

라깡의 애메 사례(cas Aimée) 분석

1) "애메 사례(cas Aimée)"의 정신증 개요

'애메 사례'에서 주인공 범죄 여성 애메(Aimée), 마르그리트 앙지외(Marguerite Anzieu, 1892–1981)의 본명은 마르그리트 팡텐(Pantaine)이다.

라깡의 나이 31세, 1932년, 젊은 정신과의사 라깡은 정신심리 분석가 뢰빈스타인(Rudoph Loewenstein)과 함께 분석을 수행하면서 의학박사 학위논문, "인성 관계들 내에서 정신착란적 정신증에 관하여(De la psychose paranoïaque dans ses rapports avec la personnalité)"를 집필한다. 정신심리 분석가와의 만남은 라깡에게 정신증(psychose)의 관심을 집중하게 했다. 라깡은, 신경증의 무의식을 발견했던 프로이트와는 반대로 정신증 정확하게 정신착란증(편집증, paranoïa)에 더 많은 관심을 갖고, 프로이트의 정신심리 분석을 조금씩 탐구해간다.

라깡은, 정신증의 지적인 결함을 치명적인 것으로 생각하지 않았고 그것은 전혀 중요하지 않다고 생각했다. 그는 정신증을 본질적으로 정신심리의 통합(조화)에 문제가 있어서 발생하는 것이라는 것을 증명해보인다. 정신심리의 통합, 조화를 인성(personnalité)이라 부른다. 그러므로 정신착란증(편집증)은 정신심리의 조화와 통합인 인성의 손상이다. 정신심리의 불화와 부조화, 불일치로 정신착란증이 발생한다.

라깡은 인성 현상을 밝히는 것에 만족하지 않았다. 그는 임상적 현실에 고심이 있었다. 그래서 철두철미한 방식으로 증상을 탐구하기 위하여

한 사례를 선별했고 그 당시까지 잘못 알려진 임상적 유형을 뽑아냈다. 그 중 정신착란적 정신증인 "애메 사례(cas Aimée)"를 발표했다.

라깡이 "자기 처벌 정신착란증(편집증)"으로 명명한 전형적인 유형으로 그 사례를 선택했고, 그것은 단지 진단명 부여를 위해서가 아니라 채택된 치료 개입의 관점에서 탐구 방법의 사례로 채택된 것이다. 그것은 주체 개인 인생사의 특징을 존중하는 방식을 취하는 이른바 주체의 인성(personnalité) 탐구를 진행하는 방식으로 수행한 것이다.

라깡의 '애메(Aimée) 사례', 본명 마르그리트 팡텐(Marguerite Pantaine)은 1892년생으로 프랑스 중부의 가톨릭 집안 출신이다. 애메(팡텐)는, 피해망상으로 고통받고 있었던 어머니에 의해 환경의 영향을 받고 있었지만 일찍부터 〈보바리 부인〉[3] 엠마처럼 존중받는 지식인이 되고자 꿈꾸었다.

1910년 18세에 그녀는 우체국 공무원으로 입사했고, 1918년 26세에 회사 동료인 르네 앙지외와 결혼했다. 1921년 아들 디디에를 임신하고 있었을 때, 그녀는 이상한 행동을 하기 시작하였다. 이때 그녀는 피해망상과 우울증 상태였다. 아이를 출산한 후, 그녀는 이중적인 생활을 한다. 한편으

---

3) 귀스타프 플로베르(Gustave Flaubert, 1821－1880)의 첫 작품으로 문학적 명성와 대중적 인기를 누렸던 작품이다. 작품의 묘사 너무 성적으로 선정적인 부분이 있다고 기소되어 재판까지 했던 작품이다. 의사가 된 샤를 보바리는 어머니의 뜻대로 돈 많은 미망인과 결혼하지만 성격과 나이 등 여러 가지로 맞지 않아 이내 환멸을 느낀다. 그러다 자신의 환자 루올 노인의 딸 엠마의 외모에 이끌린 그는 아내가 죽은 후 그녀와 결혼한다. 하지만 엠마는 낭만적인 연애에 대한 환상을 품은 사람이었고 연애 때와는 달리 샤를의 둔감한 면에 질려 결혼 생활에서 큰 행복을 느끼지 못한다. 그러던 어느 날 후작의 무도회에 다녀온 이후 엠마는 점점 사교계 생활에 위안을 얻어 빠져들기만 할 뿐 그 외의 모든 것에는 권태를 느껴 시골 의사의 아내가 아니라 소설 속 여주인공이 되려는 환상에 점점 빠져든다. 결국 엠마는 다른 남자들과 불륜을 저지르고, 그 과정에서 많은 빚을 져 재산 압류를 통보받는다. 이에 엠마는 비소를 먹고 자살하고, 엠마의 죽음 이후 모든 것을 알게 된 샤를은 엠마에 대한 울분과 그리움 속에 화병으로 죽는다. 의사의 외동딸에서 하루아침에 고아가 된 베르트는 친척집을 전전하다 끝내는 방직공장으로 보내진다. 현실의 자아와 초자아, 이상적 자아, 에스(Es)의 갈등으로 파산하는 인간의 운명을 그렸다고나 할까, 현실의 억압을 탈피하여 자유와 욕망을 찾는 여성상을 엿볼 수 있다.

로 우체국 공무원으로서 일상적 생활과, 다른 한편으로는 망상에 의해 이루어지는 상상적 생활이다. 1930년 그녀는 두 편의 소설을 연이어 집필하고, 이를 출판하려 했지만 뜻을 이루지 못한다. 그녀는 1930년대 당시 파리 무대에서 유명했던 여배우 마담Z(위게트 뒤플로, Huguette Duflos)로부터 박해를 받는 희생자라고 확신했다. 1930년 4월, 애메는 칼을 들고 그 여배우 마담Z가 무대에 서려고 극장에 도착한 순간 그녀를 살해하려 했지만 손에 상처를 입히는 미수에 그쳤고, 경찰에 연행되었고, 유죄 판결을 받아 생-라자르 여자교도소에서 수감생활을 하다가, 생탄병원(성-안나 Sainte-Anne)으로 이송되어 1년 반 동안 라깡에게 치료를 받았다. 라깡은 병원 입원 2주 진단서를 다음과 같이 작성했다.

> "정신착란적 정신증. 살인 미수에 이른 최근의 망상. 이런 살인 미수 행동 후에 겉보기에 이런 상태들이 해결된 듯함. 몽환적인 상태. '그녀이 아들에 대한 위협들'이라는 최우선의 생각을 그룹화하여 의미심장하고 광의적이며 동심원적인 해석. 반대로 아들에게 수행해야 할 의무 감정 체계 가짐. 작가와 그녀의 희생자에 대한 사고 행동 불안으로 초래된 다형 충동들. 글을 써야 하는 긴급성. 글을 영국 왕가에 보냄. 풍자적이고 목가적인 글. 커피 중독. 과한 다이어트. 생식기 사건들과 독성 보충제(트로이틴)에 의해 결정된 이전 해석의 외부화. 배타적인 모성 애착에 중심을 둔 거칠게 치명적인 태도, 그러나 예전에는 내면화된 가치에 지배되어 비정상적인 가족 상황과 임시 경제에 빠진 것을 수용함. 중앙 갑산선종. 심계증. 현재의 모성적 법적 상황에 적응. 과묵. 희망."[4]

라깡은 그녀에게서 자기처벌 정신착란증(paranoïa d'autopunition)을

---

4) Jacques Lacan, 〈De la Psychose paranoïaque dans ses rapports avec la personnalité〉, Seuil, 1932, p.204

발견했다. 경찰 조서 과정에서 애메는 여배우 마담Z가 자신에 관한 음모와 추문을 퍼뜨리고 사생활을 폭로해 왔다는 망상적 이야기를 했다.

애메의 정신착란증은 크게 박해피해망상과 과대망상이다.

그녀의 망상들은 그녀가 겪은 환경, 인생사와 관련된다. 생탄 병원에 입원 당시에 애메는 38세였고, 남편은 아들을 맡아 양육하고 있었으며 부부는 별거 중이었다.

2) 애메(마르그리트 팡텐)의 인생 스토리

애메는 어린 시절 프랑스 중부 지방에서 부모, 3명의 남동생, 2명의 언니(엘리즈와 마리아)와 살았다. 그녀의 아버지는 다소 폭군적 성향이었으며 아버지의 잔소리와 핀잔을 많이 들으면서 자랐지만 아버지와의 갈등에 맞서기도 했다. 반면 어머니와는 매우 밀접한 관계를 유지했으며 마치 친구 같았다고 말했다. 어머니는 이웃 사람들로부터 피해를 당하고 있다는 망상에 시달리곤 했다. 그녀는 자신이 감시당하거나 박해받는다고 생각했으며 자신을 해하려 한다는 피해망상을 하곤 했다. 한 사건이 있었는데, 애메가 태어나기 전에 애메의 첫 번째 언니가 큰 화로불에 심한 화상을 입고 사망한 사건이 있었다. 그 사건으로 어머니는 자책감에 고통스러워 했다. 그 첫 언니가 죽은 후 애메가 태어났는데, 부모는 애메에게 죽은 첫 언니의 이름인 마르그리트라는 이름을 정해주었다. 애메는 어머니의 사랑을 가장 많이 받았고, 그래서 위의 두 언니들의 질투심을 불러일으켰다. 마르그리트(애메)를 낳은 후 어머니는 세 명의 아들을 더 낳았다.

어릴 때 애메는 남동생들과 노는 것을 아주 좋아하고 시골의 자연을 무척 좋아하는 소위 말괄량이 여자아이였다. 그래서 언니는 애메를 혼내고 간섭하고 지배하면서 줄곧 영향력을 행사하곤 했다.

애메가 겪은 사춘기의 두 가지 사건 또한 중요하다. 하나는 친한 친구가 결핵으로 사망한 것이고, 두 번째는 가족 나들이가 있었는데, 애메가 외출할 때 준비 시간이 너무 오래 걸리는 바람에 가족들이 먼저 출발해버린 사건이었다. 애메는 들판을 가로질러 쫓아가서 가족들과 합류하려 했으나, 황소들과 맞닥뜨려 소들이 흥분하여 쫓아오는 바람에 겨우 도망쳐 빠져나온 사건이었다. 후에 그녀는 불안할 때면 황소가 쫓아오는 꿈을 꾸곤 했다.[5)]

애메는 결혼하기 전에 직장 친구 여성C와 4년 정도 아주 친하게 지냈다. 여성C는 귀족 가문 출신이었지만, 신분만큼 잘 나가지 못해 실패한 그런 열등감을 동료, 친구들에게 지적이고 윤리적으로 지도력을 행사하면서 모임의 주동자 역할을 하며 시간을 보내고 있었다. 그녀는 저녁 늦게까지 모여서 대화하고 게임하며 노는 프랑스 살롱 문화의 탁월한 주동자 역할을 하고 있었다. 애메가 후에 칼로 상해를 입힌 여배우 마담Z(위게트 뒤플로)는 친구 여성C의 이모네 이웃이었고, 사라 베르나르드(여배우 여성C)는 친구 여성C의 어머니와 아는 사이였다. 애메는 그녀들의 이름을 그 모임에서 듣고 알게 되었다. 애메는 후에 이 두 배우가 지속적으로 자기에게 박해를 가하고 있다고 생각했다. 애메와 친구C는 매우 친해졌다. 바야흐로 애메는 친구C에 거의 최면에 빠진 상태였다. 애메는 친구C가 보통이 아닌 재능이 있는 재주꾼이라는 것을 알고 그 친구의 그늘에서 살고 있었다. 그녀와의 관계는 4년 동안 지속되었다가 그녀가 직장을 전근하고 나서야 끝났고 그 후에도 서신을 주고 받았다.[6)]

20대 초반에 에메는 조그만 소도시에서 그곳에 사는 난봉꾼(Don Juan)을 만난다. 그 남자가 애메를 유혹했고, 그 남자와 연애를 했다. 한

---

5) 위의 책, p.223.

6) 위의 책, pp.226－227.

달 정도 연애를 하고 다른 도시로 이사를 했다. 깊은 관계가 아니었다고 말했지만, 그럼에도 불구하고 다른 도시에서 살았던 3년 동안 그 남자와의 이상적인 관계를 꿈꾸고 있었고, 그 남자와의 비현실적인 생각들에 사로잡혀 있었다. 또한 그 남자와의 성관계 이후 불감증을 갖게 되었다. 이런 사건들로 인해 후에 애메에게 고통을 준 사람들은 증오와 경멸의 대상으로 나타난다. 사랑이 증오로 변하여 박해피해망상으로 나타난 것이다.[7)]

애메는 이런 난봉꾼과의 연애 사건 이후 1918년에 직장 동료와 결혼을 한다. 그녀의 남편은 별문제 없는 현실적이고 안정적인 사람이었다. 운동을 좋아하며 침착하고 현실적으로 균형잡힌 사람이었다. 모든 면에서 애메와는 반대였다. 서로 맞지 않을 거라고 한 남편 가족의 반대에도 불구하고 두 사람은 결혼했다. 애메는 결혼 초기에 아내로서의 정성을 다하려 했지만, 곧 둘 사이는 틀어지기 시작한다. 서로 맞지 않았고, 서로 비난했으며, 애메는 불감증이 계속되었고 남편이 다른 여자들과 관계를 갖는다고 상상하면서 병적인 질투를 하게 되었다. 불안한 행동을 하고, 실없이 웃고, 반복적인 손 씻기 행동 등이 생겼다.

애메의 망상증은 28세부터 나타난다. 그녀는 결혼 후 4년째에 임신을 했다. 임신 중에 그녀는 동료들이 적대적이고 그녀의 행위를 비난한다고 생각했고, 길거리에서도 사람들이 그녀를 비난하고 흉보고 수군대고 경멸한다고 생각했다. 그녀를 비난하는 신문 기사들이 나와 있고, 그들이 아직 태어나지도 않은 아이를 죽이려 한다고 했다. 밤에 악몽에 시달렸고 물건 등을 던지기도 했다. 반면에 임신한 아이를 위해 옷을 준비하는 등 광적으로 집착하는 모습을 보였다. 불행히도 태어난 여아는 사산되었고, 이때부터 애메는 망상들로 절정의 적대 감정을 드러냈다. 친구의 안부 전화를 의

7) 위의 책, 225

심했고, 그 친구가 사산한 여아의 죽음에 관련된 책임이 있다고 망상했다. 적개심이 가득 찼고 아무하고도 얘기를 안 했으며 칩거하기도 했다.[8)]

다행히도 애메는 그 다음 해에 두 번째 아이, 아들 디디에를 낳았다. 임신 기간 동안 우울증에 망상들이 지속되었지만, 출산 후 14개월 동안 아무도 아기를 돌보지 못하게 하는 등 아기에 집착했다. 다른 사람이 가까이 하거나 우유를 먹이지도 못하게 했다. 아들이 바깥바람을 절대로 쐬지 못하게 하기 위해 배내옷으로 꽁꽁 쌌다. 그녀는 주위의 사람들과 싸우기 시작했고 점점 적대감이 심해졌고 다른 사람들이 아기를 해칠지도 모른다고 불안해했다.

이러는 사이 애메의 언니 엘리즈가 함께 살려고 애메의 집으로 들어오게 되었다. 언니는 지배적인 성격을 지녔는데, 알 수 없는 이유로 27세에 자궁적출 수술을 받았고, 결혼 후 8개월 만에 그녀의 남편이 사망했다. 언니는 애메의 행동과 품행을 비난하면서 집안일을 떠맡았으며 애메의 남편과 아들을 돌보며 애메 아들의 교육을 담당했다.

애메의 망상이 강화된 것은 그때부터였다. 생뚱맞게 미국에 가겠다고 비자를 신청했다. 아이를 위해서 미국에 가서 작가로 출세하겠다는 것이었다. 바야흐로 그녀는 아이에게 소원해지기 시작했고, 아이가 없어졌다는 정신착란 망상을 보였다. 급기야 그녀의 가족들은 애메를 에피네 정신병원에 입원시켰고 망상과 환청을 동반한 급성정신병적 증상으로 정신병원에서 6개월 동안 지냈다.

정신병원에서 애메는 다음과 같이 항의의 글을 썼다.

---

8) 위의 책, p.159.

"E...센(E... Seine) 일요일 아침,

선생님,

나는 선생님을 알지 못하더라도, 선생님의 이름의 힘을 사용하여 E 의료기관(요양원)에 입원된 것에 항의할 수 있도록 간절히 기도드립니다. 우리 가족은 내가 M을 떠날 수 있다는 것을 이해하지 못했습니다. 그리고 내 집, 따라서 음모이고, 진실로 음모이고 여기서 나는 감시받고 있습니다. 직원은 호감이 가고, 저의 의사 D 박사님도 그렇습니다. 저의 서류를 그와 함께 검사해주시고 입원 체류를 중지해주세요. 저의 건강에 해로울 뿐입니다. 소설가 선생님, 당신은 아마도 제 입장이 되어서 인간의 비참함을 연구하는 것에 매우 기뻐하실 것이지요. 나는 세상 사람들에게 질문합니다. 그들 중 일부는 미쳤고 다른 일부는 나만큼 명석할 텐데, 나는 여기를 나가게 될 거고, 나에게 무슨 일이 일어났는지 비웃겠지요! 나는 항상 영원히 인정받지 못하는 영원한 희생자, 성모 마리아여 무슨 말인지 당신은 알죠! 거의 모든 사람이 알고 있습니다. 사람들이 나를 그렇게도 헐뜯고 있습니다. 당신이 불의를 좋아하지 않는다는 것을 책을 통해 알고 있으므로 나를 위해 뭔가를 해주시기를 바랍니다.

마담A, E 센거리(avenue de... E..., Seine) 요양원에서."[9]

애메는 에피네 정신병원에 있는 동안 망상증을 보였다. 정신착란, 환각, 피해망상증 환자로 진단받은 애메는 그 병원에서 치료는 되지 않았지만, 가족의 요구로 퇴원하여 가족으로 돌아왔고, 가족들이 그녀를 돌보게 되었고 아들도 볼 수 있게 되었다.

어쨌든 이런 일이 있고 난 후 언니와 애메의 남편이 아이에 대한 교육과 책임을 맡게 되었다.

9) 위의 책, p.161.

그 후 애메는 홀로 파리로 이사했고, 혼자 고립되어 살면서 여러 박해 피해망상들을 펼쳐보이는 삶을 살게 된다. 그녀가 살해를 시도했던 당시 유명했던 배우 마담Z, 배우 사라 베르나르드(Sarah Bernhardt), 성공한 여성 작가 마담C(콜레트) 등이 애메의 주요 박해자들이 되었다. 그녀들이 애메를 괴롭히고 애메의 아들을 해치려 한다는 망상을 한 것이다.

또한 애메는 문학작품 소설과 시를 썼고 그것들을 출판하길 바랐다. 그 작품에는 애메의 다양한 인성의 모습들, 망상과 창조성 등 당시 애메의 정신상태가 담겨 있었고 그것을 조명할 수 있었기에 중요한 자료였다. 애메는 그 내용의 일부에서 애메의 여성 박해자들, 앞서 말한 마담Z와 베르나르드, 마담C가 대중의 찬사를 받는 유명인이면서도 사치와 타락, 거짓, 허영에 살고 있다고 악담을 퍼부었다. 그러면서도 애메 자신은 유명한 작가가 되어 세상에 강한 영향력을 펼치기를 바랐다.

애메는 예술가와 시인, 저널리스트들을 증오한다고 했고 그들이 살인과 전쟁, 부패를 일으키기 위하여 집단행동을 한다고 비난했다. 반면에 자신은 모든 민족과 인종들의 평화와 인류애, 형제애를 원한다고 했다. 지구에 악마의 지배가 사라지기를 열망했고 모든 사람들이 단합하여 전쟁을 없애기를 바랬다. 어린아이들에 대한 강렬한 사랑을 원했고, 어른들의 잔인함과 어머니들에 대한 증오를 표현했다. 세계는 전쟁을 향하여 치닫고 있었기 때문에 유럽의 평화를 위해 영국 황태자가 평화를 위한 제네바 회의 개최를 희망했다. 사실 애메는 그녀의 나이 20대에 겪은 제1차 세계대전 중 모국 프랑스와 독일 사이에 벌어진 전쟁의 잔인함과 참혹함을 잘 알고 있었고, 1930년대 세계의 사회, 정치, 경제 등의 혼란 상황과 제2차 세계대전의 징후들이 팽배해지고 있었다. 애메 개인의 인생사와 당시 유럽의 혼돈과 불안 상황, 그런 환경도 애메의 과대망상에 영향을 미친 것이다. 애메는, 독일의 판사였던 편집증자 슈레버(Schreber)처럼 세상은 혼란과 무질서 상태라 생각했다. 그녀는 혼란과 무질서를 고쳐 인류 구원의 소명을 갖고 있다고 했다. 그런데 박해자들이 적대감으로 애메 자신의 소명 성취를 방해한다고 했다. 소명을 방해하는 박해자들은 바로 배우 마담Z와 배우 사하 베르나르드, 작가 마담 C이고, 그들의 작품이라 했다. 그래서 그들이 애메 자신의 문학작품을 가로채 이용하려고 한다고 했다. 그 당시 애메는 2편의 소설을 썼고, 그 소설의 문학적 가치가 높이 평가되고 있었다. 당시 프랑스 작가 끄르벨(R. Crevel, 1900–1935), 부스크(Joe Bousque, 1897–1950), 에뤼아르(P. Eluard, 1895–1952) 등이 그녀 작품의 문학적 가치를 평가했다(Jacques Lacan, Ecrits, p.168.). 그러나 그 소설은 출판 발행이 거부되었다. 애메는 그것은 박해자들이 출판사와 짜고 방해했기 때문이라 생각해서 출판을 거절한 출판사 직원을 공격하는 사건도 벌어졌다.

당시의 작가 피에르 브누아라는 소설가는 마르그리트(애메)를 만난 이상한 상황을 이야기했다.

> "그 범인(마르그리트)은 나를 만나기 위해 여러 번 출판사에 문의했다 (...) 그녀가 나를 만나기를 바라는 희망으로 출판사를 방문했던 어느 날 실제로 나는 그녀를 만났다. 그녀는 분명히 광분 상태였다. 그녀는 내책들의 여러 부분에서 그녀의 불행을 화제로 삼았다고 항의했다. 그리고 위게트 뒤플로 부인이 그렇게 하도록 권했다고 계속 주장했다. 아마 그 매혹적인 여배우(위게트 뒤플로)에게 가한 공격은 사실은 나를 향한 것이었을 것이다."[10]

실제로 그녀는 영국 황태자에게 여러 번 호소의 서신을 보냈다. 사람들, 유명 작가가 자기를 박해하고 있으니 자기를 보호해 달라는 내용과 자신이 쓴 문학작품, 소설과 시집을 동봉하여 보내면서 황태자에 대한 정신적 사랑의 감정을 피력하기도 했다.

---

10) Roudinesco E.. 〈Jacques Lacan〉, Fayard, 1993, p.59.

또한 애메는 스스로가 말한 대로 방탕한 기간을 잠시 보냈다. 거리에서 남자들을 불러서 자기의 생각을 이야기하고는 잠자리로 끌어들이곤 한 것이다.

그 무렵 심각한 불안 상태에서 아들이 공격당할 것이라는 두려움으로 아들을 보러 남편과 언니에게 돌아갔고 그곳에서 아들 곁을 떠나지 않고 있었다. 그때 아들의 나이가 7세였고, 엄마의 등장과 엄마의 과한 이상스런 행동에 아이는 당황하고 혼란스러워 했다. 남편과 언니는 아이를 가만히 놔두라고 아무도 아이를 해치는 일이 없을 거라고 조언과 설득이 있었다. 그 후 애메는 더욱 불안해했고 혼란스러워했으며, 그길로 파리로 되돌아가서 여배우 마담Z가 그녀의 아들을 해칠거라고 생각하고는 여배우 마담Z를 직접 해치워야겠다고 생각하여 극장으로 가서 준비한 칼로 상해를 가한 것이었다.

그녀는 감옥에 유치되었고, 그곳에서도 망상들은 지속되었으며, 자신의 주위에는 아무도 없는 외롭고 힘들고 비참한 자신의 모습을 느꼈다.

감옥생활 20일이 지나서 갑자기 대성통곡으로 울기 시작했고 그러고 난 후 그녀의 망상들이 많이 사라졌다. 생탄 병원에서의 치료 후 어느 정도 맑은 정신으로 돌아온 애메는 그녀의 인생사와 망상들을 얘기했지만, 점차 그 망상들이 사실이라고 믿지 않게 되었다.

병원에서 퇴원하여 집으로 돌아와서 아들을 돌보다가 가족 돌봄의 전권을 언니에게 넘기고 가족 생활을 포기하고, 다시 파리로 돌아가서 혼자 사는 동안에 갈등의 뿌리, 불안의 근원이 해결되지 않아서 망상들이 더 확대되고 정교화되어 가는 모습을 알 수 있었다.

3) 에메의 학대피해 망상

당시 나이 31세의 젊은 정신과의사 라깡은 애메를 치료하면서 의문을 던지게 된다. 이런 박해피해망상과 과대망상이라는 이런 이중 망상을 어떻게 설명해야 할까? 정신과의 스승들에게서 배운 "신체조직 원인결과론 모형"의 설명으로 충분할까?

먼저 신체조직 이론의 해석은 망상증을 신체조직의 원인결과론으로 설명한다. 신체조직의 장애 손상, 신경조직의 장애 손상으로 망상증이 발생한다고 보는 것이다. 정신증에서 문제가 발생하는 기본 현상인 환각 상태, 인지 장애, 기억 착각 등이 신경조직, 신체조직의 손상으로 발생하는 원인결과론의 설명이다. 그러므로 애메의 망상들은 신경조직이나 신체조직의 장애나 손상으로 진단하는 것이다.

라깡은 이런 진단에 만족하지 못했다. 물론 망상의 내용 자체와 망상의 고착화, 망상의 조직화를 전부 다 설명할 수 있는 것은 아니다. 그러나 망상이 새로운 것, 창조성에 기여한다든지(애메의 경우 소설과 시 창작) 인성의 불화, 불일치로 망상이 발생한다는 것 등은 신체조직 원인결과론을 능가한 해석이라 생각한 것이다.

망상증에 대한 두 번째 해석은 망상의 내용 자체를 인간 주체의 인생사에서 겪은 독특한 트라우마 사건들로 설명한다. 어떤 갈등을 일으켜 해소되지 못한 사건들이 망상의 근원으로 작동하는 것이다.

애메의 경우 난봉꾼과의 첫사랑 실패의 트라우마와 실패한 귀족 출신의 친구 C양과 만남에서의 갈등들이 그것이다. 이런 경험을 하면서 애메는 지적이고 윤리적인 존경과 명성, 성공을 원했을 것이다. 그래서 애메는 성공한 여배우로 명성이 자자한 마담Z와 사라 베르나르드 이 두 여배우의 박해 때문에, 그들과는 다른 어려운 환경에 살게 됐고 가족이 초라한 삶을 살게 됐다고 투사했다. 그 두 배우가 윤리적이고 지적으로 존경받는 삶이 아닌 허영과 사치, 타락, 거짓으로 살고 있다고 주장한 것도 바로 그러한 이유이다.

결정적으로는 오랫동안 언니의 잔소리, 지배, 조언, 부딪침과 심리 갈등, 집안일의 지배, 아들 지배, 남편 지배, 애메의 자리 박탈 등 애메 사생활에 언니의 완전한 침투, 그것으로 인한 애메의 정체성 상실은 망상의 결정적인 원인이 되었다.[11)]

애메의 리비도는 언니에 관해 상상적 영상으로 고착이 있게 된다. 자기의 주변 환경, 상징계 속에서 자신을 보지 못하고 오로지 언니의 영상으로 자신을 본다. 그래서 사랑하는 언니는 동시에 공격하고 박해하는 대상이 된다. 애메는 언니의 태도에 대해 직접적으로 불만과 불평을 말하지 않았다. 언니가 아이를 키우는 것이 아들에게 기쁨이 되는 것이고, 남편에게도 좋은 것이라고 지속적인 방어를 했다. 언니는 엄마의 대리인이라 생각했기에 애메는 더욱 억압했고, 억압한 만큼 망상은 더욱 심해졌고 치밀해졌다. 여기에 애메가 기대한 것과 말한 것 사이에, 자기 자리를 차지하고자 하는 바람(아이 엄마 자리, 남편에 사랑받는 자리, 가정주부 자리, 원가족에서의 역할 등)과 그녀가 행하는 것 사이에 불일치, 불화가 있었다. 거기에 정체성의 실패와 분열이 있게 된다. 주장하면 할수록 부인하는 양가감정, 그런 아이러니에 부딪친 것이다.[12)]

그런 이유로 애메는 언니에 대한 불만을 다른 여자들로 투사하여 언니 대신 그 여자들을 증오하는 감정으로 대체했고, 그녀들이 자기를 박해하고 아들을 해치려 한다는 박해피해망상을 갖게 된 것이다. 여배우 살해 행위는 사랑하는 대상(언니)의 공격적인 간섭에 대한 방어 행위가 되는 것이다.

---

11) 앞의 책, p.231.

12) 위의 책, p.232.

또한 라깡의 연구는 망상의 원인을 찾는 것만으로는 충분하지 않았다. 정신착란적 정신증의 기본 토대를 간파해내는 것이 중요했다. 그것을 위해 라깡은, 동물－인간이 사회에 적응하는 특별한 기능적 관계들의 총체로 이해되는 인성(personnalité)의 개념을 얘기했다. 이런 관계들은 사회관계적 긴장들을 역동적으로 행하게 한다. 그런 의미에서 인성을 엄밀히 정의하자면 이런 관계들이 균형 상태이거나 분열(좌절) 상태이거나 하는 상태라고 말할 수 있다. 말하자면 인성은 이해할 수 있고 균형 잡힌 발달의 통일성(조화)이다.[13] 정신착란 편집증도 인성의 이런 통일성의 관점을 목도하여야 한다. 그것도 타인들과의 관계에서 발생하는 인성 자체의 반응 양상이다. 그 관계는 때로는 생명에 치명적인 상황일 때도 있고, 때로는 좀 더 고양적인 의사소통의 상황이기도 하며, 가장 빈번하게는 윤리도덕의식의 갈등 상황에 부딪치기도 한다.

정신착란 편집증 역시 인성 현상이라는 범주에서 이해할 수 있고, 균형 잡힌 인성 발달의 통일성이 균열된 문제로 이해할 수 있다. 에메 사례는 그것을 증명한다. 정신증의 기본 토대를 이루는 것은 망상 증상으로 그것은 타협하여 감추어 표출되는 무의식적 공격 충동이다. 망상증의 그 공격 충동은 말하는 것으로만 충분하지 않다. 그것을 표출해보여야 한다. 그런 정신증의 망상은 행하고자 하는 목표들을 실행해서 증상을 멈추게 하는 방식을 취한다.[14] 애메의 경우 여배우 마담Z를 칼로 찌르는 살해 행위가 그것이다. 그렇게 한다고 정신증이 완전히 치료된 것은 아니다. 그런 까닭에 망상증은 행위가 아니라 목표를 찾아야 한다. 애메의 경우는 자기 처벌이 목표이거나, 사회에서 인정된 법에 의해 처벌받도록 범죄를 저지르는 것이 목표이거나, 속죄를 위해 용인된 도리(권리), 속죄양 모티프로 투사를 행하고 스스로 처벌받는 자기처벌 심리가 대체 둔갑되어 나타난 것이다.

13) 위의 책, p.39.
14) 위의 책, p.303.

4) 애메의 자기처벌 망상과 마조히즘

애메의 자기 처벌 망상증 주제에 관한 검토를 위해 프로이트의 논문 "마조히즘의 경제적 문제"(1924)에서 설명한 마조히즘의 관점을 살펴보자.

임상의 사례에서 종종 모든 치료적인 이론과 노력, 효과를 거부하고 저항했던 어떤 신경증자가 불행한 결혼에 빠지게 되는 행위를 했다든지, 또는 뻔한 곳에 투자하여 돈을 잃는 행위를 했다든지, 술에 취해 의도하지 않은 큰실수를 저질렀다든지 또는 코로나와 같은 위험한 병균에 감염되는 접촉 행위를 무의식적으로 했다든지, 어처구니없는 실수로 교통사고를 낸다든지, 시험장에서 다 아는 문제인데 실수하여 시험을 망친다든지, 중요한 경기에서 어처구니없는 실수를 하여 경기에 지게 된다든지 등 그런 행위를 한 어느 날 신경증이 사라지는 일이 발생하곤 한다. 그런 경우 한 형태의 증상이 다른 형태의 증상으로 대체된 것이다. 이런 경우 신경증자의 고통은 완전히 사라지는 것이 아니라 일정량의 고통이 여전히 남아서 유지된다.

이런 행위들의 중심에 죄책감이라는 무의식의 감정이 자리한다. 죄책감은 항상 인정하지 않으려는 저항에 부딪힌다. 인정하고 싶은데 저항하는 양가감정을 갖게 된다. 애메의 경우 죄책감의 인정과 처벌의 갈등이 그것을 인정하고 처벌받는 요구인 마조히즘적 자기 처벌의 범죄, 인정하고 처벌받기 위한 범죄를 실행하면서 타협하는 형태를 취한 것이다.

그렇다면 이런 마조히즘과 도덕의식과는 어떻게 구별할까?

도덕의식은 오이디푸스 콤플렉스에 대한 승리에서 기인한 것으로 성이 아닌 것으로 방향을 돌리는 이른바 비성애화(désexualisation)이다. 또한 그것은 부모의 본질적인 성향들, 성격들의 내입(내사 introjection)인 초자아로 계승된다. 그러나 마조히즘은 그것과는 너무 다르다. 마조히즘은 퇴행에 의해 도덕을 다시 성으로 재성애화(resexualisation)한다. 그것은 주이상스(jouissance)의 어떤 지점에서 고착이 있고 공격성의 정제, 승화에 정지가 있다. 이런 퇴행으로부터 다른 특징인 죄책감이 발생한다. 결국 죄책감은 부성적 힘, 권력에 의해 징벌을 받으려는 도리로서의 자아의 변환(전환)이 있게 되고, 바로 그곳에서 고착이 있게 되며, 초자아의 아바타인 자아로서의 마조히즘이 있게 되는 것이다. 자아는 자기 실수, 자기 처벌을 받는 행위, 비행, 범죄 행위 등 행위로의 이행을 함으로써 초자아의 처벌을 달게 받는 마조히즘 상태에 있게 된다. 애메의 경우 여배우 마담Z를 칼로 상해를 가하는 살해 행위를 행하면서 자신의 죄책감을 초자아의 상징인 국가 권력 경찰, 사법부로부터 자아를 처벌해주게 하는 자기처벌 범죄, 자기징벌을 받게 하는 마조히즘의 무의식 심리에 있게 된 것이다.

5) 애메의 나르시시즘과 자아

그런 이유로 자아와 리비도 관계의 연구를 좀 더 명료하게 해야 한다.

이것과 관련하여 프로이트는 대상의 나르시시즘적 선택이라는 개념을 얘기했다. 사랑의 에너지 리비도는 대상(타자)에 집중 투여할 뿐만 아니라, 자아 자신에도 집중 투여한다. 이른바 대상의 선택은 두 종류가 있는 것인데, 타자(대상)에 대한 투여와 자아에 대한 투여이다. 프로이트는 1914년의 논문 "나르시시즘의 소개"에서 이 둘은 상호 배타적인, 배척하는 제외적인 관계를 갖는다. 즉 한 쪽은 주고 다른 쪽을 빼앗거나, 다른 쪽은 주고 한 쪽을 빼앗는 그런 관계이다. 타자를 공격하면서 자아를 보호하거나, 타자를 갖으면서 자아를 뺏기는 그런 관계를 갖는다.

가령 애메의 경우 박해자, 마담Z를 공격하면서 나르시시즘의 자아(아들 사랑의 나르시시즘)를 보호하고, 언니를 인정하면서 아들을 뺏기게 되는 심리적 메커니즘 상태를 이해할 수 있다.

결국 대상의 나르시시즘적인 선택은 대상(타자)을 자아 이미지로 내면화하는 것이다. 대상(타자)과 자아는 서로 리비도를 투사한다. 그런 예로는 가령 같은 성 상대자를 선택하여 그 대상을 통한 환상을 자아도취 나르시시즘화하는 동성애 심리를 들 수 있다. 그런 의미에서 우리는 시기질투, 정신착란 편집증, 동성애 안에 공통적으로 내재하는 감정의 전환 투사 심리를 이해하게 된다.

또한 우리는 이와 같은 대상에 대한 자아 리비도의 투사 심리를 통해 어떤 사회 집단(사이비 종교집단, 나치즘 파시즘, 인종차별주의, 극우집단, 조폭집단, 극우민족주의집단, 투기집단, 다단계 집단, 사이버 범죄집단, 독재집단 등)에서 발생하는 자아와 집단의 동일시, 자아의 집단 지도자와의 동일시 현상을 이해할 수 있을 것이다. 그 집단에서 자아는 집단에 동일시하여 집단 지도자를 이상적 자아에 위치시키고 자아를 집단지도자로 착각하고 퇴행하는 심리 투사 현상을 갖게 된다. 그것은 마치 라깡의 거울상에서 어린아이가 자기가 엄마인 것처럼 동일시하는 그런 심리 현상을 갖는 것과 같다.

결국, 나르시시즘의 개념에 관한 프로이트 사상을 토대로 정신착란 편집증의 근원에 내재하는 공격 충동 행위를 이해하는 것은 프로이트의 다음과 같은 가설을 받아들이게 된다. 처음에 적대 감정이 있고, 다음에 적대 감정의 포기와 더불어 나르시시즘적 사랑이 있다는 점이다. 그러면 공격 충동은 어떻게 되었을까? 그것은 억압되었고, 억압된 공격 충동은 살해 행위라는 행위로의 이행으로 회귀했다. 억압이 있으면 억압된 것의 회귀가 있다. 억압된 것, 공격 충동의 회귀는 그 목표로 자기 징벌을 한다. 자기 부정, 자책감을 타자 이미지로 전환 투사하여 자기 징벌을 한다. 애메의 타자를 향한 공격성은 자기 징벌(죄책감, 자책감, 자기처벌) 투사 방어 심리라 할 수 있다. 그래서 애메의 마담Z 살해 행위는 적대감의 타자들(애메에게 트라우마를 입혔던 사람들, 대상들)에 대한 공격이자 사랑하는 대상 이미지의 엄습에 대한 방어적 반응, 반동형성이다.

적대 감정과 자아의 나르시시즘의 관계를 시간적, 순차적으로 일어나는 것이고 서로 다른 것이라고 분리하지 말아야 한다. 라깡은 거울상계(거울단계, stade du miroir)로 이 문제를 설명한다.

제5부

라깡의 정신분석 연구의 지향성과 여정

제1장

초창기 라깡의 정신착란증(편집증)

정신심리 분석의 관점에서 라깡의 초창기 프로이트 이해를 두 가지 관점으로 요약해 볼 수 있다.

첫째로, 정신착란 편집증의 이해에 관한 염려와 정신의학적 이해에서의 모순을 줄이기 위한 노력으로 라깡은 인성의 일관성과 통합성을 조화롭게 하는 것, 즉 나르시시즘적 자아를 조화롭게 하는 것에 집중했다. 우리는 그것을 '나는 너를 이해하고 너는 나를 이해한다'는 말로 비유해서 말할 수 있을 것이다. 이유는 정신착란 편집증은 치료적으로는 나르시시즘의 병이기 때문이다. 그래서 편집증을 무의식의 정신심리 분석이기보다는 자아의 심리 분석이 필요한 것으로 잘못 알려졌던 것이다. 우리는 자아 심리학이 자아의 저항, 자아 방어심리의 기술적인 취급을 알아야 하는 것에 집중하고 고심하게 된 이유를 알 수 있다.

이런 문제의 해결에 직면하여 라깡은 프로이트의 1차 위상학을 세분화한 2차 위상학에 관심을 갖게 된다. 그곳에서 인성 현상의 열쇠인 자아 연구를 집중한다. 그래서 라깡의 연구는 거울상계(거울단계)로 확장된다. 이제 자아는 이상적(상상적) 자아와 자아 이상으로 구분되고, 장차 실재계, 상징계, 상상계(RSI 위상학)의 이른바 보로메오 매듭(고리)의 위상학 구축으로 나아가게 된다.

둘째로, 정신착란 편집증의 증례, 애메 증례의 연구와 함께, 당시 라깡은 정치와 종교, 사회, 가족의 윤리 도덕의 현주소에서 영향을 받은 망상증의 내용들에 충격을 받는다. 그래서 라깡은 애메 증례 연구를 통해 휴머니즘을 추구하는 공동체 사회가 좀 더 너그럽게 공공선을 위하여 사회적이고 윤리 도덕적인 총체적 혁신과 화합을 바라는 마음으로 '인성(personnalités)'을 핵심 주제로 글을 쓴 것이다.

라깡은 이런 인성의 주체들에 대해서 다음과 같이 서술한다.

> "'자기 증여와 봉사'를 하는 국가의 공복인 공무원, 학교 선생님들, 간호사들, 성실하고 훌륭한 노동자들, 종교에서 일하는 다양한 사람들, 도덕적 또는 정치적, 사회적 특징을 갖는 모든 공동체들은 초-개인적인 유대를 토대로 구성되어 있다"[1)]

라깡에게 정신증은 장애가 아니다. 그는 정신증자가 살인을 저지르도록, 살인 행위로 이행하도록 취급하지 말고 휴머니즘 공동체 사회의 화해와 평화를 위한 효과성과 유용성을 잘 유용하도록 해야 한다는 메시지를 전하는 것이다. 라깡의 메시지는 한국 사회에도 적용되고, 교훈을 준다. 위기에 직면하여 정치인들, 정당인들, 언론인들, 법조인들, 경찰들, 검찰, 공무원들, 가족과 학교, 회사, 종교인들, 금융인들, 병원과 의사들, 군인 등 현대 한국 민주사회 인성의 주체들이 잔인하고 폭력적인 인성의 불화와 고립, 고장에 빠지지 말도록 예방과 주의, 화해와 평화를 세우도록 경종을 울린다. 인성의 무너짐은 광기, 즉 정신증과 직결되기 때문이다.

후에 라깡은 광기, 미침(정신증)을 담론-밖(hors-discours)으로 정의한다. 담화(담론)를 사회적 유대, 대인관계, 집단지성을 수행하는 상태라

---

1) 위의 책, p.269.

할 때, 미친 상태는 대인관계, 사회적 유대, 집단지성을 벗어난 광기의 상태에 있다는 의미이다.

라깡은 사회적 유대의 담론에서 늘 분석가 담론의 중요성을 강조하고 협회를 창설한다. 정신심리 분석 담론이 협회를 창설해야 한다는 것이지, 협회가 분석가를 창설하는 것이 아니라는 점을 강조한다. 국법으로 명기되어 있지 않더라도 사회의 각종 단체나 집단, 모임, 공동체에서 그런 지켜야 할 도리, 그런 신뢰 규칙이 중요하고 그것의 존중이 중요한 것이다.

제2장

나의 분신(닮음), 나의 거울상

1936년 8월 3일 라깡은 체코의 마리엔바드(Marienbad)에서 열린 제14회 국제정신분석학회에 참석한다. 그날 그는 거울상계(거울단계, Le stade du miroir, The looking-glass phase)라는 주제로 구두 발표를 한다.

그리고 라깡은 학회가 끝나기 전에 그곳을 떠나 그해 8월 1일부터 16일까지 열리는 제11회 베를린올림픽에 참관하기 위해 독일 베를린에 도착한다. 그곳에서는 나치즘 특유의 개막식이 열렸는데, 그 개막식을 이용하여 나치는 그때까지의 올림픽에서 보지 못했던 거대한 군대 사열식과 같은 나치즘 군중 선전쇼를 선보이고 있었다.

마침 거울상계 이론을 바로 입증하기라도 하듯, 라깡은 베를린에서 미친 듯이 열광하는 나치의 군중쇼를 목도하면서 인종차별주의의 근원을 분명하게 증명해보였다. 사실, 인종차별주의의 근원은 자기 분신(Semblable, 닮음, 모사, 동일시)의 원초적인 매혹에서 온 것이다. 그것은 라깡의 '거울상계'에서 거울에 비친 타자의 신체 모습에 사로잡힌 자아의 시선, 자아의 비전을 말한다. 원래 신체의 겉모습, 신체의 색상, 신체의 맵시, 얼굴 모습, 신장, 근육질, 힘, 체격, 피부와 눈과 머리카락의 색상 등의 고유성은 생물학의 유전적 관계로 정해진 현상적 특징으로 정의되는 것뿐이다.

그러나 인종차별주의의 시선은 단지 나와 영상적으로 동일하지 않는 이방인(외국인)을 배격하고 배제한다. 마치 이방인이 자기의 거울상, 자기의 분신을 깨트리는 것으로 여긴다. 그래서 인종차별주의는 내편/네편, 아군/적군, 흑/백, 좌/우, 좋은/나쁜, 편을 갈라, 우리 편을 형제자매의 모태로서의 어머니(부모) 신체와 같은 종족으로 제한하는 것에 가담하는 것이다. 차별주의 근원에 이런 거울상계 자기 분신(닮음) 영상과의 나르시시즘적 동일시에 사로 잡혀있는 것이다.

마찬가지로 우리는 이와 같은 나치즘의 거대한 선전쇼에 열광하는 군중들이 나르시시즘의 자아도취적 동일시, 상상적 동일시 현상에 빠져있다는 것을 잘 안다. 그곳에서는 정신착란적(편집증적) 궤변에 부딪쳐서 민주주의의 붕괴에 직면하게 되고, 동시에 인간 개인의 존엄성은, 과학기술을 빌려 형성된 사이버 영상효과, 대중심리 효과, 대중매체 효과 등에 파손된 채 버려지게 된다. 사이버 영상 시대에 사는 현대에 마녀사냥, 집단 따돌림, 집단 공격성, 가짜 뉴스, 가짜 선전, 사이버 도착증, 사이비 집단, 사이비 종교, 사이버 가짜 사기꾼 등이 더욱 심하게 퍼져가는 이유를 알 수 있다.

그때 베를린 나치 선전쇼에서 독일의 젊은이들은 최면에 걸린 상태로 무모한 거짓 선동에 자아도취된 신체의식 상태에 빠져있게 된다. 당시에 이런 현상이 히틀러의 나치즘 현상에서 벌어진 것이다. 프로이트는 그것을 대상의 나르시시즘적 선택, 자아도취적 선택이라 했다.

라깡은 이 문제를 좀 더 집중하여 연구한다. 그것은 프로이트의 제2차 위상학에서 해결하려던 문제이다. 프로이트의 2차 위상학의 한 주제는 동일화(동일시) 과정에 관한 고찰이다. 프로이트는 자아에서 대상으로의 전환 과정을 외부로부터 내부로의 이행이라 했다. 라깡은 그것을 태초의 기원까지 거슬러 올라가서, 자아의 탄생 그 자체에 관한 주제로 설명한다.

제3장

자아의 기원

라깡은 프로이트의 자아를 구분하여 설명한다. 자아(moi)는 객관적 인식의 주체가 아니라, 나르시시즘적 리비도 대상이다. 라깡은 이런 견해로 애메 증례 연구에 관한 이론적 확신을 거치면서 정신착란 편집증 연구를 한 단계 도약해 간다. 그것은 거울상계를 입증하면서 최초의 나르시시즘, 자아의 탄생을 보편화하는 과정을 거치는 방식으로 진행된다.

최초의 나르시시즘은 외부 바깥 타자에 단번에 맡겨지는 존재, 그 사건에 예속된 존재의 경험으로 알 수 있다. 그것은 거울상계에서 증명되는 것이기도 하다.

아이가 거울상을 보고 인식하는 그 순간에, 아이는 자기 운동능력의 내부 감각과는 구별되는 신체의 재현, 이미지의 외향성 특징(외부 특징을 내부로 받아들이는 특징)을 가능하게 하는 재현을 갖는다. 아이는 바로 그 순간, 외부 세상의 타자의 신체 모습과 닮은 이미지를 자기 자신의 것으로 내면화한다. 자아는 단번에 외부 수용을 하거나, 아니면 수용하지 않거나 하게 된다. 결국 외부 거울에 비친 타자 모습의 반추로 그것의 내면화로 자아가 탄생하는 것이다.

라깡의 관점에서 자아는 우선 단순한 형태, 빈 상태, 결여 상태로 시작하고, 그것이 곧 주체 구성의 모든 통합과 통일을 준비하게 된다. 라깡의 자아는 반사된 모습, 반추된 재현, 이미지 투영의 순수한 결과로서의 자아이다.

라깡의 자아 탄생과 구성의 4가지 중요 요인을 통합적으로 이해해 본다.

1) 신체기관적 차원의 결여

아기는 조숙하게 탄생한다. 동물의 대부분은, 바다를 향해 본능적으로 기어가는 갓 태어난 거북이들처럼 근육운동 능력으로 스스로 먹이를 찾으며 생존할 수 있다. 포유류 동물들 대부분은 신생아보다 더 빠르게 더 많은 일을 본능적으로 한다는 것을 우리는 잘 안다. 반면에 아기는 타자의 의지, 타자의 욕망에 따라 단번에 맡겨진다. 그것이 삶이 될 수도 있고, 죽음이라는 극한에 이를 수도 있다. 신체기관 신경체계의 미발달로 타인의 처분에 의존하는 상태에 있는 신생아는 기원에서부터 사회환경에 종속되어 있다. 동물에 비교하여 생물학적인 열등성에 상처를 남기고 타자의 손에 맡겨지는 것이다.

2) 통시성

타자를 향한 시선과 비전으로, 아기는 미래의 근육운동을 기대한다. 자기의 늦된 상황으로 오늘 성취할 수 없었던 아기는 타자 덕분에 곧 그것을 실현할 전망, 비전, 희망이 보일 것이다. 또한 그곳에서 시각적 세계와 다른 근육 감각 세계 간에 불일치도 탄생한다. 아기는 아직 근육 신경 체계의 미발달로 시각 세계와의 통일과 조화를 이루지 못하는 상태에 있다. 다시 말해서 시각 세계의 우위성을 토대로 아기는 신체적인 미래, 신체의 비전을 보게 되는 것이다. 그것은 마치 타자의 시선들이 아기의 몸짓을 빼앗는 것처럼, 거울에 비친 타자의 이미지가 주는 매력이 아기를 자극하고, 아기를 흥분시키며, 아기를 훈련시킨다. 아기는 곧 어머니의 시선을 따라 응시하며 웃고, 몸짓하며 방향을 잡는다. 예컨대 “아기에게 엄마의 얼굴은 먼저 엄마가 보는 아기 자신의 얼굴이다"[1] 아기를 바라보는 부모 등 큰타자의 얼굴, 표정은 아기 자신의 거울, 아기의 신체 이미지이다. 신체의 무의식 이미지는 엄마(큰타자)의 얼굴, 표정, 몸짓을 보고 말을 듣는 것을 기초로 성립된다.

이런 우위성은 동물과는 판이하게 다르다. 그것은 문화적으로는 실천에 대한 이론의 선견적인 힘을 결정한다. 거울을 반추하며 생각이 탄생할 때, 이 생각이 행동을 낳고 행동으로 증명한다. 눈은 정신의 메타포요, 마음의 창이다.

3) 통합된 전체

아기는 반추된 거울상에서 최초로 자기의 전체적인 신체상을 본다. 우리는 거울상 타자의 비전이 주는 전체 이미지의 독특한 기능을 두 가지 차원으로 접근할 수 있다. 첫째로, 통일된 거울상의 발견은 아이에게 자기 몸의 흩어진 분열상에 대한 승리의 기쁨을 주고, 둘째로, 운동 조절에 안정을 준다. 아이는 통일과 조절, 운동의 자율을 터득해 간다.

거울상 타자를 통한 자기 신체의 통일성을 터득해 가는 관점에서, 타자의 신체는 시공간적 연속성에서 유지되는 자기 신체의 통일된 감각의 원천이 되는 것이다. 이것은 세상의 모든 대상들도 마찬가지이다. 그런 의미에서 라깡의 거울상계는 갓 태어나서부터 발생한다기보다는 아이 개인의 환경 영향에 따른 6~18개월의 정도에 겪는 경험이라고 보아야한다. 자기 신체 모습의 발견은 타자의 상, 타자의 영향을 통해서 발생하는 것이기 때문이다. 결국 자아는 타자의 영향(반추)으로 형성된 통일된 신체의 자기 이미지, 자기 모습(상)이다.

---

1) F. Dolto, 〈Séminaire de psychanalyse d'enfants〉, Seuil, 1982, p.215.

4) 리비도

라깡의 발견의 새로운 혁신은 거울상계의 리비도적 투여를 명확하게 입증한 점이다. 거울 이미지는 재현이라는 인식론, 거울상이 바로 자기 신체라는 인식을 하게 했다는 것은 앞에서 보았다. 라깡은 거기서 더 나아가 아이의 환희(기쁨, jubilation)에 대해서 강조한다. 거울상의 분신(Semblable 닮음, 모사, 동일시) 이미지는 아이에게 다시 기쁨을 준다. 그 이미지가 아이를 좋아하기 때문이다. 아이는 자기의 부족, 결여를 발견하고, 그 이미지를 통해 부족함을 통합하고 조절하며 운동의 자율을 누리는 리비도적 기쁨을 갖게 된 것이다. 그렇게 아이는 거울상의 시선, 그 비전에 의해서, 모든 것이 밖으로부터, 외부의 영향으로 온 리비도적 존재이다.

이것이 본질이다. 거울상계 이미지는 형태발생론적 권력이다. 그것은 단순한 수동적인 반영이 아니라, 아이의 자아 탄생의 본질이다. 바로 이것이 신체의 감정 또는 상호수용적인 신체 감각인데, 결국 그것은 타자의 이미지라는 모태에서 유래한 것이다. 아이는 외향화(내부에서 외부로 가는)되는 것도 아니고, 이미지로 투사(내부에서 외부로 대치하는)하는 것도 아니다. 역으로 아이는 외부 이미지에 따라, 그 이미지에 의해서 구성된다. 이어서 프로이트의 2차위상학의 과정, 동일시 과정을 겪어간다. 그 여정은 외부로부터 내부로 가는 이행, 동일화(동일시)에 의한 이행이다. 이마고(원형, 원초이미지 imago)는 정신심리의 원인이고, 정신심리의 원인은 타자로부터의 동일시인 정보적 효과(정보 습득)와 타자에의 동일시인 외형적 효과의 원인이요 원초이미지, 원형이다. 주체는 자기감정을 타자의 이미지에 동일시하고, 타자의 감정은 주체를 사로잡히게 한다(Lacan, 〈Ecrits〉, 1966, p.181.).

그리하여 라깡은 프로이트적 자아의 토대를 잘 디자인 한 거울상계를 토대로 최초 나르시시즘의 특징을 전복시켰다. 더 이상 자아는 폐쇄된 내부가 아니라, 외부가 자아를 구성하는 것이고, 그래서 자아는 원초적인 소외를 갖게 되는 것이다.

제4장

상상계(영상계, 상상적 질서, 영상적 차원) 명명

후에 라깡은 이런 동일시를 상상계(영상계)라 명명한다.

상상계는 이미지적 차원, 영상적 차원이다. 그래서 상상계는 허구, 속임의 측면을 품고 있을 수 있다. 그것이 마치 엄마가 아이에게 과장의 말, 사실이 아닌 말을 하면서 사실인 양 훈육하는 경우를 들 수 있겠다. 이와는 반대로 상상계는 시적인 기능을 수행하기도 한다. 그래서 그것은 시와 소설, 드라마, 연극, 영화, 음악, 미술, 게임, 사이버 세계, 여러 종류의 환타지 등 본질적으로 열려진 개방과 자유, 새로움을 마음껏 펼쳐 보이는 세계이다.

또한 상상계는 각 사회에 따라 제각기 다양한 기능을 조직화하는 집단적 재현을 나타내 보이기도 한다. 가령 한국의 군인, 회사원, 공무원, 국회의원, 여당, 야당, 입시생, 중고생, 대학생, 교수, 경찰, 검사, 판사, 의사, 간호사, 교사, 종교, 조폭, 나치 집단, 극우 집단 등을 상상해 볼 수 있다. 그러므로 사회에서 어떤 집단의 문화는 사회적 상상력을 갖는다고 할 수 있다.

또한 라깡 거울상계에서의 상상계는 생물학적 연구 대상인 유기체의 신체가 아니라, 인간 신체의 이미지를 의미한다. 그것은 리비도 투여된 신체 이미지를 의미하기에, 프로이트가 제시한 나르시시즘적, 자아도취애적 리비도가 투여된 자아 신체 이미지라 할 수 있다.

앞에서 우리는 프로이트의 '대상의 나르시시즘적 선택'이라는 개념을 빌려 공격성이 사랑으로 전환하는 과정을 설명했다. 말하자면 공격 충동을 억압하고, 이어 사회화 과정으로 과도하게 전환해가는 변형을 의미한다.

라깡의 거울상계는 이 두 단계, 나르시시즘과 공격성의 이 두 시기를 하나로 통합한다. 나르시시즘과 공격성은 타자의 이미지에 의한 자아 형성을 하는 순간 발생하는 상관물(corrélatif, 상호성)이다. 나르시시즘(자아도취애)의 자기신체 이미지는 타자의 이미지에 의해 유지되고, 긴장도 발생한다. 자아 이미지 안의 타자(대상)는 나를 매혹하고, 동시에 나를 자극한다. 나는 타자로 존재하고, 동시에 나는 소외(낯설음)된다. **나-자신인 이 타자는 나-자신의 타자이다.**

이런 양자관계(2자관계)에서 사랑과 불가분인 공격성(배척성)이 탄생한다. 이 둘은 상호 배척한다. 나를 사랑하는 그가 나를 배척하고, 내가 사랑하는 그를 나는 배척한다. 그러나 역으로 서로의 배척은 왕복 추 운동의 힘을 의미하기도 한다. 그것은 어떤 해결이라도 부정적 종결로 끝나지 않는다는 것을 의미한다. 우리는 그런 예를 쌍둥이, 형제(자매) 콤플렉스에서 발생하고 있다는 것을 잘 안다. 나아가 그것은 학교에서 친구들과의 관계, 직장 동료들과의 관계 등에 계속 발생하고 있다. 형제자매들 사이에서 일어나는 이 양가감정의 갈등은 진실을 따질 여유 없이 변동과 변덕의 연속이다.

일상생활에서도 이런 양가감정이 흔하지 않게 발생한다. 쇼핑을 즐기는 어떤 여성이 백화점 쇼핑을 하다가 마음에 드는 옷을 발견하고 신나 하며 좋다고 옷을 산다. 그녀가 쇼핑을 마치고 백화점을 나와 돌아오는 길에 우연히 자기가 산 옷과 똑같은 옷을 입은 여성을 발견한다. 그것을 본 순간 자기가 산 옷이 이제는 싫어지는 실망을 하게 된다.

라깡은 점차 이런 사랑과 공격성의 관계를 클라인(M. Klein)이 칭한 우울 단계(국면, 위치)에 상응하는 것으로 생각했다. 상상계적 불일치에 따라 타자가 나를 죽이거나 또는 내가 그를 죽인다. 이것은 자아 구성의 복잡을 알리고, 그런 만큼 본질적이라는 신호의 표시이다. 자아의 형성 전 시기는 정신분열의 단계(국면, 위치)로 자리 매김되고, 그 국면에서는 자아적인 것이 아닌 비자아적인 분열된 신체의 복수 이미지로 환상이나 망상이 나타난다.

분열된 신체 이미지는 꿈에서 가끔 규칙적으로 나타난다. 이 분열된 신체 이미지는, 분리된 사지의 형태이고 내장의 학대로 죽으며 재무장하는 신체기관들의 내시경 이미지의 형태이다. 그러나 이 형태는, 유기체 기관 자체에서 분명하게 드러나는 것이고, 환상의 해부학이 정의한 나약성(쇠약성)의 범주 내에서 그것은 분열증 또는 경련증, 히스테리에서 분명하게 표출된다.[1]

1) J. Lacan, 〈Ecrits〉, Seuil, 1966, p.97.

제5장

정신착란적(편집증적) 인식

애메에 관한 연구로 1932년에 집필한 박사학위논문에서, 라깡은 자아는 나르시시즘적인 것이라고 자아와 나르시시즘(자아도취애)을 연결한다. 이어 1936년의 거울상계에서 자아는 또한 상상적인(영상적인) 것, 상상계라고 자아를 자기 자신의 신체이미지와 연결한다. 그리고 제2차 세계대전 후 1946년부터, 라깡은 자아가 편집증적 구조를 갖는다는 것을 말하기 위하여 '편집증적 인식'(Lacan, 〈Ecrits〉, 1966, p.180.)이라는 개념을 창안한다. 이 용어는 정신의학의 정신착란증(편집증) 용어를 차용하여 그것을 자아의 특성 자체로 자리매김하고, 그 개념, 즉 편집증적 인식이 바로 편집증의 근본적인 구조라고 정의한 것이다.

편집증적 인식은 거울상계를 조명하고, 상상적(영상적) 동일시를 효율적으로 조명한다. 가령 우리는 한 아이가 다른 아이가 우는 모습에 직면해서 그것에 동감하여 같이 우는 광경을 본다. 또한 영화나 TV드라마 속의 어떤 인물의 우는 것에 동감하여 같이 우는 시청자들의 경험도 그것을 입증한다. 어떤 웃음에서도 마찬가지 경험을 한다. 타인들이 웃는 광경을 보고 자기도 같이 웃는다.

1) 편집증에서 분석가의 이미지

정신심리 분석적 경험은, 정신심리 원인론으로 발생된 증상을 자신의 현실 자체에서 복구된 이미지로 재구성하는 과정으로 정의된다. 편집증의 경우 그것은 잘 상담하고 안내하여 증상을 주체 내부로 인도하는 과정이다. 편집증을 자극하는 것이 아니라, 분석가의 인자함으로 상담 인도하여 증상을 알게 하는 것이고, 그런 식으로 점차 분석내담자(주체)가 무지했고 무시당했던 모든 이미지들을 투사하게 되는 과정을 거치며, 결국에 분석가는 그런 투사의 인생사적 기원을 해석하고 명명해서 풀어주게 된다. 이미지에 대한 투사로 실재(계)에 집착했던 그런 이미지는 분석가의 명명화에 의해 실재(계)는 점차 분리 분해되고, 분석가의 해석 명명화로 자기 이미지의 정체성을 다시 부여받게 된다. 이미지가 분해되고 깨진 후, 주체는 통일성의 의식화로 고양되고, 거울상의 자기 모습의 발견을 성취하여 결국 자기 자신이 인식하는 주체가 되는 것이다.[1]

정신심리 분석가는 금욕 정신의 절대적 조건을 갖추고, 사건 사고 풍파에 흔들림 없는 드러난 모습이 순수한 거울의 상태를 보이며, 분석가 개인적 성격들을 가능한 한 버려야 한다. 또한 그는 주체의 원초적인 이미지들의 상상적 전이감정에 흔들리지 않고 순수 무구한 스크린으로 운영할 수 있어야 한다(J. Lacan, Ecrits, 1966, p.106.).

정신심리 분석가의 침묵의 이미지는 백지와 같은 것인데, 분석내담자(주체)는 그 백지에 말하고 고통받는 주체가 행하는 이미지의 흔적, 자취를 되새기게 된다. 그것은 점차 가족의 모습, 부모의 이미지, 영향력 있는 어른, 애정이나 무서움, 자비 또는 징벌, 형제자매의 이미지, 경쟁심(시기질투), 적대감, 자기 투영 또는 친구, 동료 선후배를 그리게 된다.[2]

그리고 분석가는 해석으로 분석내담자에게 내담자 자신의 모습을 조명하게 한다. 내담자 자신의 말을 통해 자기 이미지가 드러나도록 하고, 내담자가 거울상을 들여다보게 하며, 종국에는 자기 거울상의 인식을 통해 정립된 자아의 통일성을 구성하는 것이다.

---

1) 위의 책, p.85.

2) 위의 책, p.84.

그렇게 하는 것이 증오 해결의 또 다른 길이다. 그것은 범죄나 자살 범죄를 저지르는 것이 아니라, 분석가의 순수 스크린에 비추어진 이미지를 투사하는 행위로의 이행을 통해서 해결을 찾는 작업이다.

제6장

라깡의 연구 여정

라깡은 프로이트의 텍스트 1923년의 논문 "자아와 그거(거시기, Es)"를 1914년의 논문 "나르시시즘의 소개"와 연결시키고, 나르시시즘의 자아(Ich)를 지각의식 기능과 구분한다. 라깡의 프로이트 작품 읽기는 프로이트가 말한 것 이면에 남겨진 것, 여백, 놓친 것, 잊어버린 것, 빠트린 것을 재발견하는 작업이기도 하다. 프로이트가 말한 것 이면의 나머지, 공백, 결여, 잉여를 읽는 것도 라깡적 읽기 방식, 즉 라깡의 프로이트 텍스트의 해독 주해라 할 수 있다.

라깡은 1932년의 박사학위 논문을 마친 후 20년이 지난 1951년 5월 2일에 런던정신분석학회에서 "자아에 관한 몇 가지 사고"을 발표한다. 그 후부터 라깡은 프랑스정신분석학회에서 프로이트로의 회귀를 시작한다.

프로이트로의 회귀에 필수적으로 행한 것은 먼저 "상징계(Symbolique), 상상계(Imaginaire), 실재계(Réel)"라는 세 영역의 개념화를 위한 담론 행위이다.

라깡은, 프로이트가 인간의 지식(앎)에서 진실한 것이 존재한다는 이런 진리에 대한 공헌이 없었다면, 프로이트의 발견도 없다고 말한다(Lacan, Ecrits, 1966, p.406.).

라깡은 프로이트의 발견으로 프로이트가 전해준 텍스트를 참조하여 상징계, 상상계, 실재계라는 세가지 개념을 추출한다. 이 세 개념은 보로메오 고리로 형상화되는 것처럼 서로 관계를 맺으면서 인간의 정신심리를 구성하고 있다.

라깡은 1953년에 이 세 개념의 용어를 명명화하고 프로이트로의 회귀를 시작한다. 그 시기에, 장차 불가능(l'impossible)이라고 말하는 실재계(Le réel)는 아직 구체적으로 제시하지 않고 단지 용어만 붙였다.

상상계(영상계, L'imaginaire)는 1932년 이후부터 이미 제시되었고, 반복되었으며 상징계와의 관계에서는 변형되었다. 상징계(Le symbolique)는 발전적으로 다듬어졌고, 앞서 갔으며 상상계에 대해 상위로 진행되어 갔다.

1953~1963년 동안의 프로이트로의 회귀에서 결정적으로 새로운 점은 본질적으로 상징계의 소개이다. 라깡 개념은 이마고(즉 상상계)로부터 상징계에 스며들어오면서 무의식으로 간다는 개념을 제시하면서 획기적인 도약을 한다.

제7장

거울상계 쉐마 L, 쉐마 R, 분석의 쉐마

라깡의 상상계, 상징계, 실재계라는 세가지 영역은 프로이트의 텍스트에도 내재한다. 그래서 그것을 제시하고 증명해야 한다. 라깡은 1953년부터 생탄(Sainte Anne) 병원 세미나에서 상징계와 상상계의 관계를 제시하면서 그것을 시작한다. 이 관계에서는 두 영역 사이의 우위성 관계를 정한다.

그런 이유로 프로이트의 텍스트에서 이런 포지션, 위상을 읽어야 한다. 우리는 프로이트의 1차 위상학이 아닌 2차 위상학에서 그것을 발견할 수 있다. 그 문제에 관련해서 라깡은 1932년의 박사학위 논문에서부터 1980년의 마지막 세미나에 이르기까지 프로이트의 2차 위상학을 연구의 중심으로 놓았다. 또한 1953년부터 생탄 병원에서 시작한 라깡의 대중 강연에서도 상상계에 대한 상징계의 우위성은 이상적 자아(영상적 자아 moi idéal)에 대한 자아 이상(idéal du moi)의 우위성과 같은 것이라는 것을 증명하기 위하여 2차 위상학을 새롭게 해독했다.

라깡은 거울상계 이론을 반복하여 제시하고 개선시키면서 결정적인 도약을 한다. 프로이트의 2차 위상학 내에서 거울상계 이론을 새롭게 재정립한 것이다. 그것은 단순한 첨부, 가령 어린 아이에게 먼저 거울 이미지, 상상계가 있게 되고, 이어 어른의 현존에 의한 상징계를 갖게 된다는 그런 단순한 첨부의 설명을 벗어난 새로운 개정을 수행한다. 그 개정의 핵심은, **'상징계는 상상계를 결정하고 서로 겹친다'**는 것이다.

프로이트의 2차 위상학에 관한 연구는 "나르시시즘의 소개"(1914년)에서부터 시작하여 "집단 심리와 자아 분석"(1921년)과 "자아와 그거(거시기, Es)"(1923)로 이어지며 정교화된다. 그것에는 동일시(동일화) 문제가 있다. 거기에서 이상적 자아(Idealich)와 자아(Ich) 사이의 관계는 상상적(영상적) 동일시이다. 거울상계에서 증명한 타자 이미지와의 동일시를 말한다. 아래 〈쉐마L (도식L, Schéma L)〉 거울상계에서, 아이가 거울속 자기 닮음(a' 분신)인 타자에 동일시하여 앞질러 기대하고 기뻐하는 것은, 위엄과 힘, 권력을 지닌 타자의 이미지인 이상적 자아(a')가 자아(a) 형성의 모태가 된다는 것이기도 하다. 그런 동일시에 따라 아이는 자기 자신의 신체 이미지의 재현, 표상을 갖는다. 그렇게 자아가 구성되는 것이다. 자아는 신체적 자아의 기원에 속하고, 단지 표면의 존재일 뿐만 아니라, 그 자신의 표면의 투영(투사 projection)이다.[1]

거울상 시선의 광학적인 의미에서 볼 때, 이미지는 결코 한 점에만 머물러 있는 것은 아니므로, 이상적 자아(상상적 자아)가 자아로 가는 상상적 차원에만 머물러 있는 것이라면, 우물 안 개구리처럼 출구 막힘이고, 결국 출구가 없다는 것은 추상, 공상의 표시, 증상이 되는 것이다. 그런 이유로 이것의 해결을 위해 또 다른 차원의 존재인 이른바 상징적 차원(자아이상에 해당하는 상징계) 관계가 중첩으로 겹쳐져 있어야 한다. 그것은 역으로, 즉 사후적(사후작용)으로 그것을 명명하게 된다. 라깡은 프로이트 텍스트에서 이런 제3자, 3인칭의 지점, 제3자의 국면을 알아챘고 거울상계를 서술하면서 그것을 발전적으로 수정해 갔다.

〈쉐마R〉에서 우리는 상상적 축(a－a′)은 계속되는 여정을 수행하면서 어떤 두께, 부피를 형성하는 것을 확인한다. 이 두께는 양파껍질처럼 계속되는 여정으로 수많은 겹으로 덮여있다. 우리는 이 두께, 겹, 덮개를 그림의 점선으로 표현할 수 있다.

---

1) S. Freud, "Le Moi et le ça", 〈Essais de psychanalyse〉, Payot, 1981, pp.238－239.

쉐마 L

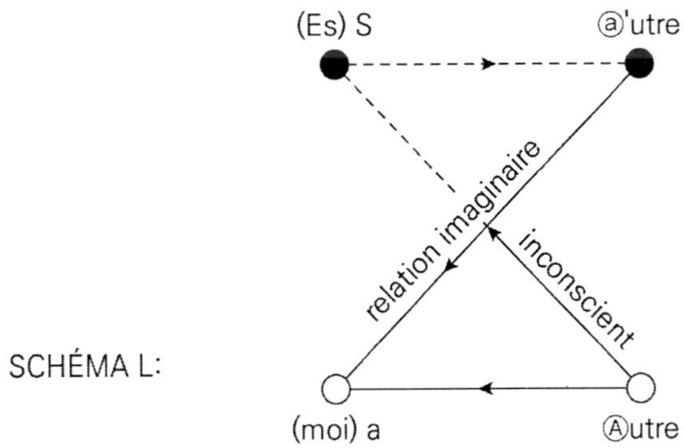
(Es) S
ⓐ'utre
relation imaginaire
inconscient
SCHÉMA L:
(moi) a
Ⓐutre

쉐마 R

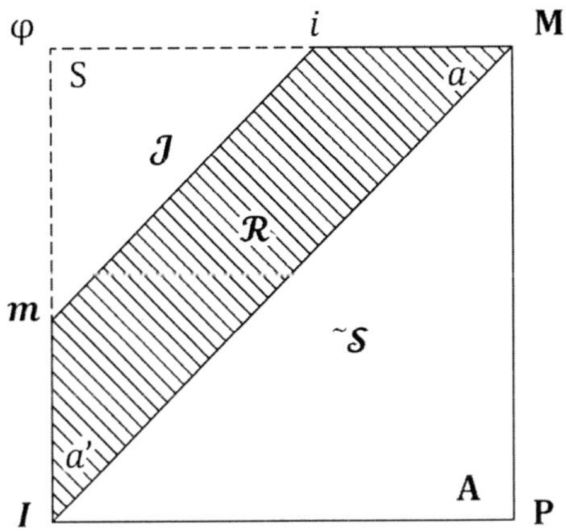
φ
i
M
S
a
J
R
m
~S
a'
A
I
P

쉐마 R-1

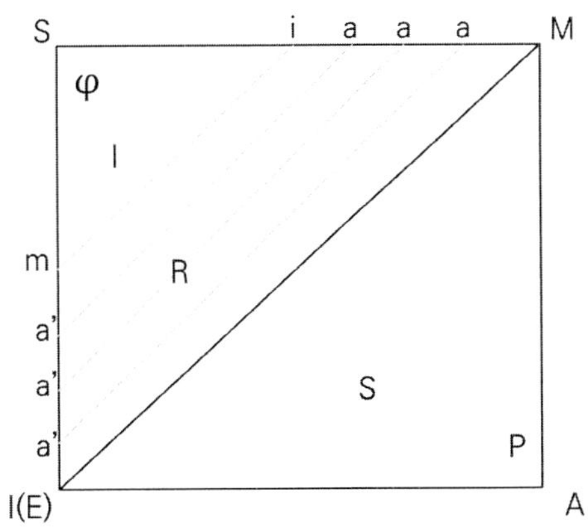
S
i
a
a
a
M
φ
I
m
R
a'
a'
S
a'
P
I(E)
A

위 그림 〈쉐마 R－1〉처럼 이상적 자아(상상적 자아) 축인 i－M축 사이에 많은 상상적 타자들이 형성되고(Si, Sa1, Sa2, Sa3...San, SM), 자아이상의 축인 m－I(Sm, Sa'1, Sa'2...Sa'n, SI)축 사이에 많은 자아이상들이 형성되어 있음을 알 수 있다. 다시 말해서 i와 M 사이에 수많은 상상적 타자들이 형성되고, 그 상상적 타자들은 자아와 상상적으로 동일시되어 m과 I 사이에 수많은 자아이상을 형성한다. 그렇게 수많은 상상적 동일시는 그에 따른 상징적 동일시를 지향한다. 그것은 실재(계)의 영역(imMI, 실재계R)이 imM의 삼각형에서 mMI(E)의 삼각형으로 뫼비우스의 면처럼 뒤틀면서 상징계에 접합되는 것과 같다.

결국 아이는 탄생 이전에서부터 자기 위치를 결정하는 상징계에 등록된 존재가 된다. 상징계는 상상계를 따르게 한다. 시니피앙들의 장소 큰타자(Autre)는 작은타자(상상적 타자 autre)의 시선, 그 비전과 서로 결합된다. 상상적 소외와 상징적 소외는 서로 중첩된다. 말하자면 주체는 작은타자, 영상적 타자(상상적 타자)의 이미지를 보며 자기 욕망을 보는 상상적 소외와, 큰타자의 욕망을 욕망하는 주체의 상징적 소외는 서로 겹쳐진다. 주체의 인식 없이 자아가 이상적 자아(상상적 자아)로 보여질 때, 주체는 말로 사랑의 요구에 응답을 투영(투사)하면서, 메아리처럼 주체 자신은 그가 본 것을 인식하게 된다. 상징계의 제3자적 요인이 주체를 어떤 지점에 위치시키고, 그곳에서 자기 이미지가 어떤 상태(국면)에 위치하고 있다는 것을 알린다. 자아에 관한 자아이상의 상징계적 투입(내입)은 이상적 자아에 관한 상상계적 투사(투영)에 교응한다. 그리하여 주체의 이야기, 인생사가 리듬에 맞추어 끊임없이 탁구공 오고 가듯이 상징계와 상상계를 오고 가는 운동을 하게 된다.

1954년 7월 7일, "분석의 개념"이라는 제목으로 행한 세미나 말미에 라깡은 다음과 같은 〈분석의 쉐마〉 그림을 보여준다.

분석의 쉐마[2]

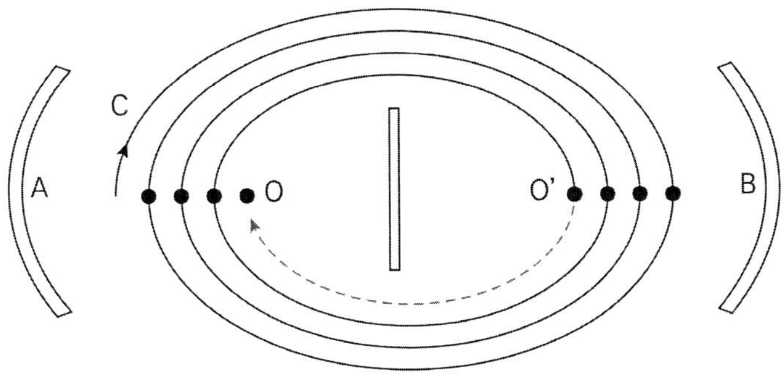

Un schéma de l'analyse

A: 분석주체　B: 분석가　C: 분석의 여정　O: 자아　O′: 이상적 자아

분석의 과정은 그림의 C지점에서 O지점으로 가는 나선형으로 재현된다. 주체는 A지점에서 말을 하고, 분석가는 B지점에서 듣는다. O지점은 자아이고 O'지점은 이상적 자아(상상적 자아)이다. 그림의 점선 화살표(O' ⇢ O)에서 보는 바와 같이 분석주체는, 이상적 자아가 자아를 통과하여 나선형처럼 반복하여 도는 모습을 보여준다. 이렇게 주체의 인생사를 말하며 진행되는 가정은 상상적 보충화로 효과를 달성한다. 분석가는 진실로 주체의 이런 말, 담화, 큰타자의 시니피앙을 듣고, 응답으로 주체 역시 큰타자의 시니피앙을 듣는다. 그래서 담화의 메아리는 이미지를 반사하며 대칭적으로 짝을 이룬다. 그렇게 주체는 자기 인생사를 얘기하는 가정으로 시작하여 점차 상상계적 실현을 완성해 간다. 처음의 C지점에서 시작하여 O지점의 자아를 형성하게 된다.

우리는 인생의 여정에서 다른 사람들과의 사이에 사랑과 경쟁이라는 이기느냐 지느냐, 죽느냐 사느냐의 관계에 부딪쳐서 결국은 서로서로 공존하는 관계로 규약이나 상징을 정하여 대체하는 것으로 해결을 도모한다.

---

2) J. Lacan, 〈Séminaire I〉, Seuil, 1975, p.312.

그렇게 상징적인 제3자에 의해 거울상계의 2자관계는 전복된다. 거울상에서 아이는 자기 분신(닮음)을 보면서 어른을 향해 인정의 표시로 인정의 말을 건낸다. 제3자에게 인정받으면서 아이는 궁극적으로 사랑스러움과 만족을 표출해보인다.

인간 주체의 인생사에서 자아 이상의 안착이라는 이런 인식의 기능이 결여될 수도 있다는 것을 알아야 한다. 주체의 인생사와 관련하여 자아 이미지의 어떤 부분을 결코 보지 못한 불가능의 영역이 있다. 이유는 그것을 인식하지 못했었기 때문이다. 우리는 그 영역을 무의식이라 한다. 가령 가정하여 몇 개월 동안 엄마와 떨어져 지낸 신생아 병원 입원실을 예로 들 수 있다. 거기에선 한 명의 간호사가 10여 명의 신생아를 돌본다고 가정하자. 물론 그곳에선 영양, 시설, 청결, 건강 검진 등 외부 환경에 어떤 문제 없이 잘 돌봄을 받고 있다고 하자. 그럼에도 불구하고 직접 엄마에 의해 돌봄을 받는 신생아에 비교하여 병원 입원실에 있는 신생아가 운동 발달, 언어 발달이 지체됨을 보일 수 있다. 그렇다면 그 신생아에게 무엇이 부족한 것일까?

신생아 발달의 중요성은 자아 이상의 형성이라는 점을 강조하고 싶다. 아기는 나를 돌보는 어떤 특별한 어른과의 리비도적인 대상 관계를 맺는 것이 중요하다. 그 어른과의 관계에 이루어지는 이미지의 모습을 결정하는 상징적 동일시의 제공 가능성의 중요성이다. 부모(보모)는 리비도적 애정의 교환, 피부접촉, 말투, 얼굴 모습, 이름 호명, 응답, 행동 등의 동일성, 현존과 부재에도 늘 같은 동일성, 일관성을 보이는 등, 상징적 동일성을 제공하면서 아기에게 상징적 동일화, 상징계를 실현하도록 하는 것이 중요하다. 물론 엄마가 키우더라도 상징적 동일성을 제공하지 못하면 발달의 지체를 보일 수도 있는 것이고, 병원에서 키우더라도 상징적 동일성을 잘 제공한다면 발달에 아무 문제가 없을 수도 있을 것이다.

정신심리 분석 과정에서 만나는 것으로 과거 어떤 시기의 순간들이나 사건들과 관련되어 분석주체(분석내담자)의 퇴행적이고 탈선적이며 탈법적인 이미지들이 있다. 생각의 자유연상에 의해서, 현실 복종이라는 언어의 얽매임에서 해방됨으로써, 자유연상의 분석 과정은 거울을 요동 변화시키고, 주체의 인생사에 상상적이고 상징적인 계속되는 동일화(동일시)를 나타나게 한다. 그렇기 때문에 이와 같은 주체의 이야기 과정 내에는 결함들이 있고, 취약점들이 있으며, 이른바 고착(fixation)이라고 하는 이야기 되지 않은 모든 것, 거울에서 보지 못한 것이 드러난다. 또한 어떤 말은, 주체의 인생사에서 결여된 것이기 때문이기도 한데, 그때 통제되어 억압된 말은 증상과 금지, 불안으로 잠재된 것이다.

우리는 여기서 분석의 새로움, 공헌이 무엇인지를 생각하게 한다. 물론 자아 이상의 구성 효과로 상상계의 완성은 필수적이다. 언어의 밧줄에서 해방을 주는 분석 과정이 최대한 나르시시즘의 투사를 허용하고 기쁨의 환상을 누리도록 하는 것이 진실이라 할지라도, 그것만이 분석이 지향하는 전부는 아니다.

라깡은 이런 견해에 대해 부정적이고, 좀 더 새로운 혁신적인 개정을 한다. 나르시시즘적 이미지의 완성이 아니라, '주체의 욕망은 큰타자(Autre)의 욕망'이라는 명제로 명명화되는 욕망의 인식을 얘기한다.

제6부

라깡의 상징계 고찰

제1장

상징계(상징적 질서, 상징적 차원)

상징(symbole)이라는 말은 겉보기에는 표상(재현)의 기능을 갖고 있지만 보다 근본적으로는 인간 현실 자체를 구성하는 교환과 재현의 기호이다.

상징이라는 용어는 가장 일반적인 의미에서 상당한 모호성을 나타낸다. 실제로 우리가 상징을 어떤 대상, 형태, 현상을 그 자체가 아닌 다른 것을 나타내는 기호로 이해한다면, 그 상징이 의미하는 바를 어떻게 명시적으로 알 수 있을까?

이런 개념의 용어로 가장 잘 '동기 부여된' 기호, 예를 들어 유추 관계로 인한 사물을 나타내는 상징기호(가령, 균형의 정의를 나타내는 법정의 저울)와, 가장 전통 관습적인 수학 기호, 교통신호 기호는 동의할 만하다. 교통신호처럼 그 사회에 소속된 사람들의 합의에 의해 빨강색 교통 신호를 '섬(멈춤)'의 상징으로 의미 부여하여 이해하는 것에는 별 문제가 없다. 그러나 어떤 개인이 개별적으로 겪는 현상, 가령 꿈에 빨강 신호등이 등장하는 꿈은 어떻게 이해해야 할까?

소쉬르(F. de Saussure, 1875-1913)의 경우 상징은 표현된 사물과 유사성을 갖는 상징적인 재현이다.

정신분석에서 상징이라는 용어의 사용은 적어도 우리가 프로이트의 〈꿈의 해석(1900)〉을 참조한다면, 소쉬르에 가깝다고 할 수 있다. 프로이트에게 있어 꿈은 종종 억압된 욕망을 상징으로 나타낸다는 점은 부인할 수 없으며, 어떤 경우에는 상징과 상징이 나타내는 것 사이의 공통점이 무엇인지 분명히 알 수 있다. 가령 어떤 꿈에서 왕과 왕비는 꿈꾼 사람의 부모를 아주 분명하게 나타내보이기도 한다. 제한적이긴 하지만 관련성이 있는 이런 설명에서 상징은 대부분 성적인 의미, 일반적으로 남성의 성을 상징하는 나무나 태양, 길쭉한 물체가 있을 수 있고, 여성의 성을 상징하는 동굴, 구멍, 달을 예로 들 수 있다. 이러한 상징주의적 접근 방식으로 신화나 전설에서 그것의 상징적 의미를 발견해내는 것이 가능하기도 했다.

그러나 이러한 접근 방식, 범 상징주의(symbolisme) 방식은 범위가 엄격히 제한되어야 한다. 꿈을 꾼 개인의 무의식적 상황, 개인적 삶의 맥락과 연결하여 해석되어야 의미가 밝혀지기 때문이다.

특히 정신심리 분석 실천의 관점, 꿈의 해석의 관점에서 볼 때, 범 상징주의의 테두리만으로는 꿈을 해석할 수 없다. 가령 꿈에 뱀이 등장한 장면은 뱀에게 공격당한 경험이 있는 사람은 트라우마의 두려움으로 뱀을 이해할 수 있을 것이고, 뱀을 애완동물로 키우며 애지중지하는 사람은 사랑의 대상으로 이해할 것이다. 마찬가지로 빨간 피를 흘리며 쓰러져 죽은 어머니에 대한 기억으로 빨간색 트라우마를 갖고 있는 어떤 사람에게는 빨간 신호등은 불안과 공포의 시니피앙으로 이해될 수 있을 것이다. 그런 측면에서 융(C. Jung)의 집단 무의식의 아키타입(원형상징, archetype)의 한계를 분명히 알 수 있다.

라깡은 상징의 문제를 아주 다르게 접근한다. 상징은 우선 실제 인간 집단 사이에 교환을 맺는 증여(증표)인데, 그런 의미에서 계약의 시니피앙(표시)인 증여에서 시작한다. 그런데 증여 대상이 이러한 교환 가치를 가지려면, 그 대상은 먼저 그것의 사용 기능이 박탈되어야 한다. 사용 기능의 측면에서 비어 있는 항아리들이나 들고 다니기에는 너무 무거웠던 방패들, 시들어버릴 곡식단, 땅에 넣어야 하는 긴 창들은 받는 수신자에게는 쓸모

없다. 아니면 과잉 불필요 사물이다.[1)]

그래서 상징은 우선 실재(계) 사물의 비움(사라짐)으로 구성된다. 사물의 비움이라는 이런 결정론은 정신분석에서 본질적이다. 팔뤼스(남근 phallus)가 상징적 가치를 지닌 것은, 팔뤼스(남근) 상징 바로 그것이 생물학적 기관과 혼동되지 않기 때문이다. 팔뤼스(남근) 상징은 생물학적 기관이 배제된 상징적 가치, 팔뤼스(남근) 상징의 시니피앙을 의미한다.

무엇보다도 상징이 완성된 가치를 지니는 것은 말, 그 시니피앙 내에서이다. 라깡이 '말(상징)이 사물을 죽인다'고 했듯이, 언어가 인간을 사물과의 직접적인 관계에서 분리시킨다는 것은, 동시에 언어는, 사물을 사물의 변형이나 사물의 경험적 소멸을 넘어 존재하게 만드는 것이 바로 언어(말)이기도 하다는 뜻이다. 말하자면 그것은 언어(말)의 세계가 사물의 세계를 창조한다는 것을 의미한다.[2)]

그리고 언어(말)는 단지 현실만을 조직하는 것이 아니다. 언어(말)는 인간에게 현실에 접근할 수 있는 유일한 방식을 제공할 뿐만 아니라, 그것이 사랑의 현실이든 적대와 경쟁의 현실이든 다른 현실에도 접근할 수 있는 방식을 제공한다. 또한 언어(문자)가 무의식 속으로 들어와 욕망을 새길 수 있다면, 그 시니피앙이 그것을 표현할 수 있다면, 그것은 상징이 인간세계를 결정하기 때문이다. 그러므로 라깡은, 인간이 말하는 것은 상징이 인간을 인간으로 만들었기 때문이라고 말한다.[3)]

상징적인 것, 상징적 차원, 상징계는 의식적인 부분과 무의식적인 부분으로 구성된 모든 인간 활동을 포괄하는 복잡하고 잠재된 기능이며, 그것은 언어의 기능과 특히 시니피앙의 기능에 관련되어 있다.

---

1) 앞의 책, p.272.
2) 앞의 책, p.276.
3) 앞의 책, p.276.

상징계는, 근본적으로 인간을 언어에 의해 통치되고 전복되는 동물인 말하는 존재(말존재, parlêtre)를 창조한다. 그리고 그것은 상징적 질서의 범위에서 인간의 사회적 유대 형태와 더 본질적인 인간 자신의 성애적 선택을 언어로 결정하게 한다. 정신심리 분석은, 일찍이 증상의 원인으로서의 시니피앙들의 연쇄라는 상징적 차원의 우위성을 인정한다는 의미에서 상징계의 우선성을 언급하고, 또한 애정적 삶의 결과로 받아들이는 오이디푸스 콤플렉스의 진정한 원천이라는 의미에서 상징계의 우선성을 말한다. 그런 이유로 상징계의 원리는, 경쟁과 현존, 공격성, 유혹, 명예, 나르시시즘과 같은 상상계의 광범위한 형태들 내부의 토대를 구조화하는 방식으로 인식되었다.

제2장

상징계의 보편적인 특징

상징적 세계는 인간과 언어의 관계에 대한 최고의 기억으로 거슬러 올라가 보면, 비석, 고분, 봉분, 무덤, 성벽과 같은 사회 집단의 가장 오래된 원시적인 표현뿐만 아니라, 고대 역사적 시간이 남긴 가장 호화로운 기념물, 판화, 돌이나 동굴에 표시된 그림들, 기호들, 최초의 문자와 글 등에서도 입증된다. 그것들은 인간과 시니피앙(언어)의 최초의 보편적인 관계를 증명하고 또한 언어의 존재로서의 인간의 인식을 증명한다. 인간에게 언어가 없었으면, 인류의 인생 발달 여정에서 생각할 수 있는 지향적이고 상징적인 자취나 흔적, 기호도 없었을 것이다. 그러므로 상징계는 말하는 존재로서의 인간을 증명한다.

소위 원시 사회의 민족지형학(Ethnographie)이 알려주는 사실은 상징적 질서(가령, 족외혼)가 친족 관계의 틀 내에서 재화나 가축, 여성의 유통을 규제했다는 것을 보여주었다. 족외혼의 구조 내에서 무의식적 형태로 그런 제약적인 방식으로 상징적 질서가 작동한 것이다. 한국 고대 사회의 민며느리제나 데릴사위제, 서옥제 등도 겉보기에 혼인 형식은 달라 보이지만 내부에는 족외혼, 교환, 근친상간 금지라는 상징적 질서가 작동한 것이다.

상징적 차원에서의 교환, 선물 교환, 동맹 협정, 희생 제의, 종교의식, 금지 사항, 터부 등은 궁극적으로 이러한 체계의 토대인 언어 법칙, 상징적 질서를 전제로 하며, 레비－스트로스의 구조주의 인류학은 이러한 상징 체계의 무의식의 구조적인 보편성을 밝혀냈다. 문화는 상징적 체계, 상징적 질서, 상징계의 총체로서 그 중심에서 언어, 혼인 규칙, 경제 관계, 과학, 종교가 자리한다. 무의식은 상징적 기능, 상징계이고, 인간 개인은 그 상징적 기능, 상징계에 자리매김하여 산다.[1] 상징계는 언어처럼 작동하는 무의식 체계인 것이다. 그것은 언어처럼 구조화되어 있다. 우리가 언어세계에서 살 듯이 사물의 상징계에서 살고 있는 것이다.

이제 우리는 상상적인 세계(상상계, 영상적인 세계)를 거쳐서 상징적인 세계(상징계)가 어떻게 무의식과 연결되어 있는지를 살펴보자. 우선 편의상 상상계와 상징계를 구별해본다.

상상계(영상계)	상징계
편집증적 인식과 공간화	상징과 인생사의 재인식
인지의 범주에서 타자의 시각화	인지를 넘어 재인식된 파롤 내에서 큰타자의 주체화
게스탈트(외형)가 의사소통을 결정한다.	시니피앙의 문자가 주체를 결정한다.
타자의 파괴	협약에 의해 공존
자아의 열정으로서 사랑과 미움, 무지	큰타자의 욕망으로서 주체의 욕망
삶의 충동과 쾌-불쾌의 원칙	죽음의 충동과 쾌-불쾌의 원칙을 넘어서

상상계가 편집증적 인식과 영상적 공간화를 의미한다면, 상징계는 상징의 의미를 재인식하고 인생사의 삶을 재인식한다. 상상계가 인지의 영역에서 타자의 시각화를 의미한다면, 상징계는 인지를 넘어 재인식된 파롤(말, parole)의 체득을 통해 큰타자(A)를 주체화한다. 상상계에서 게슈탈트(외형, Gestalt)가 의사소통을 결정한다면, 상징계는 무의식의 시니피앙인 그 시니피앙의 언어(문자)가 주체를 결정한다. 상상계가 타자의 파괴라면, 상징계는 타자와의 협약, 타협, 조화에 의한 공존이다. 상상계가 자아의 열정으로서 사랑과 미움, 무지라면, 상징계는 큰타자의 욕망으로서 주체의

1) Lévi－Strauss, 〈Anthropologie structurale〉, Paris; Plon, 1958, p.233.

욕망이다. 상상계가 삶의 충동과 쾌-불쾌 원칙의 영역이라면, 상징계는 죽음의 충동과 쾌-불쾌의 원칙을 넘어서의 영역이다.

상상계와 상징계 이 두 영역은 서로 배척한다. 욕망 그 자체는 인간으로서 만족을 위하여 파롤(말)의 찬성이나 위신, 경쟁으로 인정받기를 바라거나 또는 상징계 내에서나 상상계 내에서 인정받기를 요구한다.[2)]

그러나 라깡에게, 이런 이론적인 구분은 파롤과 언어(랑가즈, langage) 사이의 타자에 직면하여 근본적으로 사라진다.

2) 앞의 책, p.279.

제3장

파롤(말 parole)과 랑가즈(언어 langage)

라깡은 상징계를 탐구하는 중에 사회문제를 진단하는 과정에서 파롤과 랑가즈와 주체 관계에 관련하여 세 가지 문제의 역설에 부딪친다.[1] (Lacan, 〈Ecrits〉, p.279.)

첫 번째로는 파롤 없는 랑가즈적 광기의 역설이다. 라깡이 말했던 바와 같이, 오늘날 랑가즈에 관련된 사회 서비스(가령 각종 감정 노동자들, AI처럼 기계적 언어를 사용하는 근로자들, 주입식 교육을 받는 학생들, 특정 군인들, 특정 의사들, 특정 검사들, 독재주의, 나치즘, 전체주의, 사이비 유사종교 집단 등)에 종사하는 사람들처럼 고유의 개인적인 견해인 파롤언어 없이 기계처럼 주어진 정형화된 랑가즈언어를 사용하여 살아야만 하는 문제의 역설이다.

두 번째로는 증상과 금지, 불안을 나타내는 신경증, 성격장애의 경우이다. 각각의 신경증에서 파롤은 존재하지만, 증상에 고착된 파롤이 억압에 의해 랑가즈와 분리된다는 문제의 파라독스이다.

마지막으로 현대 문명에 소외된 인간의 문제이다. 현대 과학기술 문명에 소외된 인간은 획일화된 랑가즈에 의해 개인의 파롤이 대상화되어가

1) 앞의 책, p.279.

고 기계화되어 가며, 그곳에서 인간은 공동체 존재라는 인간 본연의 의미를 잃어가고 있다.

이런 점에서 라깡은 그의 고귀한 명제로 파롤에 대립하는 것으로 랑가즈의 암벽(mur du langage)이라는 개념을 얘기한다.

말하자면 랑가즈의 보편성과 파롤의 개별성(특수성)에 맞는 일치성의 실패, 즉 우리인 나와 나인 우리에 일치하는 정체성의 실패가 있다는 것이다. 오늘날 랑가즈언어가 점점 더 기능적으로 변하면서 그것은 파롤언어에 부적절하게 되고, 그것은 우리에게 분야별로(의학언어, 과학 언어, 통계언어, AI언어, 법률언어, 분야별 전문언어 등) 너무 특수해지면서 언어의 기능을 잃어버리게 된다. 다시 말해, 그것은 자아의 나르시시즘을 강화할 뿐이다.

결국 랑가즈와 파롤 사이에는 대립이 존재하는데, 바로 그곳에서 정신분석의 구체적인 어려움이 있다. 이 대립은 상상계와 상징계의 구분에서 겹쳐지게 된다.

라깡은 1955년 5월 25일 세미나에서 쉐마 L(L 도식)을 제시하면서 그것에 관련된 중요한 이론을 펼쳐보인다.[2)]

쉐마 L

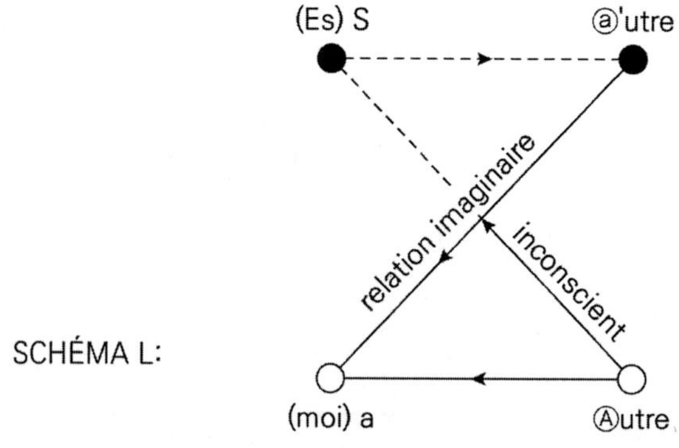

---

2) J. Lacan, 〈Le séminaire, Livre II〉, Seuil, 1978, p.284.

거울상계 〈쉐마 L〉에서 상상적 축인 a－a' 관계는 무의식에 위치한 상징적 축인 S－A 관계와 대립된다. 이런 제시가 파롤과 랑가즈와 어떤 관련이 있을까?

라깡은 물리학자 뉴턴의 업적을 평가하면서, 그의 중력의 법칙이 그 랑가즈를 'F＝ma'(중력＝질량×가속도)라는 3개의 알파벳 문자로 각인시킴으로써 행성들을 침묵하게 했다고 말한다. 중력의 법칙 랑가즈 F＝ma 덕분에 행성들은 말하지 않고, 그것으로 인해 행성들의 자연적 상징의 가치를 잃고, 그것에 반대되는 말을 할 수 없게 했다. 랑가즈는 우리에게 그렇게 하는 기능, 침묵하게 하는 기능을 한다.

그런 이유로 이런 문제의 해결을 위해 라깡은 〈쉐마 L〉을 제시한다.

거울상계는 자아들(egos)과 상동성 타자들(autres)이라는 대칭(닮음) 세계가 있다. 그 세계는 랑가즈의 장벽(암벽)이라 부르는 다른 세계와는 구분해야 한다. 랑가즈의 장벽으로 정의된 이 세계로부터, 상상계는 가현실로 자리잡게 되고, 그 가현실은 모두 확인된 현실이 된다. 말하자면 자아, 타자, 분신(닮음, 모사), 이 모든 상상계는 대상들이다. 그것들은 랑가즈의 장벽이라는 조직된 체계 내에서 명명되었기 때문에 대상들이 되는 것이다.[3)]

그러나 진실 주체들(vrais sujets), 큰타자들(Autres)은 랑가즈의 암벽을 넘어서 존재한다. 원래 그곳은 우리가 결코 도달하지 못하는 곳이다. 그곳은 근본적으로 내가 진실된 파롤을 발화할 때마다 내가 지향하는 곳이지만, 나는 항상 반추에 의해 a'－a"에 도달한다. 나는 항상 진실된 주체가 되기를 바라는 바이지만, 나는 나의 그림자에, 분신에 만족해야만 한다. 주체는 랑가즈의 장벽으로 인해 큰타자들, 그 진실들에 분리되어 있다.[4)]

---

3) 위의 책, p.285.

4) 위의 책, p.286.

이런 무거운 짐, 이런 문제를 풀기 위해 라깡은 충만한 파롤(꽉 찬 말 parole pleine)이라는 개념을 창안한다. 그 개념으로 마침내 랑가즈의 암벽을 넘는다.

제4장

충만한 파롤(꽉 찬 말, parole pleine)

충만한 파롤은 무기력하지도 유토피아적이지도 않은 정신심리 분석가의 파롤이다. 이를 명확히 하기 위해 라깡은 정신분석가를 고대 스승(고대 서양 철학자들, 스승들, 주인들)의 모습과 동일시한다. 가령 요즘 얘기하는 현대적인 개념으로의 사회가 아니라, 고대 스승들(주인들)의 도시(cité, 고대 도시사회)를 생각해보자. 그곳은 내가 우리이고 우리가 나인 곳이고, (사회적)외부가 (정신심리적)내부이며 내부가 외부인 곳이고, 개인의 선과 공동체의 선이 일치하는 그런 스승들(주인들)의 도시를 가정한 곳이다. 따라서 그곳에서는 스승들의 말이 잘 받아들여 진행된다. 그렇게 잘 진행되는 이유는 그곳에서는 도시가 평화와 전쟁, 행복과 불행을 경험하든 그렇지 않든 간에 상호주체적인 응집력으로 이 도시를 지탱하는 것은 바로 정설(正說 orthodoxie, 정통성)이기 때문이다. 바로 정설, 즉 그것은 따라야 할 올바른 윤리적 행위로 인정되는 공동 견해이다. 물론 이 견해는 공동체 의견이다. 정설이 없으면 그 도시도 없게 된다.

이제 스승은 피 터지는 싸움 없이 도시 전체를 행동하게 만드는 데 필요한 담화들을 자연스럽게 말한다. 그 이유는 그 담화들은 이미 도시에 존재하는 정설, 말(說doxa)의 정의(正義 orthos)에 해당하기 때문이다. 스승(주인)은 정의를 말하고 정의를 표현한다. 이유는 스승-시니피앙들이 도시에게 말하고 그 스승-시니피앙들이 도시로서 말하는 것이기 때문에 스승은 정의를 말하는 것이다.

라깡은 충만한 파롤의 아름다운 예로 1956년 6월 6일의 세미나에서 '라신(Rasine)의 아탈리(Athalie)'[1]의 1막 1장을 분석하여 소개한다.[2]

〈아탈리〉 1막 1장에서 대제사장 조아드(Joad)는 두려움으로 길을 잃고 불안해하는 고위 장교 아브네르(Abner)에게 스승-시니피앙에 집중하도록 하는 품격 높은 대화의 담론을 펼쳐 보인다. 등장인물 조아드와 아브네르의 사이에 펼쳐지는 담론은 어떤 정보나 새로운 소식을 알리는 것이 아니라, 충신과 믿음으로 변하게 하는 충만한 파롤을 펼쳐 보인 것이다. 믿음을 잃고 두려워하는 아브네르에게 '신의 두려움(노함)'이라는 말씀, 그 시니피앙은 모든 두려움을 완벽한 용기로 바꾸는 변화의 묘술로 수행된

---

1) 라신(Jean-Baptiste Racine, 1639-1699)의 〈아탈리(Athalie)〉는 5장으로 이루어진 운문 비극이다. 라신의 생전에 이 작품은 큰 성공을 보지 못했고, 그의 사후에야 대중적인 성공을 거두었다. 〈아탈리〉에는 종교적 갈등과 정치적 대립, 그리고 가족적인 은원 등이 복잡하게 얽혀 있지만, 그런 담론들이 시종일관 팽팽한 긴장감과 통일성을 잃지 않고 전개되고 있다. 그리고 그런 긴장감은 라신의 작품들 중에서도 유례를 찾기 힘들 정도로 탁월하다. 라신이 그리스 고전 비극들의 예에 따라 도입한 합창단의 존재도 이러한 긴장을 고조시키는 역할을 한다. 내용은 유다 왕국에 바알 신앙을 끌어들인 여왕 아탈리의 비참한 죽음을 다루고 있으며, 다윗의 자손이 살아남아 메시아의 희망을 이어가는 구도를 가진다는 점에서, 이 작품은 하나님의 섭리와 예언이 성취되는 성서적 주제를 담고 있다. 하지만 조아스 대신 아탈리를 주인공으로 하고 있는 데서 알 수 있듯이, 라신은 종교적인 교훈을 전달하는 것에 못지않게 인물의 강렬한 정념과 심리적 갈등을 그려내는 데 집중했다. 그렇기 때문에 종교극임에도 불구하고 이 작품의 주제는 겉보기보다 훨씬 복합적이며 다양한 해석의 가능성을 남기고 있다. 1막 - 유대인 대제사장 조아드는 두려워하는 고위 장교 아브네르에게 유다 왕의 후손이 나타나 도와줄 것이라는 믿음을 준다. 그런 다음 조아드는 아내 조사베와 함께 조아스의 존재를 밝히고 아탈리를 폐위시켜 나라를 참된 종교로 되돌리기로 합의한다. 2막 - 아탈리는 유대인 성전에 들어가서 꿈에서 본 아기를 발견한다. 그녀는 이 아이가 조아스라는 사실과 조아스가 유대교에서 조아드에 의해 양육되었다는 사실을 알지 못한다). 그녀는 조아스에게 아이를 데려와 달라고 부탁하고 궁전에서 함께 살자고 초대한다. 3막 - 조아드의 음모를 두려워한 아탈리는 조아스를 인질로 삶고자 한다. 반면에 대제사장은 일을 서두르기 위해 조아스를 왕으로 선포할 준비를 한다. 4막 - 조아스가 자신이 유다 왕들의 후손이자 후계자임을 밝힌다. 제사장들은 성전을 바리케이드로 막는다. 5막 - 아탈리는 반란군을 성전에서 몰아낼 준비를 한다. 그녀는 아이를 찾으러 온다. 조아드는 그 아이가 조아스라고 말한다. 밖에서 공격자들은 당황하여 도망친다. 조아드가 아탈리를 처형한다.

2) J. Lacan, 〈Le séminaire, Livre III〉, Seuil, 1981, pp.298-304.

다. 아브네르는 굳은 결의를 하고, 모든 위협에 부딪치더라도 충성-신에 따를 것을 맹세한다. 두려움이라는 단어, 시니피앙이 모호함, 의심을 결국에 충성, 믿음으로 변화하게 하는 전환점(le point de capiton)으로 작용하여 불신을 믿음으로 바꾸는 역할을 한다.[3] 그때의 그 충만한 파롤이 상호-주체성(inter-subjectivité)을 세우게 되는 것이다. 오늘날 우리 문화는 이런 상호주체성에 기반한 충만한 파롤의 문화를 지향해간다고 볼 수 있다. 인간관계와 상호교감의 담화들, 그런 상징들을 통한 이런 주체성의 창조는 우리에게 마르지 않는 솟아나는 힘을 주면서 새로움을 찾으며 발전하게 한다.

라깡은 상호주체성과 관련하여 프로이트가 얘기한 교회와 군대라는 집단에서 볼 수 없었던 점을 소개한다. 교회들(종교집단)의 힘은 무엇보다도 교회를 유지할 수 있게 하는 랑가즈(언어) 안에 있다. 그런 의미에서 라깡은 종교집단과 군대와 같은 '집단적 주체성'의 랑가즈 문제를 포함한 탐구를 해야 했다.

라깡의 관심의 핵심은 시대를 통틀어서 랑가즈의 암벽을 극복할 수 있는 충만한 파롤을 증진해왔던 스승들의 현대적 모습이다. 라깡은, 분석가를 주체와의 상징적 관계에서 아주 조용히 우리 역사의 사향길에 잊혀진 스승들의 입장으로 정의하는 것을 두려워하지 않는다. 그런 스승들은 도덕적 스승이고 그 스승들은 무지 내에 있는 것을 의식의 차원으로 접근하도록 하는 사회적 지위에서 보면 지혜의 현인(sagesse)이라 불릴 수 있는 스승이다.

1963년 프랑스정신분석협회(Société française de psychanalyse)가 해체되어 분화될 때, 라깡은 이런 스승들의 공동체 사회가 가능할 수 있다면, 그것은 분석가들의 공동체가 되어야 한다는 신념을 재확인했다.[4]

---

3) 위의 책, p.303.

4) Moustapha Safouan, 〈Jacques Lacan et la question de la formation des analystes〉,

오늘날, 정신심리 분석전문가는 막스 베버의 개념 구별에 따라, 지식과 IT 기술에 기반한 과학기술적 게젤샤프트(Gesellschaft), 이익사회의 이성적 권력을 넘어서 게마인샤프트(Gemeinschaft), 즉 공동체사회를 지향하는 관점에서 부딪친 문제들을 충만한 파롤의 교환, 증여로서 그 힘을 구현하는 사람들이라고 할 수 있을 것이다.

정신심리 분석은 누구에게나 증상에 갇혀 있는 파롤을 자유롭게 하고 프로이트의 무의식의 발견에 동참하여 일하는 사람에게 말할 수 있는 기회를 제공하는 것이다. 그것은 현대인이 잃어버린 시적 언어를 다시 호흡하도록 하는 새로운 허파이다.

정말이지 파롤, 말은 이중 호흡을 한다.

첫째로 파롤 말은 지식을 전달하는 기관이나 정보 전달 도구가 아니다. 그것은 진리, 진실의 고향이다. 라깡은 "진리(진실)는, 말의 집(dit-mension 말의 고향)"이라고 말했다.[5)]

진리, 진실은 말하는 것 외에는 존재하지 않기 때문에, 파롤 말은 진리의 집이요 고향(말-집 dit-mension)이라고 말한 것이다. 말이 거주하는 곳, 말의 집은 여론(정론)이요, 현실에서 말하는 모든 것이며, 적어도 사회적으로 인정되는 모든 여론이다. 보통 파롤 말은 이야기, 서사, 잡담, 주장, 설명, 강의, 설교, 유머농담, 재담, 덕담, 잔소리, 짜증, 아픔, 거짓, 악담, 비난, 욕 등 담화, 담론들의 세계인데, 우리는 그 말들을 싫어하든 좋아하든, 어느 누구의 말이든, 그것들은 우리 모두가 함께 품고 가야 할 진실이다.

둘째로 파롤 말은 더 이상 행동의 명령이 아니다. 파롤은, 말만 하고 행하지 않는 행동을 강요하고 행동을 행하게 하는 이론이 아니라, 관조해야 할 광명이요, 체득하여 실천하는 광명의 빛이다.

Seuil, 1983, p.44.

5) J. Lacan, 〈Le séminaire XX〉, Seuil, 1975, p.97.

제5장

상징계의 매진 분석

한편, 분석가가 충만한 파롤을 줄 수 있다는 허구적 믿음은 자칫 자의성과 찬양, 자만을 제공하는 것으로 이어지기 쉽다. 라깡은 언어가 사물 자체라거나, 타자를 어떤 대상으로 대신하는 장벽에 불과하다는 그런 서술을 너머서 이를 해결하려고 노력한다. 스승-시니피앙들 그 말의 효과가 그것을 뒷받침하는 정설, 정의에서 나온다면, 그것의 근본적 토대는 무엇일까? 라깡의 대답은 랑가즈가 충만한 말의 '근본적 조건'이라 말한다.[1)]

라깡은 스승-시니피앙, 주인 파롤, 분석 담론이 진실, 정설로 인정받으려면 충만한 파롤이라는 조건을 충족시켜야 한다고 하고, 1955년 3월 30일부터 에드거 앨런 포(Edgar Allan Poe 1809-1849)의 〈도둑맞은 편지〉를 해설하면서 상징적 질서 자체로서 자리매김 하기 위한 순수 랑가즈의 개념을 도입한다. 그는 이 개념을 다양한 방식으로 조합을 추구한다. 그중 주목되는 것은 먼저 컴퓨터적 랑가즈 언어의 최소단위 0과 1의 2진법 관계의 소개이다. 그것은 부재(0, 영, 무)의 토대로서의 현존(1)과 상징적 현존(1)의 조건으로서 부재(0)이다. 또한 라깡은 신약성서 요한복음 1장 1절('태초에 말씀이 있었다')의 구절을 소개하면서 파롤의 우선성이 아니라 순수 랑가즈의 우선성을 제시한다. 말한다는 것이 단순히 그것에 이름을 붙이는 것이 아니라, 없는 것을 존재하게 하는 것이고, 영(0 무)에서 1을 만들어 내는 것이라면, 이런 구조 덕분에 랑가즈는 작동적 파롤의 조건, 원리가

---

1) J. Lacan, 〈Le séminaire II〉, Seuil, 1978, p.360.

되는 것이다. 파롤이 작동하는 조건에, 원리에 랑가즈가 있어야 한다. 한마디로 '랑가즈는 파롤의 조건'이라 할 수 있다.

이를 통해 우리는 어떤 랑가즈로 짜여진 무의식은 상징적 질서이며, 그러므로 그것은 분석 과정을 결정하는 요소임을 알게 된다. 프로이트의 "무의식은 초-개인적 범주에서의 구체적인 담화의 일부로서, 주체의 입장에서는 의식적 담화의 연속을 재설정하려는 결여된 부분이다"(Lacan, 〈Ecrits〉, p.258.) 라깡의 이런 정의는 분석 과정의 정의인 연속성의 회복을 확인하게 한다. 그리고 그것은 주체의 인생사를 구성하는 담화의 상호주체적인 연속성을 확립하는 것이기에 충만한 파롤이 되는 것이다. 한때 그것은 상징에 의한 주체의 인식 내에 존재하지 않는 결여 상태로 남아있던 것이었지만, 상징적인 분석 과정에서 말을 했기 때문에 비존재가 존재하게 된 것이다.[2)]

주체의 인생사에서 인식되지 않고 지각되지 않은 빈 페이지, 공백, 결여, 정신분석적 검열의 영역의 그 진실은 증상적 대체물들에서 재발견될 수 있는 것이기 때문에, 비존재가 존재가 되는 것은 가능한 일이다. 그것은 오해가 있던 곳에 이해가 있게 하는 것을 입증하는 것이기도 하다. 그런 의미에서 라깡은 분석의 종결을 상징계적 완성의 작품으로 제시한다. 분석의 말미에 주체는 자신의 인생사, 자신의 무의식을 체득하게 된다. 말하자면 종결은 분석주체가 자신의 존재적 상황에서 어느 정도의 인생사적 변환점을 이미 체험하고 결정했다는 사실을 현재적 관점으로 그의 인생사가 성취되는 지점이 되는 것이다.

1953년은 이마고의 본질, 그 거울상의 불완전성이 의미의 완전성으로 응답하는 변환점, 전환점이었다. 그리고 그것은 상징계에 의해서 랑가즈의

---

2) 위의 책, p.354.

보편성과 파롤의 특수성이 화해가 이루어진다. 그런 이유로 상징계의 우위는 이 세 가지 가설, 즉 충만한 파롤, 상호주체성, 상징계 내에서 주체 인생사의 매진(집중)이라는 세 가지 가설에 토대를 둔 것이다.

결국 욕망은 결여, 무의 욕망이기 때문에, 주체는 자신의 역사성의 한계, 죽음을 위한 존재, 역사가 성취된 순간에 현존하는 한계를 가정하는 것으로 이어지게 된다. 그렇지 않으면 주체 내에 욕망의 영속성을 간직하려는 것으로 자살을 생각할 수 있다. 사이비 종교의 집단 자살을 예로 들 수 있겠다.

그런 의미에서 라깡은 에트나 화산 분화구로 돌진하는 엠페도클레스[3]가 죽음을 위한 존재의 상징적 행위를 인간의 기억 속에 영원히 남겼다고 말한다(Lacan, 〈Ecrits〉, 1966. p.320.).

3) 엠페도클레스(Ἐμπεδοκλῆς, 기원전 493년경~기원전 430년경)는 고대 그리스의 철학자이다. 시칠리아섬에서 출생하였으며 정치·의술·예언 등 다방면에 재능을 가졌다. 세상의 모든 만물은 바람·불·물·흙 등 4개의 원소로 이루어졌다고 주장하였다. 그리하여 이것들이 사랑과 미움의 두 힘에 의해 분리되고 결합하는 것으로 만물의 생성·소멸이라고 하였다. 디오게네스 라에르티오스는 엠페도클레스가 실험을 위해 폭발하는 에트나 화산의 분화구에 직접 들어가서 죽었다고 기록했다. (위키백과)

제6장

상상계의 환원 불가능성

1964년부터 라깡은 1950년대보다 더 멀리가게 된다. 파롤의 창조적 힘이 부정적으로 나타나면 충만한 파롤도 동어반복의 소리가 될 수 있으며, 상호주체성도 자칫 잘못되면 상호 망상이 된다. 라깡은 이런 역설, 아이러니를 제기하면서, 점차 분석 경험의 증명, 즉 분석가가 상상계와 실재계보다 상징계의 우위를 부여함으로써 모든 분석이 종료되는 것은 아니라는 경험을 증명해 보인 것이다.

라깡은 어떤 실수행위의 무의식을 알게 해서 결정적으로 개인의 삶이 더 나아지도록 할 수 있지만, 그것이 분석의 종결이라고는 말하지 않는다. 모든 것에 하나의 무의식을 우선으로 부여하는 그런 선호성, 통상 단면성(tranche)이라 부르는 그런 분석을 깊고 넓게 새롭게 해야 할 필요가 있다. 그것을 위해 후기 라깡은 소위 라깡의 위상학을 전개시켜간다.

라깡의 L 도식(Schéma L)은 큰타자 A와 주체 S 사이에 대각점선 화살표로 표시된 것처럼 직접적인 관계가 없음을 보여준다. 그것은 상상계의 환원 불가능을 의미한다. 유일하게 가능한 길은 큰타자(A)에서 자아(a)로 가는 경로이다. 상상계의 환원 가능한 사례는 환청과 환시에서처럼 유일하게 미친 사람이 나는 너에게 속해있다고 믿는다거나, 너와 나는 상호 속해 있다고 믿는 경우이다. 보통 사람의 길은 주체는 그의 자아와 말하고, 타자와 말한다. 타자(타인)는 너가 아니고 제3자 그(그녀)이다.

제7부

라깡 실재계와 꿈의 분석

제1장

큰타자(Autre)의 담화인 무의식

정신심리 분석은 자기 인생의 기원을 알기 위한 상징체계의 재생산 과정으로 이해할 수 있다. 정신심리 분석의 한 명제인 "어린 시절은 없다"는 프로이트의 말대로 우리는 기억을 거슬러 가보면 어딘가는 끊겨버린다. 유년기 기억 상실이라는 영유아기의 경험을 우리는 알지 못한다. 사라진 어린 시절은 무의식을 형성하고 불가능한 실재계의 일부가 되기도 한다. 내가 나를 찾으려면 나는 상징계에 머물면서 이해를 할 수밖에 없다. 잃어버린 인생은 상징에 의해 마음속에서 재구성된다. 정신심리 분석은 이런 과정을 사후성 또는 사후작용이라 한다. 역사적 사건이 발생한 후 마음속에 재구성된 주관적 상황을 통해서 주체는 새로운 의미를 부여받는다.

우리는 나를 알기 위해서 기억을 더듬어야 하고 누군가에 의해 내가 이야기되고 있었다는 것을 탐구한다. 말하는 존재인 인간은 자신에 대한 이야기에 이르면 자신을 완전히 이야기할 수 없다는 모순성에 부딪친다. 그것은 언어 구조의 필연성 때문이다. '말하는 나(언술의 나)'와 '말해진 나(언술 주체)'의 결합이 불가능하기 때문에 주체는 분리되고, 자아는 소외된다. 그러나 말하는 존재가 분명히 존재한다는 사실은 언어 바깥에 어떤 것이 지탱되어야 한다. 이른바 큰타자(Autre)의 담론이다. 억압과 망각으로 쌓아놓은 다른 장소, 큰타자의 장소, 무의식의 장소를 말함이다. 주체는 큰타자 대신에 말이나 꿈이나 담론으로 만족하고, 그 말이나 꿈이나 담론은 상징체계의 연쇄로 구성된다. 그래서 라깡은 "무의식은 큰타자의 담론"이라고 했다. 이 말은 인간 주체의 무의식은 큰타자의 말, 큰타자의 담론에 의해 형성된다는 의미인 동시에 주체가 그 담론을 수용한다는 것은 주체의 결핍, 빈자리, 공백을 메우기 위해 그 타자의 말, 타자의 담론을 욕망한다는 의미이다.

바야흐로 이 타자의 담론, 이 무의식은 언어처럼 구조화되어 있다. 그 대표적인 형태가 꿈이다. 꿈은 수수께끼 같은 담론들, 재현들, 시니피앙들 속에서 의미(signification)를 짜맞추어내기 위해 과거 속의 큰타자의 담론, 그 목소리, 그 시니피앙을 시각언어, 청각이미지 등으로 상연한다. 무의식이 언어처럼 구조화되었다는 의미는 무의식이 언어처럼 은유(métaphore)와 환유(métonymie)로 짜여있다는 말이다.

제2장

소쉬르(F. de Saussure)의 시니피앙, 시니피에

소쉬르의 언어(le langage)는 시니피앙(le signifiant, Sa)과 시니피에(le signifié, Se) 두 부분으로 구성되어 있다. 시니피앙은 소쉬르의 개념에서 단어를 발화할 때 내는 소리, 그 소리 이미지를 의미한다. 시니피에는 그 소리를 듣는 청취자가 받아들이는 사물, 그 내용(개념)이다. 소쉬르는 이 두 영역 모두를 정신심리 작용에 의한 것으로 보았다. 그래서 소쉬르는 언어기호는 시니피앙과 시니피에의 양면을 가진 정신심리적 실재라고 했다.[1] 우리는 편히상 소쉬르의 공식을 줄여서 다음과 같이 표기한다:

$$\frac{Sa}{Se}$$

오늘날 언어기호는 5감각 언어를 모두 포함하므로 시니피앙(Sa)은 그 개념이 확장되어 의미의 속성을 갖는 모든 요소들을 가르킨다. 프로이트의 용어로 재현들(représentations)이나 기억 연상들, 꿈의 사고들, 꿈의 이미지들 등은 시니피앙들로 고려될 수 있다. 자유연상 고리라는 프로이트의 개념은 라깡의 시니피앙의 연결고리와 일치하고, 그것은 먼저 소리 이미지 고리라는 소쉬르의 개념에 일치한다.

---

1) Saussure F. de, 〈Cours de linguistique générale〉, Payot, 1972, p.158.

그러므로 소쉬르를 빌려서 풀이한 라깡의 정신심리 분석에서 하나의 사물은 5감각 이미지로 대체된다고 말할 수 있거나 또는 하나의 사물은 5감각 이미지로 재현된다고 이해할 수 있다. 여기서 Sa과 Se를 분리한 기호(—)는 라깡에 오면 대체의 기호, 재현의 기호를 의미한다.

한 시니피앙(Sa1)은 혼자서는 아무것도 말할 수 없다. 최소한 다른 시니피앙(Sa2)이 있어야만 그것은 의미를 생성할 수 있다. 한 시니피앙(Sa1)의 의미를 알기 위해서는 다른 시니피앙(Sa2)이 있어야만 한다. 그래서 다른 시니피앙 Sa2는 앎(le savoir)을 의미한다. Sa2에서 2는 복수의 의미이고, 무의식의 앎을 말함이다. 두 시니피앙 Sa1과 Sa2가 환유의 양태(한 시니피앙과 다른 시니피앙 사이에 연결성, 인접성, Sa1.....Sa2)이거나 은유의 양태(한 시니피앙이 다른 시니피앙으로 대체, Sa1/Sa2)라는 조건이 있어야만 의미를 생성할 수 있다는 점을 확인한다. 이렇게 은유와 환유는 의미생성을 하는 기본적 양상이다. 인간의 관념세계는 수많은 개념들로 형성되어 있고, 그것은 은유와 환유로 구성되어 있다. 라깡은 소쉬르와 야콥슨(Roman Jacobson)을 빌려 의미생성에서의 환유와 은유의 메커니즘을 통한 컨텍스트의 중요성을 잘 수용했다.

제3장

라깡의 은유(mėtaphore)

우리는 라깡을 빌려 프로이트의 압축(응축) 기제를, 한 시니피앙을 다른 시니피앙 또는 여러 다른 시니피앙으로 대체하는 기호학의 은유 메커니즘으로 이해할 수 있다. 다양한 복수의 시니피앙이 하나의 시니피앙으로 대체될 수 있다. 우리는 그것을 다음과 같은 기호식으로 표기한다:

$$\frac{\text{Sa}}{\text{Sa1, Sa2, Sa3}}$$

위의 기호하은 시니피앙 Sa는 다른 시니피앙 Sa1, Sa2, Sa3… 등이 대체된 시니피앙이라는 것을 의미한다. 여기서의 중간의 분수 기호(—)는 소쉬르의 분리를 의미하는 기호가 아니라 대체를 뜻하는 기호이며 그것은 억압의 시니피앙들을 의미한다. 그러므로 여러 억압의 시니피앙들(Sa1, Sa2, Sa3...)이 하나의 시니피앙(Sa)으로 대체되었다는 것을 뜻한다.

그러므로 메타포(은유)는 한 시니피앙이 다른 시니피앙으로의 대체이다. 가령 한 가지 예를 들자면 프로이트가 『꿈의 해석』에서 자신의 꿈을 직접 소개한 '이르마의 꿈'에서 '이르마(S1)'라는 시니피앙은 이르마에 관련된 억압된 사고들 중에 프로이트 스스로가 얘기한 '책임 회피(죄책감)'(S2)라는 시니피앙으로 대체된 것으로 이해할 수 있다.

$$\frac{\text{이르마}}{\text{책임 회피}}$$

우리는 라깡의 은유 기호학을 수용하여 그것을 다음과 같이 제시할 수 있다.

$$\frac{\text{이르마}}{\cancel{\text{책임 회피}}} \cdot \frac{\cancel{\text{책임 회피}}}{X} \longrightarrow \frac{\text{이르마}}{} \cdot \frac{1}{\text{책임 회피}}$$

기호식 1

'책임회피'에 빗금(/)을 친 것은 '책임회피'의 의미가 드러나지 않았기에 제거(억압)된다는 의미이다. '이르마'의 의미가 무엇인지 아직 모르기에 그것은 미지수 X로 표기된다. 화살표(→)는 얻어진 의미(signification) 결과를 뜻한다. 즉 '이르마'라는 시니피앙(Sa)의 시니피에(Se)는 '책임회피'(X=책임회피)가 된다. 위의 기호학은 분수와 흡사하고 분수로 단순화시켜 이해했지만, 분수는 아니다. 라깡의 기호학에서 이 분수 기호는 억압을 고찰하기 위해 응용한 것이다. 분수 기호(—)의 시니피앙은 억압의 시니피앙을 뜻한다. 그래서 은유에 의해서 얻어진 의미생성(signification)을 다음과 같이 기호화할 수 있다.

$$\frac{S1}{\cancel{S2}} \cdot \frac{\cancel{S2}}{X} \longrightarrow \frac{S1}{} \cdot \frac{1}{Se}$$

기호식 2

제4장

라깡의 환유(mètonymie)

언어 메커니즘에서 환유는 한 시니피앙이 다른 시니피앙들과의 연결 행위로 제한된 의미작용의 효과를 얻어내는 기능을 의미한다. 가령 전부를 위한 부분의 기능이나, 내용을 위한 내용물, 원인에 따른 결과, 기능을 위한 도구 등과 같은 메커니즘을 의미한다. 그래서 우리는 그것을 기호학적으로 다음과 같이 표기한다: Sa1…Sa2…Sa3…

여기서 점선은 두 시니피앙, 여러 시니피앙들 사이의 연결됨을 의미한다. 환유(mètonymie)는 두 시니피앙 사이의 인접성, 연결성에 의해 의미생성(signification)을 한다. 이르마의 꿈에서 이르마는 또한 프로이트가 선호의 마음을 갖고 있는 이르마의 친구와 연결의 고리를 갖고 있고, 또 프로이트의 친구 오토와 연결 고리를 갖고 있으며, 또한 프로이트 아내와도 연결 고리를 갖는 등등의 시니피앙의 연쇄를 형성하고 있다. 그렇게 환유적 연결 고리의 표현으로 의미를 생성하는 것이다. 꿈은 이렇게 주체의 인생사에서 겪은 무수한 시니피앙의 연결고리를 형성하고 있는 것을 표출하는 것이다. 여기서 우리는 분석 상담의 공간에서 아날리장(분석내담자)이 던지는 하나의 시니피앙은 그것과 연결고리를 맺고 있는 다른 시니피앙과 연결되고 그것은 또 다른 시니피앙과 연결되는 시니피앙의 연쇄 고리를 형성하고 있음을 확인한다.

제5장

은유와 환유의 기호식

위에서 우리는 의미생성을 얻기 위해서는 최소한 두 시니피앙 사이에 조합을 이루어야한다는 것을 보았다. 기호학적으로 말해서 시니피앙(Sa)이 시니피에(Se)를 결정하는 데, 그것은 은유나 환유에 의해서 의미생성을 하게 된다는 뜻이다.

그래서 우리는 그것을 다음과 같이 기호학적으로 풀이할 수 있다.

$$\frac{S1}{Se(S2-1,\ S2-2,\ S2-3\ \cdots)} \rightrightarrows S2$$

기호식 3

시니피앙 S1은, Se(S2)[S2의 작은 Se], Se(S2−1), Se(S2−2), Se(S2−3) ... 등과의 의미생성 결과인 다른 시니피앙 S2와의 조합에 의해 의미를 얻게 된다. 다시 말해서 S2는, S2−1과 그 결과인 Se(S2−1), S2−2와 그 결과인 Se(S2−2), S2−3과 그 결과인 Se(S2−3) ··· 등과의 의미생성 작용의 생산물이다. 위의 기호학에서 Se(S2)는 시니피앙 S1과 다른 시니피앙 S2와의 조합에 의해 얻어진 시니피에(Se)를 의미한다. 그러므로 위의 도식의 괄호를 밖으로 내면 다음과 같이 쓸 수 있고,

$$\frac{S1}{Se(S2-1),\ Se(S2-2),\ Se(S2-3)} \rightrightarrows S2$$

결국 다음으로 단순화시킬 수 있다.

$$\frac{S1}{Se} \rightrightarrows S2$$

기호식 4

위의 기호식은 라깡이 말했듯이 시니피에(Se)는 시니피앙(Sa)의 결과라는 것을 보여준다.[1] 결국 소쉬르의 기호학을 좀 더 명확하게 완성시킨 라깡을 통해서 우리는 '한 시니피에(Se)는 다른 시니피앙(S2)을 위하여 하나의 시니피앙(S1)으로 재현(대체)된다'고 정의내릴 수 있다. 소쉬르식으로 말하면 하나의 사물은 청각 이미지의 재현인데, 그 조건은 반드시 다른 청각 이미지의 재현을 참고해야 비로소 의미생성을 하게 된다고 말할 수 있다.

---

1) Lacan J., 〈Le Séminare Livre XX; Encore〉, Seuil, 1975. p. 34.

제6장

무의식의 앎(le savoir), 큰타자(A)

〈기호식 4〉의 이해를 위하여 간단한 사례를 살펴본다.

어떤 가정 주부가 어느 날 분석 중에 "꿈에 가끔 한 아이가 항상 쫓아다니면서 저를 귀찮게 하고 성가시게 괴롭힌다"고 말했다.

분석 중에 필자는 "꿈속에서 항상 쫓아다니는 한 아이"는 그녀의 몇 가지 무의식 사고의 표출(재현) 현상임을 알았다. 첫째로 그녀가 임신했다가 낙태했던 5개월 아기에 대한 죄책감이 꿈에 한 아이가 괴롭히는 것으로 나타난 것이다. 둘째로 남편을 비롯한 천주교를 믿는 시집에서 천주교를 권유하지만 천주교에서는 낙태를 금지한다는 것을 알기에 천주교에 선뜻 동참하지 못하고 있는 부인의 무의식 심리 또한 아이가 항상 쫓아다니면 성가시게 하고 귀찮게 하는 것으로 나타난 것이다. 이것은 종교적 초자아가 자아를 괴롭히는 것으로 이해할 수 있다. 셋째로 시집와서 부인을 힘들게 한 남편에게도 낙태의 책임은 있으니 꿈속에서 남편이 아이로 대치되어 부인을 성가시게 하고 괴롭힌 것으로 해석되는 것이다. 넷째로 남편은 가끔 천주교를 다니라고 권유하는데, 부인은 이것 또한 원하지 않았기 때문에 믿음의 강요 등의 가부장적 태도 때문에 시달리곤 했는데, 이런 가부장적 강요의 억압이 늘 부인을 귀찮게 하고 성가시게 하는 것으로도 해석된다.

그러므로 이 꿈에서 아이는 각각 남편, 낙태, 천주교, 가부장적 억압 등으로 대치(환유의 메커니즘)되면서 동시에 무의식의 복합적 사고가 응축

(은유의 메카니즘)된 형태라 할 수 있다.

말하자면 이 꿈에서 등장하는 '쫓아다니는 아이'(S1)는, 의미 생성(signification)을 준 S2[낙태의 죄책감, 남편의 괴롭힘(성가시게 하는 등), 천주교의 초자아(낙태금지), 가부장적 억압 등]는 억압이 되었기에, 주체는 왜 꿈에 한 아이가 쫓아다니면서 괴롭히는지를 모르는, 그 이유를 모르는 소외된 상태, 제거된 상태에 있게 된다($\cancel{S}$, 주체의 제거).

한 분석내담자가 와서 분석 상담을 바랄 때, 무언가 문제가 있어서 어떤 하소연을 하고 싶어서이고 어떤 증상을 행하는 일인 데, 그것은 분석내담자에게는 알 수 없는 답답함이자 수수께끼인 것이다. 그래서 분석내담자는 이 답답함을 풀기 위해 누군가 무언가를 잘 알고 있을 것이고 잘 알고 있는 사람이 있을 것이라고 가정하게 된다. 가령 신과 같은 그런 사람을 가정하게 된다. 분석에서의 이런 현상을 '가정된 전지 주체(le sujet supposé savoir)'라 하고 이것이 전이의 한 원리이며, 이 전이가 분석 치료의 동력이 된다.

이런 정신분석의 전이를 좀 더 살펴보기 위하여 라깡이 제시한 다음과 같은 기호식을 보자.[1)]

$$\frac{S}{s(S,\ S1,\ S2\ \cdots)} \longrightarrow Sq$$

$$\frac{S}{Se(S,\ S1,\ S2\ \cdots)} \longrightarrow Sq$$

기호식 5

여기서 S_q는 분석가와 아날리장(분석내담자) 사이의 공통 자질을 수행하는 분석가에 의해 미리 선취되어 알고 있는 어떤 시니피앙을 의미한다.

---

1) Lacan J., "Proposition du 7 octobre 1967 sur le psychanalyste de l'Ecole", 〈Scilicet, N° 1〉, Seuil, 1967, p.19.

이 S_q는 억압의 기호, 대체의 기호(—)가 미치는 범위 밖에 위치한다. 그것이 의미하는 바는 S_q의 시니피앙은 우연에 의해서만 시니피앙 S, 시니피앙 S1, 시니피앙 S2 등과 관계를 맺는다는 것을 뜻한다.

위 꿈의 경우 S는 '항상 쫓아다니는 한 아이'이고, S_q는 분석가가 발견해낸 이 아이와 관련된 부인의 무의식 사고들, 그 시니피앙들이며, Se(S, S1, S2 …)는 부인이 겪은 아픔들 등이다. 말하자면 S_q(쫓아다니면 괴롭히는 아이와 관련된 무의식의 시니피앙들)는 S1, S2, S3… 등(결혼 생활 중의 남편이 힘들게 한 것들, 낙태의 죄책감, 가부장적 억압들, 종교적 초자아 등 …) 시니피앙의 연결고리를 전개하면서 분석을 활성화시키는 전이 역동을 수행하는 것이다. 그런 이유로 S_q는 가정된 전지주체, 무의식의 앎을 뜻하게 된다. 이 무의식의 앎의 덕분에 분석치료의 효과가 이루어진다.

〈기호식 4〉로 적용하여 말하면, 분석가를 찾아 꿈속에 항상 쫓아다니면 괴롭히는 악몽(S1)을 왜 자주 꾸게 되는지를 알게 되어(S2) 악몽의 증상을 고치게 되었다고 할 수 있다. 그것은 증상을 알기 위해 어딘가에 무엇인가 내재해 있다는 것을 전제한다. 정신심리 분석은 그곳을 무의식의 장소라 한다. 그래서 S2는 무의식의 앎을 의미한다. 아이러니하게도 무의식은 인식의 구멍, 결여인데, 그곳에서 무의식은 알지 못하는 것을 아는 것이라 할 수 있다.

그러므로 이제 억압의 〈기호식 2〉를 보면서 그것을 다음과 같이 쓸 수 있다.

$$\frac{S1}{\cancel{S2}} \cdot \frac{\cancel{S2}}{X} \longrightarrow S1 \cdot \frac{A}{Se}$$

기호식 6

여기서 〈기호식 2〉의 1은 A로 대체되었다. 앞에서 본 바와 같이 시니피앙 S2는 의미생성(signification)을 수행해내는 시니피앙들인데, 그것은 억압(제거)되어 있다($\not{S}2$)는 것을 의미한다(억압의 기호 /). 그럼에도 불구하고 그 억압들은 사라지지 않는다. 그 억압들은 무의식에, 무의식의 장소에 저장되어 있다. 라깡의 용어로 그곳은 큰타자의 장소요, 시니피앙의 보고를 의미한다. 그곳을 A(큰타자)라 부른다. 억압된 시니피앙들(S2)은 큰타자(A)로 대체된 것이다.

제7장

주체와 시니피앙, 대상 a

이 주부의 쫓아다니는 아이의 악몽은 라깡이 말한 주체의 분열, 주체의 분리 문제를 검토하게 한다. 이 주부는 꿈에 자주 아이가 항상 쫓아다니면서 성가시게 하고 귀찮게 괴롭힌다고 했다. 주체의 분열, 주체의 분리를 겪는다는 뜻이다. 그녀는 꿈도 안 꾸고 푹 잘 자고 싶은 것이 소망(S2)인데 원하는 대로 되지 않고 늘 악몽에 시달리는 것(S1) 사이에 분리가 일어난 것이다. 꿈이나 말실수, 건망증, 모욕적인 말, 다양한 실수 행위 등 무의식의 형성물이 나타날 때, 무의식의 주체가 드러난다. 주체 자신이 시니피앙(Sa)의 표출로 자신의 시니피에(Se) 결과를 나타내 보인다.

그러므로 시니피에(Se)의 자리에 분리된 주체, 분열된 주체($\not{S}$)를 놓으면 〈기호식 4〉는 다음과 같이 쓸 수 있다.

$$\frac{S1}{\not{S}} \longrightarrow S2$$

기호식 7

위 식에서 S는 주체(Sujet)의 약자이고, /는 분리, 분열을 의미한다. 그러므로 $\not{S}$는 주체의 분리, 분열을 의미한다. 주체의 분리 분열은 무의식적인 공외연적 확장의 의미를 뜻한다. 즉 말실수에서처럼 내가 이것을 말하려고 했는데(S2) 나도 모르게 다른 말(S1)을 하게 된다든지, 꿈에서처럼 사랑스런 아이와 행복하게 지내고 싶은 데(S2) 항상 나를 따라다니면 힘들게 하고 괴롭히는 아이(S1)로 나타난다든지, 이런 행동을 하려했는데(S2)

다른 행동(S1)을 한다든지, 꿈에서처럼 쫓아다니는 아이가 결혼 생활을 힘들게 했던 남편, 낙태의 윤리적인 죄책감, 가부장적 억압들, 종교적 초자아 등으로 표출되는 현상처럼 무의식 주체의 진실이 다른 시니피앙으로 공외연적인 확장으로 연결되는 것이다. 결국 위의 〈기호식 7〉의 주체와 시니피앙의 관계를 우리는 다음과 같이 읽을 수 있을 것이다. 주체($\$$)는 다른 시니피앙(S2)을 위하여 하나의 시니피앙(S1)으로 재현(대리표현)된다. 하나의 시니피앙(S1)은 다른 시니피앙(S2)과 연결되어 한 주체($\$$)를 재현(대리표현)한다.

물론 라깡의 주체 분열의 개념은 프로이트의 Ichspaltung(주체분열)의 개념에서 유래했다. 프로이트가 페티시즘(절편음란증 fétichisme)에 대해서 설명할 때 쓴 개념이다. 절편음란 주체는 여성의 남근 결핍이라는 현실에 직면하여 분열을 보인다. 주체는 여성의 남근 결핍을 부인하고 그 자리에 페티시즘 대상을 놓는다. 남근 결핍을 그 대상으로 대체하면서 남근의 존재를 유지하려 한다.[1] 말년에 프로이트는 이 용어를 아주 넓은 범위, 가령 방어 메카니즘을 설명할 때 다시 취하면서 좀 더 보편적으로 사용한다. 라깡은 프로이트가 놓아두었던 이 용어를 다시 취해서 기호학에 접목하여 보편적인 용어로 사용한다. 어떤 정신분석학자들은 이 용어를 정신증의 특수한 심리 기제로 사용하기도 한다. 나아가 라깡의 주체 분리, 주체 분열의 개념은 라깡의 거세 개념으로 펼쳐지게 된다.

〈기호식 8〉을 참고하면, 우리는 여기서 순간적으로 나타났다 사라지는 무의식 주체의 특징을 본다. 시니피앙 없이 주체를 정의할 수 없고, 주체 없이 시니피앙을 정의할 수 없다는 점을 발견한다. 〈기호식 7〉을 더 구체화하면 다음과 같이 기호화할 수 있다.

---

1) Lacan J., 〈Écrits〉, Seuil, 1966, p. 877.

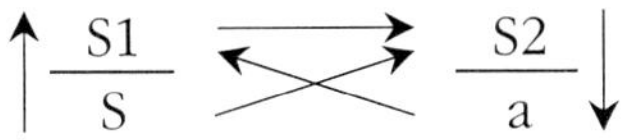

기호식 8

여기서 대상 a는 주체가 분리될 때, S2로 대체될 때, 나머지 부분, 여분, 잉여를 의미한다. 그것은 장차 욕망의 원인이 되고 실재계(le réel) 안에 주체의 주이상스(jouissance)를 등록하게 하는 의미를 지닌다. 또한 위의 기호식에서 주체(S̸)와 대상 a 사이에 직접적인 관계가 없음을 알린다. 이유는 주체가 언어 세계에 들어오면서부터는 주체와 욕망의 대상 a 사이에 직접적인 접촉이 불가능하기 때문이다. 외부인식에 대한 인식이 없던 신생아가 젖을 먹거나 신체적인 보살핌을 받으면서 아기는 큰타자(엄마)라는 존재의 속성을 느끼고, 동시에 엄마를, 엄마의 젖을 자기 신체의 일부, 부분 대상으로 느낀다. 엄마의 젖과 말을 통해서 아기는 그것들을 자기 신체의 한 부분으로 지각한다. 젖이라는 대상과의 관계를 형성하면서 아기는 인성을 형성해간다. 말하자면 아기 주체, 인간 주체는 타자와의 관계를 통해서 존재의 기초를 세운다.[2)]

시간이 경과함에 따라 젖가슴 대신 다른 대상(전이적 대상), 특히 신체의 일부분인 자기 손가락이나 엄마의 체취가 담긴 담요나 수건 등이 구순충동을 지속하는 실재 대상이 된다. 이 전이적 대상들은 엄마를 대체하는 환유적 대상들이다. 그리고 그것들은 환타즘(fantasme)의 구실이 된다. 이 대상들은 엄마와 아기의 연결을 구성하는 미끼의 중개물이다. 이것들은 서로에 속한 것이고, 엄마가 부재할 때 아기에게 연속적으로 머물게 하는 합접(∧)인 동시에 그것으로부터 분리하게 이접(∨)의 속성을 갖게 된다.

합접(∧)인 동시에 이접(∨)인 이런 복잡한 관계의 기호론을 라깡은 그 두 기호가 합쳐서 새겨진 상징 기호 ◇로 표시한다. 그러므로 많은 의미로 읽혀지고 있는 환타즘의 기호 S̸◇a는 잃어버린 대상(a)을 환상의 미

---

2) 이유섭, 『정신건강과 정신분석』, 레인보우북스, 2012, pp.81－82.

끼로 분리시키고, 합치며, 감격해 하는 주체의 환타즘을 의미하는 것으로 이해할 수 있다. 그래서 우리는 a를 대상 a(오브제 a)라 부른다. 이 대상 a 덕분에 큰타자(어머니)에 대한 욕망을 지탱하게 되고, 임상의 공간에서는 분석수행자가 치료를 향해가도록 한다. 그리하여 결국에 그 대상은 잃어버린 것이라는 그런 체득의 과정을 겪고 나서 우리는 욕망의 원인을 구축하게 된다.

위의 〈기호식 8〉를 아이의 오이디푸스적 상황을 고려하면 다음과 같이 읽을 수 있다. 소외된 주체(\$)에 지불할 대가로 대체된 남근(phallus) 상징의 시니피앙(S1)은 아버지 이름의 시니피앙(S2)으로 대체됨과 동시에 아버지 은유의 작용에 의해 남근 시니피앙을 억압하면서 태초의 어머니와 동일시될 부분인 대상 a로 만족을 얻는다. 그래서 부분 충동의 대상 a는 어머니와의 관계 안에서 의미를 갖는 젖, 변, 시선, 목소리 등과 같은 욕망의 원인 대상이 된다.

제8장

라깡의 실재계

프로이트는 꿈에 관한 과학의 명저 『꿈의 해석』에서 소위 "불타는 아이의 꿈"이라 부르는 꿈을 해석한다. 라깡은 세미나 XI권에서 그 꿈을 얘기하면서 실재(계)라 부르고, 실재(계)의 불가능(l'impossible)을 얘기한다. 말하자면 라깡은 정신심리분석의 중심에 실재(계)를 놓고, 실재(계)는 불가능이라 말하고 있는 것이다.[1)]

정신분석학이 시작되던 초창기에 프로이트는 「일상생활 행위들의 해석에 적용된 정신심리분석」이라는 이름으로 『일상생활의 정신병리』라는 또 다른 책을 발행했다. 그것은 우리가 잘 아는 것처럼 무의식 중에 일어난 건망증, 망각, 말실수, 글실수, 행위실수 등에 관한 정신심리 분석 연구이다. 프로이트는 그것들을 "무의식의 형성물"이라 불렀다.

무의식은 본질적으로 표현하려는 것에 관련되어 어떤 아픔과 트라우마, 억압, 불편함, 불안, 곤란함에 부딪칠 때 표출된다. 그래서 우리는 무의식의 표출물들을 통해서 무의식의 구성과 기능을 탐구할 수 있다. 또한 무의식은 꿈에서도 표출된다. 프로이트는 일찍이 꿈을 통해 무의식을 탐구했고 그것을 꿈의 과학이라 불렀다. 꿈의 과학은 1900년에 발표되었고, 일상생활의 정신병리는 1901년에 발표되었으며. 무의식과 관련된 재담(유머농

---

1) Lacan J., 〈Le séminaire Livre XI; Les quatre concepts fondamentaux de la psychanalyse〉, Seuil, 1973, p.53.

담)의 연구가 1905년에 발표되었다. 무의식 연구의 첫 번째가 꿈의 과학임을 알 수 있다. 프로이트는 꿈을 무의식을 접근할 수 있는 왕도로 보았고, 꿈의 연구는 정신신경증의 인식에 크게 기여했다. 라깡 역시 1957~1958년에 「무의식의 형성물」이라는 제목으로 세미나를 행했다.

물론 무의식은 프로이트 전에도 존재했다. 그러나 프로이트는 '무의식이 말한다'는 놀라운 발견을 한 것이다. '무의식이 말한다'는 의미에서 그 말은 분명하지 않다. 무슨 말인지, 어떤 언어로 말하는지 이해하기가 어렵다는 뜻이 담겨있다. 그래서 우리는 그것이 표출될 때, 표출 순간의 그 상황에 따라 그 메시지의 암호가 풀린다. 그런 이유로 정신심리 분석 임상은 그냥 듣는 것이 아니라, 어떤 놀라운 화제가 등장하는 것을 읽어가는 것이고 그 무의식을 읽는 것이다. 말하는 존재들(des parlêtres)인 우리는 특히 자기 자신을 말하는 무의식의 존재들이다. 무의식의 존재가 말한다. 어린 아이의 말은 주위 환경에서 배운 말로 말하고, 그 말이 어린 아이를 결정한다. 우리는 언어에 의해 결정된다. 언어에 의해서 우리 자신을 형성하고, 자기 정체성을 형성한다. 세상은 언어에 의해서 우리에게 오고, 우리는 언어를 빌려서 산다.

언어로 빌려서 사는 정신심리 세계는 라깡의 실재계, 상징계, 상상계라는 세 가지 차원으로 구성된다. 축약해서 말하자면 상징계는 시니피앙의 질서를 말하고, 상상계는 이미지의 질서인데 단지 이미지만이 아니라 의미를 포함한다. 실재계는 상징계에서 벗어난 불가능의 영역이다. 이 세 차원을 보로메오 매듭(라깡의 삼위일체 매듭)이라 부르고, 삼위일체 고리는 서로 고리로 연결되어 있다. 세 고리 중 어떤 한 고리를 자르면 다른 고리는 풀리게 된다. 이 세 가지 차원은 근본적으로 순환성을 갖고 있으며 서로 동등성을 갖는다. 이와 같이 우리는 세 가지 차원의 정신심리 세계로 구성되어 있다.

보로메오 매듭(3위일체 매듭)

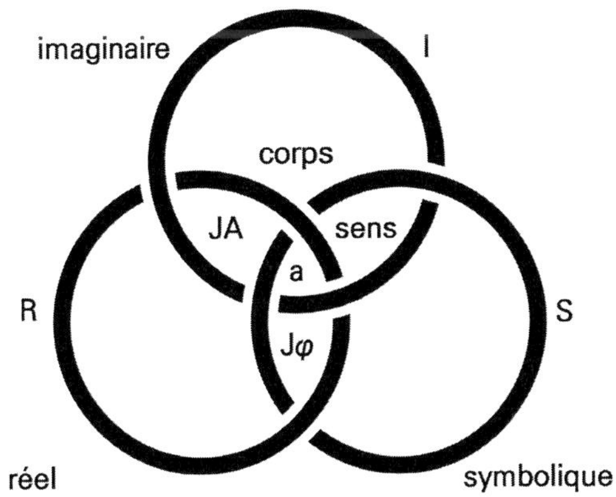

어린이를 보자. 언어의 환경에 있는 어린 아이는 아이를 에워싸고 있는 넘쳐나는 말들과 언어 구성의 모든 요소들에 복종하는데, 그중 어떤 요인들은 여분으로 남겨지게 된다. 말하자면 어떤 것들은 무의식의 시니피앙의 망에 머물게 된다. 언어의 요소들은 난어나 어휘, 문장, 시니피앙뿐만 아니라 뜻 없는 어떤 자음이나 모음, 알파벳, 글자나 음절도 될 수 있다. 언어는 어떤 물질적 재료이고 시니피앙이다. 이런 이해를 위해서 라깡은 '말물질(말물성 motérialité, mot + matérialité)'이라는 표현을 쓴다. 옹아리하는 어린 아이를 통해 말물질을 알 수 있다. 말물질, 언어의 물질적 재료는 시니피앙으로 분절될 수 있고, 문자로 분절될 수 있다. 그러므로 무의식은 말하는 것이고 매몰된 어떤 언어가 아니다. 무의식은 특정 언어의 형태로 말하는 것이 아니라, 누군가에게 어떤 문자나 구어, 시각, 청각, 미각 형태 등으로 전해지고, 단 한 글자만으로도 충분할 수 있다. 예컨대 시집살이, 시집과의 관계에 질린 어떤 여성은 시집의 "ㅅ"자만 들어도 경기를 하는 것과 같은 경우를 말할 수 있다.

그러므로 무의식의 구조는 언어적, 문자적이다. 글은 문자(한글의 자음, 모음, 영어의 알파벳)들의 조합이다. 글을 해독하기 위해서는 의미에 관한 문자 놀이에 의거해야 한다. 문자, 알파벳 그 자체는 어떤 의미도 없다. 사실 'ㅅ', 's' 자체는 어떤 의미도 없다. 단순한 ㅅ, s라는 자음일 뿐이다.

문자를 해석하듯이 꿈 역시 해석해야 한다. 꿈은 흥미로운 것인데 우리가 관심을 두어야 할 것은 꿈 안에는 제시되는 어떤 다른 현실이 있다는 것이다. 눈앞에 보이는 현실 너머의 현실, 정말 진실의 현실이 있다. 무의식의 현실을 말하는 것으로 라깡의 개념으로는 실재(계)를 의미한다. 실재(계)는 바로 우리 눈앞에 펼쳐진 실제, 외부 현실의 실재가 아니라서 우리는 그것을 상상(상상계)할 수 없고 상징화(상징계)할 수도 없다.

프로이트는 물질적 현실과 정신심리적 현실을 구별했다. 정신심리적 현실은 존재의 특수한 형태이자 무의식적 욕망들, 충동들의 형태이다. 그래서 사람들은 꿈속에서 벌어지는 어떤 비도덕적이고 황당한 꿈들을 자기 자신의 모습으로 받아들이는 것을 거부한다. 그러나 우리는 나 자신의 무의식의 책임자이다. 무의식의 탐구를 게을리하지 말아야 한다. 고생 끝에 낙이 있고, 개천에서 용이 나며, 척박한 땅에서 옥토를 일군다.

실재(계)는 현실이 아니지만, 현실을 결정짓는다. 실재(계)는 현실을 말하기 위해 주체가 있기 전에 이미 거기에 존재한다. 현실은 주체에 의해 구성되고, 실재(계)는 이미 거기에 존재한다. 현실은 우리가 상상하기도 하고 말하기도 하는 그런 실재이다.[2] 현실은 진행하는 것이고 작동하는 것이고 기능하는 것이며 우리 앞에 펼쳐진 환경이다. 반면에 실재(계)는 결정되지 않는 것, 현실이 아닌 것, 탈현실적인 것, 실현되지 않는 것, 진행하지 않는 것이고 작동하지 않는 것이다.[3] 작동하지 않게 하는 모래알이다. 작동하지 않게 하는 것이고, 그렇게 작동하지 않게 하기를 계속 반복

---

2) 이유섭, 「라깡 정신분석의 실재와 현실, 환타즘 관계에 관한 일 고찰」, 『라깡과 현대정신분석』 Vol. 19, 2017, pp.185－186.

3) Lacan, op. cit., pp.25－26.

하는 것이다. 반복은 정신심리 분석의 중심적인 개념의 하나이다. 우리는 분석의 임상에서 또는 우리의 삶에서 실재계를 만난다. 실재(계)는 주체가 조우하지 못하는 장소에서 현실 내에 다시 온다. 그것은 주체를 깨우는 우연한 조우의 형태로 현실에서 다시 등장한다. 실재와의 만남을 라깡은 아리스토텔레스를 빌려서 '투케(Tuché)'라 부른다. 우리는 생각대로 되지 않고 작동되지 않는 것과의 만남과 그리고 그것이 반복되는 경향을 만난다. 반복은 새로운 것을 요구하고, 그 새로운 것을 자기 자신의 차원으로 만드는 유희로 변하게 한다.[4]

우리도 일상생활 중에 갑작스런 일, 실수, 기분 나쁜 일, 상처 등이 반복되곤 한다. 이런 일들은 성가신 일이고 좀 놀라운 일이다. 그것들은 불쾌감을 주는데, 자주 반복적으로 발생하기 때문이다. 어떤 사람들은 이런 일들이 발생하는 것에 별로 놀라워하지 않았으나, 프로이트에게는 경탄의 일이었다. 마찬가지로 프로이트가 꿈을 연구했을 때도 놀라지 않을 수 없었다. 프로이트의 명제에서 꿈은 무의식적 욕망, 억압된 욕망의 성취이다. 그러나 프로이트는 놀랍게도 트라우마의 꿈들이 있고, 그런 꿈들이 반복되는 것을 발견한 것이다. 말하자면 그런 반복은 실재계의 만남을 반복한다. 작동하지 않는 것은 작동하지 않는 것의 만남을 반복한다. 어떤 불가능의 만남을 반복한다.

실재(계)는 상징계의 현실이 아니고, 환타즘(fantasme)을 명하는 그런 현실도 아니다. 실재(계)는 상징계로 인해 생산된 어떤 영역이다. 상징계는 실재(계)를 낳으면서 실재(계)를 추방한다. 라깡은 정신증의 영역, 망상(착각) 현상에서 실재(계)를 발견한다. 그는 "상징계에 이르지 못한 것은 실재(계)에서 나타난다"[5]고 말한다. 또한 라깡은 실재(계)에 프로이트의 섹슈

4) Ibid, p.59.

5) Lacan, 〈Ecrits〉, Seuil, p.388.

얼리티 이론을 재도입해서 성 문제를 좀 더 세밀하게 접근한다. 라깡은 무의식 내에는 성 차이의 시니피앙이 없다고 하고, 그것을 "성 관계는 없다"고 말한다. 라깡은 남녀 성의 구별을 얘기한 프로이트의 섹슈얼리티 문제를 혁신해서 나아간다. 라깡은 주체를 위해 실재(계)를 구성한 것이다. 성 관계가 없는 것은 말과 언어의 결과이다. 상징계 관계의 범주에서 실재(계)는 명명할 수 없는 것이다. 그래서 실재계는 불가능한 것이다.

라깡의 정신심리 분석적 실재(계)는 인간 존재의 차원에서의 실재이고, 특히 섹슈얼리티 차원에서의 실재이다. 섹슈얼리티는 남자와 여자 사이에서 발견되고, 성적 관계를 정하기가 불가능한 것이다. '절대 주이상스' 또는 '큰타자의 주이상스'라고도 불리는 그곳은 지식이나, 어떤 말이나 기호, 글로도 정확히 묘사할 수 없는 세계이다. 그 말은 생식적인 섹슈얼리티의 부재를 의미하는 것이 아니고, 여성의 주이상스와 남성의 주이상스 당사자 간에 상징적 관계가 없다는 것이다. 무의식 내에는 남성과 여성 당사자에게 절대 주이상스로 상정된 시니피앙들이 없기 때문이다. 언뜻 듣기에 이해하기 쉽지 않지만, 수학적 계산의 의미로 이해하면 이해가 수월하다. 한 남자와 한 여자 사이에 성 관계의 공식을 서술한다는 것은 불가능하다는 의미이다. 라깡은 "성 관계는 없다"고 하면서 "그와 같은 것을 서술할 성 관계는 없다"고 말했다.[6] 실재(계)를 수학적 공식이나 과학적 증명으로 서술할 수 없는 것이다.

실재계, 불가능과의 조우는 본질적으로 결여, 공(空), 무(無)와의 만남이다. 결여, 무는 발명, 창조, 유(有)에 관심을 갖는다. 우리는 유, 즉 창조를 부추킨다. 임상적 측면에서 결여, 무를 채우려는 충동은 증상으로도 표출된다. 그래서 우리는 창조 또는 증상을 부추긴다고 할 수 있다. 우리가 이 불가능, 실재(계)를 옹호하고 방어하게 되면, 이 방어는 증상들을 낳을

---

6) Lacan J., 〈Le séminaire Livre XX; Encore〉, Seuil, 1975, pp.35–36.

것이다. 역설적으로 증상들은 실재(계)로부터 탄생한다. 그런 이유로 정신 심리 분석은 실제 임상의 중심에 실재(계), 불가능을 놓는다.

제9장

라깡의 관점에서 "불타는 아이의 꿈" 해석

"불타는 아이의 꿈"은 『꿈의 해석』 7장 "꿈 과정의 심리학" 서두에 등장한다. 이 꿈은 프로이트의 한 여성 환자가 어떤 강의에서 들은 얘기라고 프로이트에게 전한 꿈이다. 그 여성은 자기 자신도 이와 비슷한 내용과 닮은 꿈을 모방하여 꿈을 꾼 적이 있다고 했다. 프로이트는 꿈의 요소들이 전이로 반복해서 꾸는 관계로 많은 사람들의 꿈이 특정 부분에 일치할 수 있다고 소개한 것이다.[1)]

'아이가 불타는 꿈'의 스토리를 보자.

> 한 아버지가 아픈 아이의 침대 옆에서 오랫동안 지키며 밤낮을 지새웠다. 아이가 죽자 아버지는 한숨 잠을 자려고 옆방으로 가서, 커다란 촛불로 둘러싸여 안치된 아이의 시신이 보이도록 문을 열어놓는다. 한 노인에게 그곳을 지키게 했고, 노인 역시 아이 시체 옆에서 기도를 하고 있다. 아버지는 몇 시간 동안을 잔다. 잠자는 말미에, 아이가 자기 침대 옆에서 아버지 팔을 잡고 비난하듯이 속삭이는 꿈을 꾼다. "아빠 내가 불타는 것이 안 보이세요?" 아버지는 놀라서 깨어나고, 시신이 안치된 방에서 밝은 불빛이 비치는 것을 보고 달려간다. 지키고 있던 노인은 잠이 들었고, 촛불이 넘어져 불이 붙었으며 아이의 수의

1) 프로이트, 『꿈의 해석』, 김인순 옮김, 열린책들, 2004, p.593.

와 한쪽 팔이 타고 있었다.

프로이트는 우선 이 꿈을 아이가 아직 살아있기를 바라는 아버지의 욕망의 실현을 나타내는 애절한 꿈으로 해석한다. 이어 첨부해서 두 번째 욕망의 실현은 자고 싶은, 깊은 잠에 빠지고 싶은 아버지의 욕망을 실현하는 꿈이라고 풀이한다. 말하자면 오랫동안 잠 속에 빠지고 싶은 욕망은 꿈 속에서 아이가 아직 살아있기 때문이고 서로 같이 살아있기 때문이다. 잠자는 동안 촛대가 쓰러진 것도 그런 이유이다.[2)]

아버지가 잠자는 동안 촛대가 쓰러졌고 아이의 시체가 불에 타기 시작했다. 불빛이 아버지의 눈에 강하게 비쳐졌다. 아버지는 촛대가 쓰러지고 시체가 불에 탈 수 있을 것이라는 불안한 결론을 내렸다. 그러나 잠자는 동안 이 생각은 그를 깨우지 않았다. 그는 그것을 꿈으로 변형시켰다. 꿈으로 아이가 좀 더 살기를 바라는 욕망을 누설한 것이라고 프로이트는 덧붙인다.[3)]

꿈을 자세히 살펴보면, 상가 집에서의 실제 불난 현실이 아버지를 깨운 것이 아니다. 아버지는 꿈을 꾼 것이고, 꿈에서 본 것이며, 그러므로 촛대가 넘어졌고 그래서 불이 났다고 생각한 것은 아버지 자신의 생각이다. 즉 실제 현실에서 일어난 불이 그를 깨운 것이 아니라, 아버지가 꿈을 꾼 것이다. 이것과는 반대로 우리는 각성 상태, 몽유 상태에서도 잠을 잘 수 있다. 몽유 상태나 잠꼬대를 예로 들 수 있다. 그런 일이 보통 일어난다. 몽유 시에는 잠을 깨지 않고 꿈을 꾸는 중이다. 그러므로 각성 시에도 잠을 잔다.

그렇다면 누가 잠을 깨울 수 있을까? 그 꿈에서 아버지를 깨운 것은 영안실에 실제로 불이 난 현실이 아니다. 프로이트가 묘사하고 있는 장면

2) 프로이트, Ibid, pp.594–595.

3) 프로이트, Ibid, pp.594–595.

은 어떤 다른 현실이다. 아이가 아버지가 잠자는 침대 옆에서 아버지 팔을 잡고 비난하듯이 속삭인다. "아버지! 내가 불타는 것이 안 보이세요?" 바로 이 순간에 아버지는 잠에서 깬다. 이 꿈속의 현실이 그를 깨운 것이다. 영안실에서 일어난 실제 현실이 잠을 깨운 것이 아니다. 잠에서 깨어나야 의식의 상태로 회복되고, 영안실에서 일어난 모든 사건으로부터 벗어날 수 있는 것이다. 실제 현실로 돌아오게 되어야 삶이 일상으로 잘 작동하게 된다. 현실은 잘 작동하는 것이다. 그러면 꿈속에서의 현실은 어디로 갔을까? 꿈속에서의 현실은 실제 현실, 즉 물질적 현실 수단을 사용하여 영원히 운명적인 무엇인가를 반복하는 것이 아닐까? 아무리 시간이 길게 흘렀어도 결코 도달할 수 없는 사건이 현실의 이미지와 겹치면서 무한히 반복되면서 도달하려고 하는 오마주가 아닐까? 촛대가 쓰러진 사고로 마치 우연처럼 발생한 불길이 아들을 태우는 그 순간에 아버지와 아들의 만남은 물리적 현실과는 다른 현실, 실재(계)와의 만남이 아닐까?[4] 그렇게 물질적 현실은 어떤 다른 현실, 실재(계)을 말하기 위하여 사용되는 것이다.

그런 관점에서, 이 사례의 꿈에서 아이는 실제로 아직 살아있는 것은 아니다. 아버지의 팔을 잡고 흔드는 실제 현실이 아니다. 꿈에서 아버지를 깨운 것은 "아버지! 내가 불에 타는 것이 안 보이세요?"라고 말하는 잠자는 중에 꿈속에서 들리는 아들의 목소리 이미지, 그 시니피앙이다. 꿈속에서 아들 목소리로 나타난 실재(계)와의 만남이 아버지를 깨운 것이다. 목소리 충동 실재계 오브제 a(대상 a)의 등장이다. 쓰러진 촛대로 인한 불이 아버지에게는 보이지 않지만, 실재의 목소리, 그 대상 a가 아버지를 깨운다. "아버지! 안 보이세요?" 아버지는 아들이 불타는 것을 보지 못한다. 아들은 맹렬히 불에 타고, 그렇게 죽어간다. 아들은 아버지를 비난한다. 아마도 아버지 자신의 자책이다. 아버지를 각성시킨 것은 꿈에서 생산된 어떤 만남이다. 불에 타는 것을 보지 못하는 것, 불빛으로도 보지 못하는 것은

---

4) Lacan, ⟨Le séminaire Livre XI⟩, op. cit., p.95.

아버지와 아들의 만남이 항상 결여된 만남이다. 여기서 우리는 불가능의 존재를 본다. 아버지와 아들 사이에 만남이 불가능 하지만, 그것은 꿈에서만은 가능하다. 그러므로 우리는 이 꿈에서 실재(계)와 조우를 발견한다. 실제 현실에서의 조우가 아닌 실재(계)와의 환타즘의 만남이다.

꿈은 이런 불가능을 해결하려는 시도로 불가능을 가능으로 확인하고자 하는 수단들을 찾는 어떤 무의식의 형성물이다. 이런 의미에서 이 꿈은 아버지와 아들의 만남의 불가능을 해결하려는 의지로 읽을 수 있다. 꿈은 아들의 죽음을 통해서 아버지가 아들과의 실재적 만남을 알린다.

또한 이 꿈은 아버지와 아들의 만남이라는 관점에서 남녀 구별 없이 자손, 가계, 가통, 가문, 대물림 문제를 얘기 할 수 있다. 이 문제는 우리의 유교적 관습에서 그렇게도 중요시해 왔던 문제이기도 하다.

가계 대물림, 가문 문제의 핵심은 같음을 생산하는 것에 있다. 같은 말을 하는 것, 아버지와 아들, 부모와 자녀가 같은 말을 하고, 조상과 부모가 같은 말을 한다는 것이다. 그 나라의 언어를 모르는 외국인의 낯설음과 불안의 이유가 거기에 있다. 모국어, 부모, 아버지처럼 말한다는 것은 어떤 고요함, 평온함, 안심을 낳는다. 그래서 가계 대물림은 근심 걱정을 피하고자 하는 어떤 방식이다. 근심 걱정을 피하고 불안을 피하고자 한다는 의미에서 그것은 강박증적 입장을 향해 갈 것이다. 그것은 늘 생각하고 염두하면서 근심 걱정을 피하려 하고, 겉으로 드러내지 않는다. 가계 대물림을 위하여 똑같이 반복하는 성실이요, 충성이다. 말하자면 그곳에서는 주체는 사라지고 아버지와 같은 말을 한다. 아버지는 주인과 같고, 주인과 같은 언어, 가통, 가문이라는 뜻을 강조하는 의미를 담고 있다. 아버지의 말에 반대하고 이의를 제기하는 것은 히스테리적 입장이라 말할 수 있을 것이다. 그럼에도 불구하고 이 두 방식은 그것이 어떤 대립에 있더라도 하나의 공통 자질을 갖는다. 그들이 염두하는 공통 자질로는 큰타자(A) 내에서의 어떤 누구, 어떤 아버지가 있을 것이라 생각한다. 그 아버지가 우리의 삶을 인도하고 우리가 그를 따르며, 때로는 그에게 반대하고 이의를 제기하기도 하는 그런 아버지이다. 결국 이 두 입장 모두는 어떻게든 우리의 삶을 인도하는 단 하나의 아버지, 유일 자질이 있다는 것을 인정하는 것이다. 이 유일성을 진실의 진실이라 말할 수 있을 것이다. 그것은 바로 큰타자 내에서의 유일성, 유일한 실재(un Réel)이다.

그러므로 아버지가 대물림해야 하는 것은 여기에 유일성인 유일한 실재(un Réel), 유일한 성적인 실재(un Réel sexuel)가 있다는 것이다. 그 실재는 남녀 관계로 설명할 수 없는 어떤 불가능을 행한다. 그리고 이 불가능은 소멸될 수 없다.

제10장

프로이트 '이르마의 주사 꿈'의 라깡적 해석

라깡의 개념으로 꿈은 무의식을 구성하는 시니피앙의 연쇄이다. 꿈은 증상이나 말실수, 실수행위 등과 같이 무의식의 표출물로 주체의 존재를 드러낸다.

프로이트는 우리에게 꿈을 언어로 풀어가는 해석의 방법을 보여주었다. 자유연상의 방법으로 꿈 이야기를 하면서 주체의 무의식을 풀어간 것이다. 그래서 꿈을 통한 분석적 경험의 핵심에 자유연상, 전이, 검열이 있다고 할 수 있다.

라깡의 관점에서 꿈의 해석은 꿈을 꾼 사람의 인성과 삶의 상황에 따라서 같은 내용의 꿈도 각 주체에 따라, 다른 문맥에 따라 다른 의미를 가질 수 있다. 단어들도 다양한 의미로 해석될 수 있고 말하는 주체의 가족적, 사회적 관계나 개인 언어의 취향에 따라 다양한 의미를 가진다. 해석은 언어 요소들 각각의 문맥에 근거한다. 해석은 단어 대 단어로 번역되는 것이 아니라, 어떤 한 단어는 여러 시니피앙들의 연쇄를 의미할 수 있다.

프로이트는 자기 자신의 꿈인 이르마(Irma)의 꿈을 해석했다. 그는 이 꿈에 관한 해석을 그가 창립한 수요심리학회의 회원들에게 발표했고, 그의 저서 『꿈의 해석』에 실려 있다.

라깡은 1955년 3월 9일, 3월 16일에 프로이트가 서술한 이르마의 꿈을 다시 읽으면서 "이르마의 주사에 관한 꿈"이라는 제목으로 세미나를 했다.[1] 프로이트는 이 꿈을 자기 자신의 상세한 분석을 수행한 첫 꿈이라고 말했고, 라깡도 이 꿈을 프로이트를 위해 꿈의 수수께끼 해독을 개시하는 최초의 꿈이고 꿈들의 꿈이라고 평했다.[2]

꿈 내용을 소개한다. 이 꿈은 1895년 7월 23일 밤에 꾼 프로이트 자신의 꿈이다.

> 낮에 의사인 친구 오토(Otto)를 만난 김에 프로이트는 이르마의 안부를 물었다. 이르마는 프로이트의 환자이지만, 프로이트와 의견이 맞지 않아 치료를 중단한 상태이다. 이르마는 또한 오토의 환자이기에 오토는 이런 상황을 알고 있고, 이르마와 이르마의 가족을 잘 알고 있다. 프로이트의 물음에 오토는 "전보다 좀 나아졌지만 썩 좋지 않다"라고 답한다. 프로이트는 오토의 말과 어조에 약간 불쾌했다. 프로이트는 환자 이르마에게 너무 많은 것을 기대하게 만든 것이 아니냐는 등의 비난의 의미가 말 속에 섞여있다고 생각했고, 오토의 반감은 이르마와 그 가족들의 견해도 포함한다고 생각했다. 프로이트는 그 가족들이 전부터 프로이트의 치료를 달가워하지 않았다고 추정하고 있었다. 그러나 그런 것들에 확실성이 없어서 프로이트는 자신의 생각이나 감정들을 표하지 않고 오토의 말에 뭐라고 응답하지 않았다. 이런 낮 동안에 있었던 일과 생각들이 억압되었다가 밤에 꿈의 소재로 활용되어 프로이트 자신의 무의식들을 표출하는 계기가 된 것이다.
>
> 프로이트가 꾼 꿈은 다음과 같다.

---

1) Lacan J., ⟨Le séminaire Livre II; Le moi dans la théorie de Freud et dans la technique de la psychanalyse⟩, Seuil, 1978, pp. 177－204.

2) Lacan, Ibid, p.178

넓은 홀…우리는 많은 손님을 접대하고 있다. 손님 중에 이르마가 눈에 띈다. 나는 즉시 그녀를 한쪽 구석으로 데려가 그녀의 편지에 답변하고, "해결책"을 아직 받아들이지 않은 것을 비난한다. 나는 그녀에게 말한다. "당신이 아직도 통증을 느낀다면 순전히 당신 잘못입니다." 그녀가 대답한다. "내가 지금 목하고 위, 배가 얼마나 아픈지 알기나 해요? 꼭 짓누르는 것만 같아요." 나는 깜짝 놀라 그녀를 바라본다. 그녀의 얼굴은 창백하고 퉁퉁 부어있다. 신체기관에 병이 있는데 내가 모르고 지나친 것은 아닐까 하는 생각이 머리를 스친다. 나는 그녀를 창가로 데려가 목 안을 들여다본다. 그러자 그녀는 틀니를 끼운 여자들처럼 거부하는 몸짓을 한다. 나는 그녀가 그럴 필요는 전혀 없다고 생각한다. 마침내 그녀가 입을 크게 벌린다. 나는 우측에서 커다란 반점을 하나 발견한다. 다른 쪽에서는 코의 하갑개골(下甲介骨)을 본뜬 것 같은 기이한 주름진 형상에 회백색의 커다란 딱지가 앉아있는 것이 보인다. 나는 급히 의사 M을 부른다. 그는 다시 진찰하고 틀림없다고 확인 한다 ……. M의 모습은 평소와 아주 다르다. 얼굴은 몹시 창백하고 다리는 절며 턱수염도 없다 ……. 그녀 옆에는 어느 틈에 친구 오토도 와 있다. 다른 친구 레오폴트가 그녀의 몸 여기저기를 타진(打診)한 후 좌측 하부에서 탁음이 들린다고 말한다. 그리고는 좌측 어깨의 침윤된 피부 부위를 가르킨다(옷을 입고 있는데도 나 역시 그처럼 그것을 감지한다) ……. M은 말한다. "감염된 것이 틀림없어, 그렇지만 별일은 아니야, 이질 증상이 나타나면 병독이 배출될 걸세 ……." 우리는 즉시 어디서 감염되었는지 알아낸다. 친구 오토가 얼마 전 그녀의 몸이 좋지 않았을 때 프로필 약제, 프로필렌 ……프로피온산……트리메틸아민(이 화학 방정식은 특별히 굵은 활자로 쓰여있다)을 주사한 것이다 ……. 그런 주사는 그렇게 경솔하게 놓는 법이 아니다 ……. 필경 주사기 역시 청결하지 않았을 것이다. (프로이트, 꿈의 해석, pp.146－147)

크게 보아 프로이트는 이 꿈을 이르마 치료의 실패의 책임을 면피하려는 프로이트 자신의 무의식적 소망, 소원 성취로 해석한다. “나는 그녀가 내 해결책을 받아들이지 않은 것을 비난한다.”, “당신이 아직도 통증을 느낀다면 순전히 당신 잘못입니다.”

라깡은 프로이트의 텍스트를 정독하면서 한 걸음 더 나아간다. 라깡은 우리에게 이 꿈의 또 다른 해석을 제의한다. 이 제안은 프로이트의 해석과는 다른 입장, 꿈을 총체적으로 보는 입장을 취한다.

라깡이 생각하는 것은 정신분석학의 창시자이자 발명가인 프로이트가 이르마 꿈 이야기와 그 해석을 통해서 과학적 공동체, 휴머니즘의 공동체에 전하는 메시지를 담고 있다는 것이다. 또한 그것은 프로이트 인생을 작품화하고자 하는 바람도 있다는 것이다. 꿈은 어떤 메시지를 전하는 것이고, 그것은 큰타자로부터 전해진다. 프로이트는 이미 수요심리학회라는 공동체를 창립했던 것처럼 그는 그런 심리적이고 인류학적인 공동체가 번성되기를 꿈꾼다. 프로이트가 이 꿈을 해석할 때, 그것은 바로 정신심리 분석의 공동체에게 전하는 메시지인 것이라고 라깡은 말한다.[3)]

플리스(Wilhelm Fliess)가 알려지지 않은 분석을 행했다면, 편지 쓰기를 좋아한 프로이트에게 플리스는 1887년부터 서신 교환을 하는 중요한 우정의 친구였다. 그들의 좋은 관계는 19세기 말에 결렬되고 말았다. 플리스는 아직 이르마의 꿈의 해석에 등장하지만, 그들의 우정은 퇴색된다. 1902년에 플리스는 프로이트와의 교류를 끊는다. 성애(섹슈얼리티) 문제로 표절을 비난하면서 그렇게 된 것이다. 그때 프로이트는 플리스를 편집증, 동성애자라고 비난하면서 그에게서 온 모든 편지를 불태워버린다. 프로이트의 우정 관계들은 종종 소란스러운 면이 있었다.

간략하게 라깡의 해석을 보자.

---

3) Lacan, Ibid, p.177.

주사(주입, Einspritzen)라는 낱말은 주입하다, 분출하다는 의미이고 그것은 독일어에서 성적인 의미를 내포한다. 그때 프로이트 부인 베르나이스(Martha Bernays)는 딸 안나(Anna) 프로이트를 임신 중이었다. 나중에 그 딸 안나 프로이트는 정신분석의 역사에 중요한 자취를 남기게 된다. 당시에 종종 있었던 일로 아버지(프로이트)로부터 분석을 받았을 뿐만 아니라, 아동 정신분석가로서 역할도 하게 되고 나중에는 자아-심리학파(ego-psychology)의 비약적 발전에 공헌하기도 했지만, 그로 인해 클라인(Melanie Klein)학파의 적이 되어 갈등을 일으키기도 했고, 그 자아심리학은 라깡 이론의 논쟁거리가 되기도 했다. 안나 프로이트는 미국의 유명한 배우 마릴린 몬로의 분석가이기도 했다.

주사하는 것은 해결하는 것인데, 독일어 해결(Lösung)이라는 단어도 역시 애매한 복합성을 가진다. '주사하여 해결', '혼돈된 갈등의 해결'이라는 의미를 지닌 것인데, 그런 측면에서 이르마에게 주사하는 꿈은 상징적 의미를 담고 있다고 라깡은 말한다.[4)]

증상도 일종의 해결이다. 정신심리적 갈등, 억압의 갈등, 트라우마의 갈등의 해결인 셈이다. 프로이트의 개념에서 그것은 오이디푸스적 갈등과, 히스테리, 강박증, 공포증과 같은 신경증의 갈등 그리고 망상적인 정신증의 갈등, 성적 충동에 빠진 도착증적 갈등의 해결인 것이다. 이런 측면에서 이르마의 꿈의 해석에 관한 프로이트의 글은 그가 풀이했던 것이나 그가 말하기를 원하지 않았던 것 이상의 의미들을 찾아낼 수 있는 것이다. 프로이트도 말미에 꿈의 의미를 완벽하게 해석했다고 주장하지 않는다. 좀 더 많은 설명을 끌어내어 새로운 수수께끼를 찾아낼 수 있을 것이며, 프로이트 자신의 꿈을 해석하는 데 신중하게 고려하여야만 하는 여러 가지 이유 때문에 이정도의 해석으로

4) Lacan, Ibid, p.181.

마칠 수밖에 없다고 했다. (프로이트, 〈꿈의 해석〉, pp.161－162)

아마도 당시에 프로이트는 미래에 이르마의 꿈에 관해 재해석의 시도가 있을 것이라고 짐작했을 것이다.

꿈의 말미에 환상처럼 갑자기 등장하는 화학 공식 트리메틸아민(Trimethylamin)은 이 꿈의 성적인 의미의 내포를 확인시켜준다. "친구 오토가 그녀에게 트리메틸아민(Trimethylamin)을 주사한 것이다."

사전적 정의로 트리메틸아민은 암모니아에 있는 세 개의 수소가 모두 메틸기로 바뀐 삼차 아민, 썩은 고기 냄새가 나는 기체로 물·알코올·벤젠 따위에 녹으며, 유기 합성·소독제 원료 따위로 쓰인다(표준국어대사전).

Trimethylamin, C3－H9－N은 암모니아 화합물의 파생물인데, 그 가스는 2^0C에 용해되고 생선 냄새, 상한 달걀 냄새와 같은 고약한 냄새가 나고 약염기성을 띠는 질소와 수소의 화합물로 물에 잘 녹는다. 인체에서 배출될 때는 대소변, 땀, 생리 등의 형태로 몸 밖으로 나간다. 트리메틸아민은 남성에도 존재하고 여성에도 존재하는 것으로 특히 여성의 생리 배출물의 일부로 구성되어 있다.[5)]

아다드(Gérard Haddad)는 Trimethylamin이란 단어 어원에서 'Methyl'은 죽음을 의미하고, 'Emet'는 진실을 뜻하며, 'Hamin'은 성을 의미한다고 했다.[6)] 그렇다면 단어 Trimethylamin은 여러 무의식 사고, 즉 죽음, 성, 진실의 응축과 전치, 은유와 환유의 속성을 띤 상징적 의미(상징계)를 의미하는 동시에 실재(실재계)를 발견하는 만남의 장소이기도 한 것이다.

라깡은 이르마의 꿈을 단락으로 구분하여 발전적으로 프로이트의 자

---

5) Lacan, Ibid, pp.189－190.

6) Gérard Haddad, 〈L'enfant illégitime. Sources talmudiques de la psychanalyse〉, Point Hors Ligne, 1990, p.67.

아를 양파껍질 벗기듯 분석한다. 이것은 정신심리 세계 이해의 진수에 도달하기 위한 것으로 그 시니피앙에서 주체의 실재를 구별해내는 것으로 구성된 것이다.

첫 번째의 무대는 프로이트가 이르마와 대화하는 장면이다. "그녀가 해결책을 아직 받아들이지 않은 것을 비난한다.", "나는 그녀에게 말한다. 당신이 아직도 통증을 느낀다면 순전히 당신 잘못입니다", "그녀가 대답한다." 위의 대화 장면은 프로이트의 자아를 드러낸다. 〈거울상계〉 어린이가 선취한 이미지를 취하는 상상계의 자아를 말한다.[7]

다음 무대는 이르마가 입을 벌리는 장면이다. "이르마가 입을 크게 벌린다. 나는 우측에 흰색의 커다란 반점 하나를 발견한다. 다른 부분에는 코의 하갑개골을 본뜬 것 같은 기이한 주름진 형상에 회백색의 커다란 딱지가 있는 것이 보인다." 프로이트는 이런 신체 기관 때문에 일어난 질병은 자기 책임이 아니라는 식으로 비난에 대한 책임 회피의 마음으로 해석했다. "이르마가 겪는 통증의 원인이 기관에 있다면, 내게는 그것을 치료할 의무가 없는 것이다", "치료가 실패하더라도 비난을 면할 수 있을 것이다." 신체 기관에 문제가 있어서 몸이 아프면 그것은 정신심리 분석을 수행한 프로이트 자신의 책임이 아니라고 생각하는 프로이트의 방어, 역전이를 드러낸 셈이다.

꿈에서 프로이트는 넓은 홀에서 자기 부인 베르나이스의 생일 기념을 위한 손님들을, 의사 친구들을 접대한다. 라깡은 이 순간 프로이트는 어떤 불안을 감지하고 있다고 말한다. 어떤 이미지의 불안한 등장이다. 우리는 어떤 실재(계)의 등장으로 부를 수 있는 것이다. 그 어떤 중개 없이 드러낸 실재(계)이다. 이 무언가에 직면해서 모든 언어가 정지되는 대상인데, 그 대상은 바로 불안의 대상이다.[8] 라깡은 입과 여성 성기의 유추를 빠트리지 않았고, 거기서 불안은 말하는 존재의 무의식적 실재(계)의 범주에서

---

7) Lacan, op. cit., p.198.

8) Lacan, Ibid, p.196.

실재(계)와의 만남과 연결되어 있다고 본 것이다.

성적인 실재, 보이지 않은 검은 구멍, 그런 의미에서 프로이트는 여성들을 '검은 대륙'이라 불렀다. 이르마의 크게 벌린 입속 목구멍을 보는 순간 프로이트는 뭐라고 말할 수 없는 성적인 실재(계)를 만난 것이 아닐까? 그런 의미에서 꿈은 실재(계)라고 말할 수 있을 것이다.

꿈에서 불안한 프로이트는 3명의 의사 친구, 박사 M, 오토, 레오폴트를 부른다. 이 꿈에서 이 세 사람은 텍스트의 줄거리에 삼총사처럼 등장한다.

박사 M은 프로이트의 부성적 이미지, 상상적 아버지이다. 남자로서의 프로이트가 겪는 오이디푸스 콤플렉스를 온전히 이해할 수 있다. 프로이트는 박사 M과 배다른 형 엠마누엘(1833년생, 프로이트의 아버지 야콥 프로이트의 첫 부인에서 태어난 아들)을 동일시한다. 꿈에서 '의사 M의 얼굴은 창백하고 턱수염이 없으며 다리를 절뚝거린다'라고 묘사되어 있다. 꿈속에 등장한 M은 형 엠마누엘과 비슷하게 생겼다. 관절염 때문에 다리를 전다는 것도 닮았다. 엠마누엘은 프로이트의 어머니 아말리아(1835년생)보다 2살이 많다. 말하자면 아버지뻘 되는 형인 것이다. 프로이트는 형 엠마누엘을 굉장히 무서워했다고 한다. 라깡은 나이 터울이 많이 나서 중간 세대 사람들은 아주 중요한 역할을 한다고 했고, 상징적 아버지의 수준에 이르지 못하면서 아버지를 반대하는 공격적인 비난을 일삼는 일(상상적 아버지)에 몰두하게 된다고 말한다. 그것은 마치 프로이트의 슈퍼바이저 박사 M(M은 프로이트가 오랜 동안의 슈퍼바이저로서 우정을 나눈 플리스이다)에 대해서 서투른 방어 형태를 보인다고 해석한다. 박사 M은 상상적 아버지의 재현인 것이다.[9]

친구 오토는 친밀하고 친한 사이지만, 애정 관계에 따라 친구이기도 하면서 경쟁적 적이 되기도 하는 양가감정의 인물로 등장된다. 레오폴트는 신중하고 프로이트에게 이중적인 이상적 인물로 나타났다. 프로이트에

---

9) Lacan, Ibid, p.188.

게 박사 M은 마치 프로이트를 대신하는 아버지이고, 오토는 자기를 반대하지 않는 친구이며, 레오폴트는 그것을 중개하고 타협하는 역할의 인물인 것이다.[10)]

꿈에 나타나는 인물 모두는 풀어야 할 가면이고 아바타들이다. 3명의 인물은 프로이트가 동일시하는 각각의 숨은 가면의 모습이고 그 모습은 상상적 아버지, 친구, 자아 이상으로 등장한 것이라 할 수 있다.

꿈의 줄거리에 따라 제시된 트리메틸아민은 성적인 실재의 만남이지만 그것은 또한 프로이트 자신이 의식하지 못한 프로이트 특유의 자아가 다른 인물로 환유되고 은유(응축과 대치)된 것이기도 하다. 그래서 꿈의 말미에 트리메틸아민의 화학구조식, 'N C3 H9'이 나타난다. 또한 그것은 일종의 삼위일체의 모습을 띤 것으로 라깡의 실재계, 상징계, 상상계라는 보로메오 고리를 연상하게 한다.

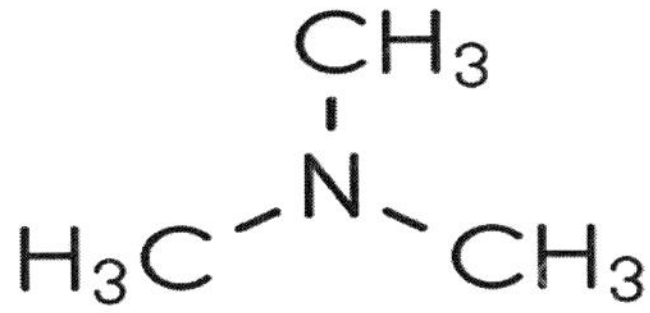

trimethylamine

또한 우리는 여기에, 이르마 주사의 꿈에 관련된 해석에서 또 다른 삼위일체를 발견한다.

첫째로 이르마는 단순히 친구 오토의 환자일 뿐만 아니라, 프로이트가 꿈꾸는 이상적 환자 이르마의 친구이기도 하다. "그 친구(이르마의 친구)에게 호감을 더 많이 가지고 있거나 그녀의 지성을 더 높이 평가하는지도 모른다"고 프로이트는 말했다(프로이트, 꿈의 해석, p.151).

10) Lacan, Ibid, p.188.

둘째로 이르마와, 이상적 환자로 프로이트가 욕망하는 이르마의 친구, 이 두 명은 둘 다 과부이다. 그때 프로이트의 아내는 임신 중이었다는 사실이 성적 욕망을 알려준다.

이 꿈에 관련하여 라깡의 독해 후의 이런 여러 요소들의 암호를 해독한다면, 분석적 방법에 이의를 제기하는 상징적 환자 이르마를 발견하게 된다. 반면에 좀 더 상냥한 이르마의 친구는 프로이트의 상상적 욕망의 대상이 될 것이고, 임신한 프로이트의 부인, 이 여성은 모성의 고통으로 인식된다.

우리가 말할 수 없고 해독 불가능한 순수 상태에서의 성적인 욕망은 식물의 싹이나 나무의 옹이처럼 꿈속에서 불쑥 솟아오른다. 이것도 역시 실재(계)이고 원형적인 결여, 모성적 젖 또는 태아의 태고적 상태이다. 그 성적 실재(계)를 채우고 싶어 하는 그런 순수 상태의 환타즘은 언어의 상징계로도 접근할 수 없고 이미지의 상상계로도 접근할 수 없는 것이다. 꿈속에서 실재(계)와의 이런 갑작스런 만남은 분석가와 분석내담자 모두가 목표로 하는 꿈의 중심이 될 수 있을 것이다. 그것의 의미를 억지로 찾으려 하지 말고 자연스럽게 내버려두는 것이 좋다. 실재(계)는 결여, 공(空), 입벌림의 열린 곳으로 해석의 애매함에 얽매이지 않기 때문이다. 욕망의 갑작스런 등장이나 현실에서의 가면 없는 갑작스런 등장이 손상되지 않게 하기 위하여, 새로운 꿈과 새로운 해석의 재활성화를 위하여 마치 정신심리적 영역에 휴경을 가져야하는 것처럼 내버려두어야 한다. 그러므로 실재(계)는 치료의 관점에서 그것을 끝맺지 않고 지속하는 정확하게 꿰뚫는 그런 해석의 중요성을 알린다고 하겠다.

결국 인간 주체는 소외를 발견하고 그 소외가 주체를 상상계로 인도하여 큰타자를 설정하게 한다. 그렇게 주체는 큰타자가 되어 그 타자가 하던 일을 반복하는 것이다. 우리는 여기서 라깡의 거울상에서 파편화된 몸에 불과한 인간 존재가 버림받고 동시에 거울 속의 통합된 상, 동일성을 획득한다는 메시지를 짐작하게 한다. 말하자면 꿈에서처럼 큰타자의 담론은 자기 자신을 끝없이 분열시켜 파편화시켜가는 과정이며, '말하는 나(ėnocė)'와 '말해진 나(ėnociation)'의 영원한 불일치를 나타내는 표현이다. 이러한 과정의 연쇄 속에서 새로운 자아가 생성된다. 즉 자기 불일치의 고통에서 벗어나, 자기 소외를 받아들이고 주체를 나타내는 시니피앙을 만나면서 주체는 안정감과 자존감, 통일성을 실현한다. 분석과정 속에서 사라져간 욕망의 원인 대상 a, 실재(계)를 접하게 되며, 큰타자와의 진정한 조우를 통해 자신을 세우게 된다.

제8부

라깡의 환타즘의 논리*와 '맞는 아이' 환타즘

* Jacques Lacan, 〈Séminaire XIV, Logique du fantasme〉, 1967년 6월 21일.

제1장

정신심리 분석의 진실, 데지르빠(탈욕망, désirpas)

프로이트가 〈꿈의 과학〉에서 강조한 꿈의 언어처럼, 우리가 관심을 갖는 것은 무의식의 담화(담론) 내에서의 모순(contradiction)의 담화이다. 그것은 같은 사건이고 같은 장면인데도 긍정과 부정을 동시에 갖는다는 모순을 지닌다. 이런 모순성이 프로이트가 우리에게 알려준 바로 무의식의 특성이다. 그래서 꿈의 언어와 같이 무의식은 어떤 랑가즈언어(un langage)처럼 구조화되어 있다는 것을 확인하게 된다. 또한 그것은 무의식 내에는 무(無)-모순(non-contradiction, 모순 없음) 원리도 부재하다는 것을 증명하는 것이기도 하다. 실재(계) 내에는 무-모순 원리도 없고, 모순 원리도 없다. 실재계는 모순의 문제가 존재하지 않는다.

우리의 정신심리 분석 담화에서는 모순의 담화에 직면한 진실의 문제에 항상 직면한다. 분석 담화에는 진실, 한마디 진실, 진실의 말을 하는 담화가 필수적이다. 이런 담화는 다른 무엇보다도 중요한 가치를 지닌다. 분석 담화는 진실을 말하고 진실의 말을 기대하며 기다리고, 진실을 공감하며 그것을 애정 어린 마음으로 쓰다듬고, 마음을 가라앉히며 어루만져서 기분이 풀어지게 한다. 그것은 장차 재능과 잠재력을 키워주게 될 것이다. 우리는 그런 것들을 분석 담화에서의 자유연상 담화의 규칙에 담긴 의미들이라 할 수 있다. 그리고 그것은 재능과 잠재력을 키워주기 위해서 근심 걱정을 내려놓고 얽매이지 않고, 잡념 없이 마음을 비우고 자성하는 진아(닮음, 분신 semblant)의 모습을 갖게 하는 것이다.

문제의 핵심은 담화의 진실, 예/아니요, 긍정/부정을 동시에 말할 수 있는 그런 담화의 진실이 어떤 것인지일 것이다. 그것은 모순의 원리에 종속되지 않는 담화로 꿈과 유머농담(재담)처럼 말하고 행하면서 진실을 도입하는 그런 담화가 될 것이다. 또한 그것은 근본적인 것으로 아주 근원적인 증거, 입증을 거쳐서 도약, 비상을 하는 담화일 것이다.

무의식 그거(거시기 Es, Ça)에는 의미가 존재하지 않는다. 그거(거시기)에는 온전한 주체, 나가 존재하지 않는다. 정확하게 말해서 주체는 선행하는 것에서 탄생한다. 가령 아기를 보자면, 아기 주위의 사람들이 아기에게 이러 저러한 말을 하지만, 아기는 아직 그 말을 이해하지 못한다. 아기 주체에 선행하여 언어랑가즈(un langage)가 존재하고, 선행 언어에 관하여 나(주체)는 그것이 무엇인지 가정된 지식, 가정된 앎이 없다. 그러므로 먼저 진실 상태의 논리인 선행성이 존재하고, 주체(나)는 선행 언어 그곳에서 체류하는 특징을 갖게 된다.

진실은 어떤 인물, 그 인물의 삶과 관계된다. 그 인물, 그 인물의 인생과 친밀해지고 마음을 나누기 위해서 오랫동안 정성을 들이며 마음을 헤아려온 인물이다. 그것은 진실, 진실의 이유를 찾기 위한 그거(거시기 Ça, Es)와 관계된 일이다. 그 인물에 관계된 그거(거시기)를 제외하고 진실을 찾는다는 것은 불가능하다. 만약 해석이 이런 관계를 갖지 않는다면, 진실을 찾는 어떤 수단도 없게 된다.

어떤 문제를 해결하기 위하여 가령 사이비 점쟁이의 말을 믿는 것과 같은 미신이 있는 데, 암시(suggestion)가 그것이다. 점쟁이의 예언은 암시를 통해 최면 효과를 불러일으키는 현상이다. 그것에는 무의식적 인식의 시련, 진실의 앎에 대한 시련이 담겨있다. 그래서 만약 해석이라는 그 진실의 차원을 없애버린다면, 모든 해석은 미신, 예언, 암시가 될 것이고, 그렇게 되면 결국에는 혼란과 불안, 증상, 분열 상태가 벌어질 것이다.

우리 정신심리 분석의 담화는 진실을 포착해야 할 운명에 직면하여 분석 담화 내에서 진실을 재현하는 '해석적인 해석'이라는 의미로 진실의 실마리를 풀 수 있을 것이다. 물론 분석 담화로 지향된 장소가 아니더라도 그런 해석이 불가능한 것은 아닐 수도 있지만 말이다.

우리가 자유연상 담화로 말하는 그런 담화는 그 순간 해석적인 해석으로 진실을 찾는 기능을 위한 것이기도 한데, 그것은 이런 진실의 해석을 마음에 새기기 위한 저장고로 뿌리를 내린 것이고, 그렇게 진실을 지킬 수 있는 것이다. 이곳이 바로 분석가의 자리이다. 그 자리는 가정된 전지 주체의 입장, 그런 위치를 말한다. 가정된 전지 주체(앎으로 가정된 주체, sujet supposé savoir)의 위치가 자리매김 되어야 무의식의 그거(거시기 Ça)가 작동되고, 전이가 생산되고 활성화되며, 그것으로 인하여 진실이 걸러지고 정수된다. 또한 이 위치는 저항에 직면하는 국면이기도 하다. 우리는 억압이 표출되어 숨겨진 진실이 드러나려 할 때마다 저항에 부딪히게 된다는 사실을 알고 있다. 그런 면에서 전이는 저항으로부터 나온다고도 할 수 있고, 분석 담화에서 청취하는 진실은 듣는 위치와 다른 위치, 다른 차원에 있다고 말할 수도 있다. 사실 듣는다는 것은 이런 국면, 위치 관계의 중계로 기능할 뿐이다. 이런 점들이 진실과 관계되어 진실을 발견하고 해석하는 어려움이다.

또한 진실은 그것이 욕망과 관계된 것이라면 더 많은 어려움을 고려하면서 진행될 것이다. 욕망에서 진실을 정의하는 것은 그렇게 단순한 일이 아니다. 욕망의 진실은 체험으로 느끼고 접촉할 수 있는 것이기 때문에 우리는 항상 그것에 관계한다. 그런 이유로 사람들은 욕망이 일어날 때,

즉 '욕망의 시간'이 발생할 때, 그때 어떤 일을 겪곤 했는지 자신의 모습을 찾으려고 분석가에게 온다.

나는 무언가 많은 것을 욕망하지만, 내가 그 앞에 있고, 그것을 가질 수 있지만, 그때 거기에서 어떤 사건이 발생한다. 충동구매의 경우를 예로 들 수 있을 것이다. 돈은 없으나 원하는 것들이 많이 있어서 그것들을 자주 충동적으로 구매한 후에 그 결과로 많은 일들이 벌어지곤 한다.

욕망은 결여이다. 욕망은 본질적으로 결여이다. '욕망은 결여이다'라는 말은, 욕망을 불러일으킨 대상들, 즉 욕망의 원인인 대상들이 존재한다 할지라도, 욕망을 만족시키는 대상이 없다는 의미이다.

그럼에도 불구하고 욕망이 욕망을 탐하는 순간에 일어나는 문제가 있다. 성행위의 실행에서 발생하는 것과 관계된 일을 말할 수 있을 것이다. 바로 그때의 욕망은 생리학의 삽입(가령 발기) 기능일 뿐이라고 믿는 심각한 오류가 있을 수 있다. 욕망은 생리적 기능일 뿐이라고 믿는 그런 의도가 그런 문제를 일으키게 한다. 그런 오류는 오늘날에도 마찬가지로 발생한다. 욕망의 측정, 욕망 테스트의 관점에서, 발기 테스트, 발기 현상의 생리적 기능 자체는 욕망과는 아무 관계가 없다. 욕망은 어떤 동반자 없이도 모든 사건들에서 발생하고 기능하며 놀이화 될 수 있다. 발기는 주이상스(쾌)의 길에 위치해 있는 어떤 현상이다. 발기 자체로 주이상스가 일어나기도 한다. 자위행위 주이상스를 예로 들 수 있다.

정신심리 분석에서 말하는 욕망은 무의식의 욕망과 관계된 일이고, 무의식의 욕망은 섹슈얼리티(성애)와도 관계된 것이다. 그래서 성행위가 기능하기 전에 나타나는 것으로 무의식 욕망을 보아야 하고 그것을 정확하게 교감하고 인식해야 한다. 그렇기 때문에 단지 성기 삽입 행위만이 성행위이라고 주장하는 것에는 심각한 문제와 오류, 무지가 있는 것이다.

이런 관점에서, 남성과 여성이 근본적으로 다른데, 주이상스 차원에 관련하여 여성의 욕망과 관계된 정의, 의미, 위치, 입장을 어떻게 이해하고 자리매김해야 하는지를 탐구해야 한다.

우선 남성과 여성 사이에는 아주 큰 차이가 있다. 주이상스의 차원에서 발기로 정의되는 남성의 성과 그것이 없는 다른 여성의 성이 그것이다. 그러므로 무의식 내에서 성관계 욕망의 차이를 어떻게 자리매김해야 하는지를 알아가는 것으로 출발해야 한다. 남성/여성 이 둘은 반대의 관계도 아니고, 부수적인 관계도 아니며, 접목하여 붙이면 되는 그런 관계도 아니다. 그런 이유로 라깡은 오랜 동안 욕망은 요구(요청, demande)와 관계된다는 명제를 필연적으로 탐구해 왔다.

욕망은 요구 행위의 주체에 의해 탄생한다. 성 욕망은 어떤 요구로 성행위에 관심을 갖고 그것을 수행할 수 있는 수준에서야 비로소 성행위 욕망이 있을 뿐이다. 결코 강요에 의해서 일어나는 것이 아니다. 그렇게 욕망은 요구의 산물일 뿐이라는 사실을 재차 강조하고 싶은 것이다. 요구의 산물이기에 만족하지 못하는 특성도 있다는 것을 간파해야 한다. 이유는 욕망이 요구의 차원에서 나타난 것이고, 그 요구는 욕구(본능) 차원의 만족이라 할지라도 욕구는 요구를 통해 얻을 수 있는 것이기 때문에 요구의 특징을 갖는 것이며, 요구는 언어로부터 온 것으로 언어는 욕망의 균열, 결여를 낳게 하는 것이기 때문이다. 말하자면 언어는 요구를 연절(분절연속, 연속분절)하게 되고 요구의 연절은 욕망의 결여, 틈, 허를 낳게 된다. 또한 요구는 욕망의 만족에 맞지 않는 어떤 대상으로 대체된다. 가령 엄마의 젖은 입을 거쳐서 소화기적 필요 대상으로 대체되고 원래 욕망의 대상인 엄마의 젖은 잃게 된다. 더 이상 그 젖을 줄 수 없다. 욕망을 만족할 기회는 없고, 요구만이 있을 뿐이다. 그런 이유로 욕망은 큰타자(Autre)의 욕망이라 말하고, 큰타자 대신에 요구를 하며, 큰타자 대신에 욕망의 결여를 낳는 것이다. 그렇게 우리는 큰타자와 함께 살아가야 하며 큰타자는 진실의 장소가 된다. 그런 의미에서 언어의 장소 이외의 어느 곳도 진실의 피난처는 없으며, 큰타자 대신 언어가 진실의 장소가 되는 것이다.

욕망은 큰타자의 욕망과 관계된 욕망이라는 것을 좀 더 이해해 볼 것이다. 장사의 기술, 장사의 예술을 보자. 팔려는 생각, 수요(요구)를 창조하려는 목적의 관점에서 판매자는 그 물건에 어떤 관심도 없는 누군가, 수요자에게 그 물건에 대한 욕망, 구매 충동을 갖도록 해야만 한다. 무의식의 욕망을 접한 수요자는 솟아난 큰타자의 욕망에 의해 판매자가 제시한 물건을 사는 일이 발생하는 것이다. 구매자는 가만히 이성을 차려 생각해보면, 당장 사야 할 필요(욕구)가 없었는데, 충동구매를 한 것에 대하여 부끄러움, 후회, 수치심, 그런 억압이 있게 된다. 일을 벌인 건, "바로 너야, 네가 그랬어!"라고 속으로 말할 것이다. 자신을 탓하는 말 속에 담겨진 큰타자의 욕망을 발견할 수 있는 것이다.

정신심리 분석의 담론에서 무의식의 욕망, 큰타자의 욕망에 관하여, 그것이 무엇인지 그런 차원에서 좀 더 발전적 도약을 주는 좋은 생각, 그런 용어로 데지르－빠(désir－pas, 비－욕망, 탈－욕망, 욕망－도약)를 소개한다. 단어 'pas'는 프랑스어에서 부정의 뜻을 나타내는 말이기도 하고, 걸음, 전진, 통로, 문지방, 도약 등의 뜻을 가진 말이기도 하다. 또한 데지르－빠(탈－욕망, désir pas)의 프랑스어 데지르['désir(욕망)']에는 'désespoir(절망, 희망 없음)'나 'désêtre(비존재, 탈존재)'의 단어처럼 'dès'(반대, 부정, 뜻의 강조)라는 접두어가 들어가 있음을 염두해 두어야 한다. 그러므로 데지르(désir)와 빠(pas)의 라깡의 합성어 데지르빠(탈욕망, désirpas)의 무의식적 욕망은 부정의 부정(irpas)이 무엇인지 알지 못하기에 탈락된 그 무엇이라 할 수 있고, 좀 더 엄밀히 해석학적으로 데지르빠(탈욕망)의 큰타자 욕망은 충분히 '탈통과(irpassé)'라고 말할 수 있을 것이다(라깡의 세미나, 14권, "Logique du fantasme", 1967년 6월 21일 참조).

제2장

'맞는 아이' 환타즘의 정신심리 분석

환타즘과 관련하여 프로이트가 이미 제시했던 모델 "맞는 아이"라는 말을 생각해본다. 이 환타즘을 비추어 보건대, 환타즘은 대상 a(오브제 아, objet a)와 사라진 주체(S̸)라는 두 커플로 이루어져 형성된 시니피앙의 배열일 뿐인데, 우리는 그것에서 두 가지 특징을 본다. 맞는 아이는 있는데, 때리는 주체가 없다. 하나는 대상 a의 현존이요, 다른 하나는 주체의 부재, 즉 사라진 주체(S̸)의 탄생이다(S̸◇a). 주체는 부재하지만 이 문장을 읽는 독자의 시선은 사라지지 않는다.

"맞는 아이"라는 글은 '성도착의 원인 연구에 기고한 논문'이라는 부제와 함께 프로이트가 1919년에 쓴 논문이다. 그 글은 그 시기에 열렬한 반향을 불러일으켰고, 지금까지 많은 학자들이 여러 관점에서 해석을 해왔다.

우선 부딪치는 요인들은 "맞는 아이"라는 환타즘의 무기력과 불확정성, 미해결성이다. 맞는 아이 그 주체가 어디에 있는가? 주체가 누구인가? 누가 때리는가? 누가 맞는가? 이 환타즘을 말하는 화자와는 어떤 관계가 있는가? 맞는 아이는 자신인가? 아니면 다른 대상인가? 또는 자기가 다른 아이를 때리는 것을 환상화하고 있는 것인가? 대상은 누구이고 어떤 것인가? 대상은 무슨 의미를 가지고 있는가? 그리고 맞는 아이가 남아인지 여아인지? 이런 의문들에 대한 대답들은 더 많은 복잡함을 줄 것이다.

프로이트는 이 글의 발표 후에 연이은 1920년 논문 "쾌락 원칙을 넘어서"에서 '죽음 충동'을 얘기했고, 이어 1923년에는 "그거(거시기, Es), 자아, 초자아"라는 정신심리 2차 위상학의 발표로 이어지고, 1924년에는 무의식의 죄책감을 분명히 드러내고 안내했던 "최초 마조히즘(피학증)"의 존재를 발표한다. 프로이트 사상의 개혁인 1920년대의 이런 어려운 주제들이 이 논문 "맞는 아이"에서 먼저 다루어진다.

이 논문은 6부분의 장으로 되어있고, 각 장은 제목 없이 번호로 표기되어 있는데, 글은 순서대로 앞장에 제기된 문제들을 세분화하여 정교화하면서 풀어가는 방식으로 되어 있다.

프로이트는 분석내담자들이 종종 "맞는 아이"의 환타즘을 고백한다고 하고, 다른 많은 사람들도 이런 환상을 갖고 있을 것이라 했다. 사실 이런 '맞는 아이' 환타즘은 쾌감을 주는데, 그래서 사람들은 수없이 이런 환상을 재현한다. 오늘날 TV 프로나 영화, 게임 등 거의 예외 없이 '맞는 아이' 환상, 그런 폭력 장면 환상을 보고 있다. 프로이트는 이런 환상의 절정은 거의 예외 없이 오토에로티즘(auto-érotisme), 자위 만족, 자위행위 쾌감이라 말한다. 이런 쾌감 환타즘은 처음에는 우연히 저절로 생겨나지만 나중에 가서는 강박적인 특성으로 되어 그 환상의 쾌감을 반복하며 추구하게 된다. 그런 자위행위 쾌감의 환타즘은 잠재되어 잠자고 있던 자책감 또는 수치심, 죄책감이라는 감정을 일깨우게 한다. 자책감 또는 수치심, 죄책감은 근원적인 환타즘의 징후를 알린다. 거슬러 올라가서 자책감의 근원적인 환타즘은 5~6세 또는 오이디푸스 위기의 말에 겪는다고 본다.

아이들이 학령 전에 이런 자책의 자위행위 환타즘을 즐기게 되었는데, 어린이집, 유치원 또는 학교에 들어가서 다른 아이가 선생님에게 맞는다거나 혼나는 것을 보게 되었을 때, 잠재되어 있던 그 환상이 다시 일깨워져서 나타나게 되거나, 직접 맞는 일은 겪지 않았지만 자라면서 독서나

TV, PC, 휴대폰, 게임 등의 영상을 통해 맞는 영상, 폭력 영상을 접한 아이들도 마찬가지로 맞는 환상이 일깨워져서 나타나게 되는 것이다.

집에서 맞지 않고 자란 아이의 경우도 성장하다보면 조만간 집에서는 부모가, 어린이집, 유치원, 학교에서는 선생님의 힘이 월등히 더 강하다는 것을 알게 되고, 또 모든 아동 시설 또는 학교에서 때로는 서로 아이들끼리 서로 싸운다는 사실을 잘 겪고 알게 된다.

프로이트는 '맞는 아이' 환타즘은 어른의 인생에 고집스럽게 지속되는 것으로 보고 본질적으로는 신경증자들의 도착적인 특성으로 고려한다. 그것은 종종 억압되거나 가끔은 승화되어 불행한 아이에게 헌신하는 형태로 나타난다. 프로이트는 특히 신경증자들은 부정적인 도착자들이라 생각했다. 라깡도 그것을 받아들여 신경증의 환타즘은 항상 도착증의 환타즘이라고 본다. 신경증이 정신증으로 되는 것에 의문을 품는다면, 신경증은 도착증이 되는 꿈을 꾼다고 말할 수 있을 것이다.

프로이트는 어린 아이가 2~6세 사이의 시기에 아이의 성애가 절정을 이루고 그 대상은 부모라고 했다. 그는 '맞는 아이' 환타즘을 세 시기로 구분하여 매우 조심스럽게 연구 관찰한 결과를 설명했다. 맞는 아이의 환타즘은 결코 단순하지 않은 전개 과정, 발달 과정을 거쳤고 그런 여정을 겪는 동안 환상과 환상의 대상 및 내용, 의미의 변화가 있게 된다. 세 시기의 진행에 따른 환상의 대상과 내용, 의미의 변화를 간략하게 해석해 본다.

첫 번째 환타즘은 아버지가 다른 아이, 내가 싫어하는 아이를 때린다는 것이다.

여기서 맞는 아이는 다른 아이이다. 다른 아이는 식구 많은 집에서 대개는 나와 경쟁 관계, 적대 관계에 있는 형제자매가 될 것이고, 성별과는 무관하게 남아일 수도 있고, 여아일 수도 있다. 때리는 사람의 실체가 분명하지 않지만, 어른이라 짐작 할 수 있다. 결국에는 그 어른이 아버지로 인식된다. 그러므로 맞는 아이 환타즘의 첫 번째 단계는 아버지가 다른 아이를 때린다는 환상으로 해석할 수 있다. 아버지가 내가 싫어하는 경쟁관계에 있는 아이를 때린다는 환타즘은 아버지는 오직 나를 위해서, 나만을 사랑해서 그 미운 아이를 때려주는 환타즘이라 생각해서 내게는 유쾌한 일이다.

이 첫 번째 시기를 라깡의 용어로 말하면 작은타자 a(petit autre) 관계의 환타즘, 거울상계에서의 공격성에 일치하는 분신(닮음, 모사, 도플갱어 semblable) 관계 환타즘이라 할 수 있고, 그런 전이적 관계의 환타즘의 기호식 '$◇a'에 일치한다고 볼 수 있다. 그러므로 아이(주체 $)는 아버지(나의 분신, a)가 내가 싫어하는 다른 아이를 때려주기를 환타즘(◇)하면서 즐긴다($◇a).

두 번째 환타즘은 첫 번째 환타즘과 비교하여 상당한 변화가 생겼다. 때리는 사람은 아버지 이지만, 맞는 아이는 다른 아이가 아니라 바로 '나'이다. '내가 아버지에게 맞는다'는 무의식의 환타즘이다. 이 단계는 항상 무의식에 속한다. 이런 단계의 치료는 기억을 통해서 이르게 하는 방식으로 되지 않는다. 무의식의 체화로 구축되어야 풀린다. '아버지가 나를 때린다'. 아버지가 때리지만, 환타즘의 주체인 아이가 아버지에게 맞는 환타즘이다. 첫 번째 시기 '아버지가 다른 아이를 때린다'와 비교하여 이번에는 '내가 아버지에게 맞는다'는 아주 새로운 환타즘이 등장한 것이다.

여기서 우리는 마조히즘(피학증)의 환타즘을 본다. 앞선 시기에서는 때리는 아버지의 그 사디즘(가학증)이 나타났다면, 이번에는 맞는 나의 환타즘, 분명히 마조히즘의 환타즘을 볼 수 있다. 마조히즘의 환타즘은 근원적으로 자위행위 주이상스라 할 수 있다. 슈레버의 자위행위를 예로 들 수 있겠다.

마지막 세 번째 환타즘은 "어떤 사람이 아이들을 때린다"는 환타즘이다. 때리는 사람이 아버지 대신 3인칭 다른 사람이다. 여기서는 맞는 사람도 2번째 환타즘에서의 그 아이가 아니고, 인원도 한 명이 아니라 복수의 아이들이다. 이 환타즘은 자책감, 수치심, 창피함, 죄책감의 의미를 담고 있고, 그 감정은 어른들의 인생에 머무르면서 활동적으로 움직인다. '어떤 사람이 아이들을 때린다'의 어떤 사람, 3인칭은 프로이트 2차 위상학의 그거(거시기, Es)에 해당한다. 3인칭 그거(거시기)는 죄책감, 수치심에 엮여 있고, 또한 그것은 초자아를 알린다.

결국 3번째 환타즘 시기에서부터 어른들의 인생에 많은 수치심과 자책감을 지속하게 시작하게 되는데, 그 수치심의 근원은 전-오이디푸스 시기인 1번째 단계에서 발견되었고, 그것이 점진적으로 진행되어 2번째 단계에서 무의식의 환타즘으로 구축된 것이다.

제3장

오이디푸스 관점에서 '맞는 아이' 환타즘

첫 번째 시기의 "아버지가 내가 싫어하는 아이를 때린다"

아버지는 나와 적대 관계에 있는 이 아이를 좋아하지 않는다. 아버지가 그를 때린다면, 아버지는 그를 좋아하지 않는 것이다. 그러므로 아버지는 나만을 좋아한다. 1번째 시기에는 분명한 성적인 내용이 없다. 그것은 단지 사디즘과 성애의 재료일 뿐이다.

초창기에 프로이트는 아직 오이디푸스 콤플렉스의 아주 단순한 개념, '남아는 엄마를 사랑하고, 여아는 아빠를 사랑한다'는 개념만을 갖고 있었다. 1924년에 오면, 프로이트는 여아에게도 사랑의 첫 번째 대상은 남아처럼 엄마라고 분명하게 얘기했다. 그런 이유로 남아와 여아의 오이디푸스 콤플렉스를 해석하는 것이 좀 더 복잡해진다.

그래서 이 첫 번째 환타즘은 오이디푸스적인 내용이 담겨있고 오이디푸스의 종결도 담겨있다는 것을 나타낸다. 아버지를 위한 근친상간적 욕망들은 무의식이 되었지만, 이 욕망들과 관련된 죄책감은 항상 그곳에 있게 된다. 이 죄책감이 다음 시기의 마조히즘(피학증)적 변경의 책임자가 될 것이다.

두 번째 시기의 "내가 아버지에게 맞는다"

이것은 징벌 형태의 도치이다. "아버지는 나를 사랑하지 않아, 그래서 그가 나를 때린다"는 일종의 반전이다. 거기에는 죄책감이 내재해 있다. 억압된 근친상간의 욕망들에 대한 죄책감을 간직하고 아버지에게 벌 받는 것으로 돌리는 식으로 벌 받는 환타즘이다.

이런 아버지에 대한 욕망은 성적인 욕망, 성기 단계의 욕망인데, 이 욕망은 금지되어 있으므로 주체는 앞선 단계, 즉 항문 단계 사디즘으로 퇴행한다. 이 항문 단계 사디즘은 '내가 아버지에게 맞는다'는 이 두 번째 시기에서의 마조히즘(피학증)으로 회귀하게 될 것이다. 이 논문을 쓰던 1919년도에 프로이트는 최초의 마조히즘이라는 개념을 아직 갖지 못했다. 1924년의 "마조히즘의 경제적인 문제"라는 논문에서 사디즘과 반대로 귀환하는 마조히즘에 관한 사고를 고찰한다. 최초의 마조히즘은 죽음충동과 연결된다. 죽음충동은 결국 무기체로의 회귀, 무(無)의 상태이므로 최초의 마조히즘 상태와 일치한다. 프로이트는 어린 아이의 성을 이해하면서 다형도착의 한 종류로 사디즘(가학증)을 얘기한다. 처음 가학증은 상대방에 대한 지배, 타인에게 행사하는 지배권으로 이해되었다. 그러나 성적 자극과 고통의 유대는 우선 반대로 자기 자신에 대한 마조히즘(피학증)으로 나타나고, 그 피학증이 역으로 가학증을 구성한다. 말하자면 고통을 가하는 것은 가학증이 겨냥하는 바이지만, 파라독스 하게도 역으로 거기서 주체는 역으로 상대방, 즉 고통당하는 주체에 동일시하면서 피학증의 주이상스를 즐긴다. 그런 의미에서 라깡도 엄밀히 말해서 사디즘의 특징에 대해서 어떤 방식으로든 마조히즘을 동반하지 않는 사디즘은 없다고 말했다.

세 번째 시기의 "어떤 사람이 아이들을 때린다"

즉 '어떤 사람이 복수의 아이들을 때린다'는 이 환타즘은 자위행위를 허락하는 의미를 담고 있고, 오이디푸스적 충동들의 변형을 낳는다. 이 환타즘은 '아버지를 대신하는 어떤 사람이 내가 알지 못하는 아이들을 때린다'로 이해되는 것인데, 그것은 겉으로는 사디즘으로 나타나고 있지만, 앞선 시기의 환타즘에서 억압되었던 모든 것을 담고 있다고 말할 수 있다.

억압에 따른 죄책감과 성적인 생각과 몰입, 자위행위 등을 말한다. 복수의 맞는 아이들은 담론의 화자인 주체, 내가 대체된 것으로 마조히즘의 환타즘을 알린다.

여자 아이의 경우에서 본다면, 만약 맞는 아이들이 남아들이라면, 여아는 이 시기 동안에 성별을 남아로 바꾼다. 여아는 근친상간 욕망을 억압하면서 아버지에 대한 욕망을 포기하고 자신의 성별을 결여된 남아로 바꾸는 환타즘을 즐길 것이다.

제4장

오이디푸스 콤플렉스의 상처

프로이트는 모든 신경증의 진정한 핵심은 오이디푸스 콤플렉스라고 했고 맞는(징벌) 환타즘과 그와 관련된 도착증의 고착들, 그 증상들은 오이디푸스 콤플렉스에 의해 남겨진 조각들, 즉 발달 과정에서 겪는 나머지, 여파, 잉여, 상처, 후유증, 상흔이 된다고 했다.

라깡은 오이디푸스 콤플렉스를 재검토하고는 아버지-이름(Nom-du-Père)의 개념을 도입했다. 아버지-이름은 아이에게서 원초적 어머니 주이상스를 분리시키는 역할을 한다. 이 원초적 주이상스는 아버지-이름, 그 아버지 메타포에 의해 부분적으로 가뭄에 땅이 마르듯이 메말라지고 그렇게 고행을 겪게 될 것이고, 이것에 동화될 수 없는 주이상스는 나머지, 잉여로 남겨지게 된다. 라깡은 그것을 잉여-주이상스라 부르고, 그것은 주이상스의 개념을 정교화하는 핵심이 되며, 오브제 a(대상 a, Objet a)로 상징화된다. 그렇게 프로이트의 오이디푸스 콤플렉스의 나머지, 잉여를 라깡의 잉여-주이상스(plus-de-jouir)와 가까운 개념으로 이해할 수 있다. 그런 측면에서 환타즘의 기호식 '$ ◇ a'의 오브제 a는 나머지의 가치, 잉여-주이상스의 가치로 이해할 수 있고, 그 기호식을 "잉여-주이상스 오브제 a와 주체($)의 복잡한 관계의 환타즘(◇)"으로 읽을 수 있다. 장차 이것은 주이상스의 관점에서 맞는 아이 환타즘을 세밀하게 해석하는 장점들을 제공할 것이다.

또한 맞는 아이 환타즘은 프로이트의 "종결 분석와 미종결 분석"의 마지막 장에서 피력한 오이디푸스적 상처, 상흔으로서 거세의 암벽(장벽

roc de castration, gewachsener Fels), 거세 불안, 페니스 선망의 해법을 암시한다. 프로이트는 거세의 암벽과 환타즘을 같은 선상에서 얘기했고 라깡 역시 다르지 않다. 라깡은 거세의 암벽, 주체의 오이디푸스적 궁지, 거세 콤플렉스를 환타즘으로 대치하여 해석한 것이다.

이 부분에서 라깡의 해석의 핵심은 ‘주체는 아버지－이름의 시니피앙에 의해 맞는다’라고 할 수 있다. 우리는 ‘맞는 아이’ 환타즘의 두 번째 시기에서의 ‘성별 구별 없이 주체는 아버지에게 맞는다’는 무의식의 환타즘을 통해서 그것을 확인한다. 말하자면 남/여 구별 없이 아이는 아버지－이름의 시니피앙에 의해 거세 콤플렉스를 환상화한다.

제9부

라깡의 전이

제1장

전이와 저항의 이해

프로이트에게 저항은 자아의 방어와 연결된다. 저항과 방어는 프로이트 저서 초창기에 나오는 개념이다. 분석내담자의 자아는 트라우마의 재현들, 그 아픔들에 부딪쳐서 그것을 회피하려는 시도로 저항의 메커니즘과 방어 메커니즘을 이용한다. 망각한 기억이나 고통스러운 기억을 연관된 다른 재현들로 대체 방어하는 것은 연상된 트라우마에 관련된 부정적 접근을 방지하는 수단이다. 프로이트는 점차 이 개념을 분리한다. 방어의 개념은 임상 구조의 구성 방식으로 설정하고, 저항은 치료와 연결시킨다. 치료의 과정에서 저항이 출현하고, 그곳에서 분석가는 저항으로 분석내담자가 감추고 배제한 재현들을 통합하도록 씨름해야만 하는 것이다. 저항은 정신 메커니즘이 아니라 억압이 치료 과정에서 표출되는 방식이다. 억압이 증상 형성의 중요 원인이라면, 저항은 그것의 치료와 대항하는 힘이다.

"히스테리의 연구"에서 프로이트는 아직 저항과 전이의 분절을 행하지 않았다. 치료적 경험에서 분석가는 분석 과정에 대항하는 힘, 저항을 자주 만난다. 저항은 자유연상을 방해하고, 병적인 재현, 증상의 의식화 실현에 대항하는 것으로 무찔러야 하는 엄중한 시련인 것이다. 이 저항의 힘은 증상에서 발원한 것으로 거부의 표현이다. 그곳에서 내담자의 저항이 있고, 상담자의 조언이 있게 된다. 저항에서의 원하지 않은 앎은 앎의 욕망에 의해 정복되고, 그것을 위해 분석가의 작업은 고통의 원인들에 관한 내담자의 지적인 관심, 내담자의 앎과 조우하게 된다.

프로이트에 의해 창안된 이런 자리매김 배치에서, 이런 재현들 사이에서 의사와 환자 관계는 의사라는 인물을 특권화된 재현으로 위치하게 한다. 그리하여 치료에서 특유의 새로운 현상인 전이가 창조되고, 프로이트는 그것을 호의 감정(긍정적 전이), 적대 감정(부정적 전이), 에로틱한 감정 이렇게 세 가지 양상으로 특징화한다. 호의 감정은, 저항을 정복할 수 있는 분석가의 앎의 욕망과 그것에 관한 내담자의 지적 관심이 수렴되는 긍정적 전이 양상이기 때문에 치료 과정에서 으뜸으로 공헌한다. 전이의 다른 두 가지, 적대 감정과 에로틱한 감정은 치료의 장애가 되기 때문에 그 저항과 씨름해야 하는 것이다. 프로이트는 강조하기를 전이에서 이런 세 가지 구성 요인들이 늘 등장한다는 것이다. 또한 전이는, 치료 과정에서 저항의 구실 핑계를 개선하게 하는 발전의 동력이기도 하고, 치료적인 노력을 실패하게 하는 장애이기도 한 그런 역설, 아이러니도 이해하게 한다. 저항은 폐쇄적 현상으로 전이에서 분절되고, 동시에 분석가의 분석 작업에 직면해서 분석 주체(분석내담자)의 방어 양상, 방어 메커니즘으로 분화된다.

1) 전이의 사랑과 반복

전이 연구의 두 번째 전개 축은 프로이트의 3개의 작품 "전이의 역동성", "기억, 반복, 정교화(훈습, 돌파하기)", "전이의 사랑에 관한 조명"으로 구성된다. 전이는 더 이상 분석내담자에게만 속한 것이 아니라, 전이 메커니즘 자체에 속한다. 전이 메커니즘의 진행과 지원은 분석가의 소관이 된다. 장애물로서의 전이는 내담자의 무의식의 성적 현실(실재)을 무대화하여 구성되는 것으로 발견된다. 그리고 반복을 통해 트라우마 기억과 부딪히는 것을 회피한다. 그 성적 실재는 무의식적 허구로 설명하려는 주체의 불가능한 진실의 역설을 의미한다.

기억에 대립되는 이런 반복은 시니피앙의 단순한 반복이 아니다. 분석가의 임무는 기억의 공백을 채우거나 제거하고, 이야기를 완성하는 것이다. 거기서 분석가는, 분석내담자가 잊혀지고 억압된 것을 전혀 기억하지는 못하지만 그것을 행위로 표출해보이는 이른바 행위화의 어려움에 직면한다. 분석내담자는 그것을 기억으로 재현하는 것이 아니라, 자기 자신이 무엇을 반복하고 있는지도 모른 채 행위로 반복한다. 프로이트는 이 행위화를 반복과 연결한다. 이 행위화는 저항으로서의 전이의 한 양상이다.

저항이 더 강하면 강할수록 그 행위화는 더 많은 기억을 대체한다. 그러므로 반복은 무의식의 현실(실재)을 무대화한다. 주체는 생각하지 않고, '존재의 가장 심오한 차원'을 반복한다. 그곳에 주이상스의 존재, 프로이트가 도입한 죽음의 충동과 최초의 마조히즘의 개념을 말할 수 있을 것이고, 그의 빛나는 텍스트 "종결분석과 미결분석"으로 접근할 수 있을 것이다.

제2장

라깡의 저항 개념

출발에서부터 라깡의 가르침은 임상과 그것의 근본 토대에 관련된 관심과 고심을 통과하는 것이었다. 1950년대의 분석적 실천은 저항 분석의 프로이트적 지침을 따르는 것이었다. 그래서 이 개념을 명확하게 한다는 것은 라깡의 세미나와 에크리에서 중요한 위치를 차지하게 된다.

논문 "정신분석에서 파롤과 랑가즈의 기능과 영역"에서, 라깡은 분석 실천에서의 저항들의 분석이 "주체의 주요 오인(오해)"을 어떻게 유발시키는지를 제시하고, 〈세미나I〉과 〈세미나II〉에서 그것은 자아와 주체로 구분하는 두 개의 축을 제시한다. 〈세미나II〉에서 처음 제시된 쉐마 L에서는, 저항들의 분석처럼 방어들의 분석은 신경증을 자아와 타자(autre) 관계의 궁지로 자리 매김한다. 그 시기의 여러 텍스트들에서 라깡은 방어와 저항의 혼동 문제를 해결하는 것에 열중했다. 프로이트 작품을 적용하는 강의를 행하면서 라깡은 프로이트에 의해 행해진 구분 방식을 다시 취한다. 반면에 방어는 구조 그 자체의 메커니즘이고 거기에서 자아는 주체의 상상적인 방어를 하게 된다. 저항은 원래 전이와 밀접하게 연결된 치료의 태도 효과, 어떤 현상이다.

"무의식은 언어(랑가즈)처럼 구조화되어 있다"는 명제에서 저항 문제에 관한 결정적인 방향으로 "담화 자체의 저항"이라 부르는 라깡의 개념이 주어질 것이다. 또한 "프로이트의 사물"의 관점에서 "분석이 다루어야 할 주요 저항은 담화 자체의 저항이다"(Lacan, Séminaire I, p.50). 방어, 억압,

반복은 담화의 저항 메커니즘 자체들이다. 저항은 부정성의 실행, 부정성을 구성하는 시니피앙의 속성이다. 부정성의 실행은, 오인의 형태에 따라, 큰사물(la Chose), 실재, 프로이트가 말하는 것으로 "병원인 핵"으로 해석해도 좋을 듯하다. 문제는 라깡이 치료의 방향에서 담화의 저항을 추출하려는 순간에 나타난다. 담화의 저항은, 신경증적 행위들로 고백하려는 내담자의 잘못된 고집으로 더 이상 분석이 전개될 수 없게 한다. 진실의 계시를 향한 담화의 전개에서 시간적인 한계로 나타나는 정지 화면(스캔), 분석내담자의 침묵이 분석가에 전해진다. 말 그 담화가 청자 분석가의 현존을 향해 동요한다. 전이에서 이런 현존은 실재적인 것으로 특징화되고, 이런 동요는 전이의 사랑의 측면에서 상상적 일관성을 갖는 분석가의 현존과 연결된 무의식의 닫힘으로 구성된다(Lacan, Séminaire II, p.133). 이 정지 화면이 상상계라면, 그것은 전이 감정에 따른 저항 자체로 해석될 것이다.

이제 후기-프로이트주의에서 분석내담자의 저항, 자아의 저항이라고 이해했던 것은 라깡에 오면 분석의 순간에 발견된 담화의 해석이다. 라깡의 세미나에 따라 세 가지 버전으로 이해되는 분석가의 저항이 있다. 분석가의 충동, 분석가의 편견들의 총체, 그리고 분석가의 현존의 실재가 바로 그 세 가지 버전이다. 분석가의 저항은, 저항을 어떻게든 해석하기 위한 분석가의 필연인 충동, 그런 힘과 관계를 맺고 있다. 그 힘이 저항을 해석하도록 부추킨다. 바로 그곳에 분석내담자는 부재하고 침묵 묵언이 있게 된다. 이 침묵으로 분석내담자는 아니라고 묵언의 저항을 한다. 거울상계 쉐마 L에서 상상적축(상상계 a' a), 상상적(영상적) 자아(a')와 자아(a)의 관계축이 저항을 일으킨다. 큰타자의 위치로서의 분석가는 주체에게 진실의 계시를 가능하게 하는 상징적 전이의 지원자, 지지자이자, 진실의 증인으로 현존해 있다. 이런 관점에서 큰타자 입장으로서의 분석가의 저항은 분석내담자의 말, 그 담화에 대해서 아니라고 하는 것이다. 거기에 더 복잡한 문제들이 첨가되는 것은 분석가의 실재(실재계)적인 현존이다. 특히 분석가의 실재적 현존의 그 어떤 것들이 분석내담자의 담화에 잘 내재화되어 있지 않을 경우에 더욱 복잡해질 것이다. 이렇게 우리는 전이와 저항의 문제에 관하여 라깡의 입장 크게 두 축, 담화의 저항과 분석가의 저항을 살펴보았다. 주목할 사항은, 라깡의 저항은 항상 실재의 차원, 실재계를 염두해둔다는 것이다. 그는 이 주제에 관하여 실재계의 저항의 각각의 양상들의 문제들을 풀어간 것이다. 그래서 전이와 저항은, 상징계에서 폐지된 실재계의 현상들을 염두하는 연구가 되어야 할 것이다.

제3장

전이에서의 무의식과 주이상스

정신심리 분석 경험이라는 용어는 분석 방식이나 그 해결을 가리키는 것이 아니라, 엄격한 의미에서 그것은 분석 치유라는 인생의 일정 기간 동안 반복해서 겪는 독특한 체험을 의미한다. 정신심리 분석 치유는 분석가와 분석내담자 관계의 결정적인 변곡점, 고유성을 체험하는 연속적이고 드문 경험의 여정이다. 어떻게 보면 부분적이고 드문, 여전히 대수롭지 않은 것처럼 보이는 그 경험은 그럼에도 불구하고 무의식과 주이상스의 중요 개념을 출현하게 하는 고귀하고 유일한 상황을 구성한다.

그렇다면 이 고귀한 상황은 무엇으로 구성되어 있는지를 살펴보아야 한다. 먼저 그것은 정신분석가가 기다리는 순간적 사건이다. 그 사건은 행동-사건, 사건 이벤트를 얘기하는 것이 아니다. 그것은 물리적 범주와 물리적 시간에 따른 행동이 전혀 아니다. 그것은 오히려 사건의 위치, 사건의 지점, 그 위상을 지정하는 정리된 좌표를 통해서만 존재할 뿐인 기하학적인 지점과 유사하다고 할 수 있을 것이다.

말하자면 우리는 분석내담자 이야기의 불일치를 통해 그 지점에서 민감한 신호를 감지할 수 있다. 꿈을 예로 들어보자. 분석가에게 중요한 것은 자기 꿈이 아니고, 꿈의 상징과 그것의 해석도 아니다. 중요한 것은, 분석내담자가 분석가에게 그 꿈을 어떻게 이야기하고 그 이야기기가 어느 부분에서 실수하거나 벗어나거나 어긋나는지, 그 지점, 상황을 이해하는 것이다. 특히 꿈을 회상하는 이야기 중에 빠트리고 망각하고 실수하며 첨부하고 주저하는 것들이 중요하다. 분석내담자가 꿈꾼 내용을 이야기만 하는 것으로 족한 것은 아니다. 분석내담자의 말이 헝클어지고 결여되며 실수하고 벗어나고 어긋나는 그 지점이 중요하다. 또한 어긋나는 사건이 벌어지는 것으로만 충분한 것은 아니다. 그곳에 내재해 있는 아픔, 고통이 있고, 헝클어져 단절된 말실수에 감염된 신체가 존재한다.

분석가는 내담자의 다양한 사회적 삶, 신체의 병, 의식적 심리 상태에 물론 관심을 가진다. 그러나 이런 영역은 내담자를 위한 사건의 맥락, 상황을 구성하고 있을 뿐이라는 전제를 위한 것이다. 분석가는 학교선생님도 아니고, 사회학자도 아니며, 성직자도 아니며, 의사도 아니다. 정신심리 분석가가 되기 위해서는 카우치, 옳은 말, 청취 그 이상 더 많은 것을 해야 한다. 말이 왜곡 단절되면 신체도 병에 이르게 된다. 정신심리 분석의 영역을 범주화하는 두 가지 심급이 있는데, 하나는 언어와 관련되고 다른 하나는 신체(몸)와 관련된다. 인간 존재는 말하는 존재(말-존재)이고 주이상스(쾌)의 존재이다.

그러므로 정신심리 분석의 근본적인 첫 번째 원칙은 말-존재에 대해서 헝클어져 단절된 언어, 말실수들의 결과물로서 **무의식**을 다루는 것이고, 두 번째 원칙은 신체에 대해서 말실수들의 결과물로서 **주이상스(쾌)**를 다루는 것이다. 그런 의미에서 정신심리 분석적 경험은 말실수와 쾌(주이상스)를 즐기는 신체의 고유 지점, 그런 만남으로 정의되고, 그런 시의적절한 만남의 순간을 토대로 하여 정신심리 분석 이론 체계를 세우게 되는 것이다.

제4장

무의식의 앎, 가정된 전지주체

그렇다면 분석가들의 임상실천의 토대인 무의식은 정확히 무엇일까? 개별 분석 상담의 일반적인 분석 상황을 시작하는 것으로 말하자면, 주체(분석내담자)는 자기가 말한 것을 알지 못하고 말한다는 것이다. 가령 망각이나 말실수 또는 거품의 말, 불필요한 첨언, 과장된 과언, 착각의 언어(착언), 망상의 말(망언), 왜곡, 거짓말, 꾸민 말, 욕설, 허언 등, 이런 내담자의 빗나간 말실수들의 언어는 분석가에게는 개별적인 독특성을 가진 말, 그런 무의식의 시니피앙으로 고려된다. 분석내담자는 말하고, 목소리로 발화하지만, 그는 말할 때, 말하면서 혼동하고 틀리고, 그 말이 말하는 자신과 벗어난다. 그는 말하면서 두 번 자기 자신을 벗어난다.

한 번은, 그가 원하지 않은 것 이상을 말하면서(가령 말실수) 자기 의도를 벗어난다. 그리고선 자기가 한 말이 자기로부터 나온 말이 아닌 것으로 여긴다. 그는 깜작 놀라며 예상치 않던 자기가 한 말의 의미를 다시 생각하려 할 것이나, 결국 왜 그랬는지 설명할 수 없어 내버려 두어 억압이 될 것이다.

두 번째로는 벗어나는 말은, 분석내담자는 자기가 원하지 않는 말 이상을 말하고, 자기가 한 말의 모든 것을 인식하지 못한다. 그 말(가령 말실수)은 순간적으로 와서는, 결국 인식되지 못하고 사라진다. 그것은 마치 말하는 존재(말－존재)가, 그 순간이 마치 '말실수 하는 순간이 바로 나야!'라고 말하듯이… 자기가 말하는 순간의 유일한 존재인 것처럼 사건이 벌어지는 것이다. 그 순간에는 송신자도 없고 수신자도 없는 것처럼 행해진다.

그렇다면 그 말은 어디서 와서 어디로 가는 것일까?

분석내담자가 그가 말하는 그 말의 효과와 가치를 알지 못한다 하더라도, 그 말은 그에게 어떤 앎으로 나타난다. 무엇을 아는 것일까? 어떤 순간에 아는 것이고, 그 순간에 안다는 것은 담화의 어긋남을 안다는 것이며 뭔가 바뀐 것, 대체를 아는 것이고, 놀람과 웃음, 쇼킹, 야유, 수치 등을 불러일키는 것을 아는 것이다.

우리가 잘 아는 대화 중에 재치있게 발생하는 유머농담을 예로 들어보자.

그것은 정확한 순간에 예상치 못한 재치있게 유머농담을 해서 모두가 웃고, 놀라게 하는 담화이다. 그리고는 순간적으로 일어난 그 말은 곧 사라진다. 우리는 여기서 어떤 의문이 제기된다. 재담인 그런 유머농담은 틀림없이 발전을 향해가는 것인데, 그 정확한 순간에 일어난 그 말(유머농담)의 의미에 내재해 있는 것이 무엇인지 누가 그것을 아느냐는 것이고 또한 그 변이형태(유머농담)의 말을 누가 말하는가이다. 결국 '누가 말하고, 누가 아느냐?'라는 의문이다.

'누구지?'라는 것에 대한 대답은 우리의 의식 표면에 보이지 않는 존재로서 무의식의 존재를 확신하게 한다. 보이지 않지만 내재하는 존재, 정신분석적 개념으로 '**무의식의 존재**'라는 공통된 견해를 갖게 된다. 여기서의 존재라는 단어는 정신적 실체 대상(눈에 보이는 대상)이나 물질적 실체 대상을 의미하는 것이 아니다.

가령 분석 장면의 임상 경험에서의 예를 들어보자. 분석내담자가 어떤 진실, 그때까지 무지했고 억압했던 성적 욕망의 표출과 관련된 진실을 고백하는 이야기 중에 어떤 경멸적인 언사를 범하면서 담화의 어긋남이 출현하는 것을 경험한다. 가령 "곰보빵 먹을래!" 그때 내담자는 무언가에 감염되어 있었는데, 말하자면 히스테리처럼 신체가 수치심, 웃음, 어떤 아픔, 고통(신체화), 정신분석에서 말하는 주이상스(jouissance)에 감염되어 있었던 것이다. 물론 그것은 부분적이고 반쯤 가려진 절반－진실의 말(반쯤 말하기, mi－dite)일 뿐이지만, 그것은 감동을 주고 완전한 설명을 할 수 없지만 설명을 하려는 것만으로도 충분한 진실의 말이고, 체험에 의한 곰곰이 생각하여 나온 작품과 같은 진실이 담겨있는 말이다. 그럼에도 불구하고 이 말실수는 서투른 말이고 맥락의 관련성이 부족하기에 결정적 의미가 될 수 없다. 그 말에는 모든 의미가 가능하지만, 어떤 확실성도 없다. 그러므로 이런 무의식의 답, 무의식의 앎을 찾기 위한 무한한 탐구 속에서 무의식은 존재와 실체의 형태로 민감하게 반응할 것이다.

무의식은 그것이 무엇이든, 누군가에든 존재한다는 이런 가정에서부터 분석내담자는 자기 자신에게도 개인적이고 예외적 자기의 무의식이 있다는 생각을 아주 자연스럽게 하게 된다. 이런 가정으로부터, 이제 전제된 무의식적 앎의 해결자로서 정신심리 분석가는 분석내담자가 전하는 말의 수신자가 되고, 그렇게 분석가는 무의식에 부여된 것과 동일한 힘을 점진적으로 부여받게 된다. 분석가는 영향을 미치고 치유하고, 영향을 미쳐서 나의 고통의 원인을 알게 한다. 그는 고유하게 나에게 소속되어 있다. 그러나 분석가를 무의식과 동일시하는 이런 가정의 힘만큼 분석가와 분석내담자 사이에 어떤 애정의 유대 관계로 엮여 있는 것은 아니다. 정신분석가 개인을 향한 애증, 즉 ‘전이의 사랑’은 인간 정신에 내재된 이러한 가정 운동, 고통 행위의 속성과 그 원인에 대한 앎을 찾기 위한 운동에서 탄생하고 강화된다. 우리는 그것을 사랑하고, 그것을 최고의 큰타자(절대큰타자), 앎의 큰타자(전지큰타자), 한마디로 무의식 자체라고 가정한다. 그런 이유로 그 가정의 과정은 여기서 멈추지 않고, 고통은 전이적 허구 내에 설정된 낯선 친밀 관계와 분리할 수 없다. 우리가 너무 많은 고통을 겪을 때, 대체 효용성의 생각이 떠오르고, 누군가와 함께 할 큰타자의 주이상스, 주이상스 할 큰타자가 떠오른다. 우리는 끝없는 빚을 갚기 위해 고통을 겪으며, 누군가를 위해 또는 누군가를 상대로 고통을 받는다. 그리하여 분석가는 청취의 입장에서 앎의 큰타자, 주이상스의 큰타자(큰타자의 주이상스)의 위치에 있기 때문에, 그는 항상 장면을 통합하는 하나의 차원에서 개입한다. 여기서는 계산할 수 있는 하나가 아니라, 분석내담자의 요구들을 독특한 하나의 특징으로 결집하게 하는 전체의 하나, 유일한 하나 큰타자를 의미한다.

내담자가 분석을 시작한 이래로 그의 말투나 불평 방식은 분석가와의 관계를 나타내는 표시이다. 어투, 태도, 역할, 이미지 등 이런 상상적인 모든 표출물은 진실로 답을 찾아가는 가능한 정답을 믿는 파롤, 말의 결과일 뿐이다. 발화의 말은 듣는 신을 창조한다. 라깡은 정신심리 분석가에게 속성 부여된 이런 무의식의 앎을 가정된 전지 주체(안다고 가정된 주체, sujet supposé savoir)로 정의한다. 그래서 '가정된 전지 주체'라는 표현은, 분석가는 내담자 말의 수신자의 입장에 위치하고, 이어 그 너머 무의식의 앎의 원인, 작동 원인으로서의 위치에 자리매김하는 것이다.

제5장

현재 속에 과거의 현존, 상상적 전이

전이는 현재 속에 과거의 현존이다. 그러나 이런 요약의 정의는 우리에게 현존의 특성에 관해서 의문을 제기하게 된다. 과거의 현존이 단순한 기억인가? 분석하는 것이 회상하는 것이라면, 그것은 해석의 기술을 의미할 텐데, 프로이트는 오랫동안 그것을 믿었었다. 그러나 1920년에 "쾌락의 원칙을 넘어서" 제3장에서 그는 새로운 혁신을 한다. 분석은 무엇보다도 해석의 기술(Dentungskunst)이었다. 그러나 현재 속에 과거의 현재가 존재한다는 것은 단순한 기억을 떠올리는 것이 아니다. 바로 그런 이유로 전이가 존재하는 것이다. 전이는 다시 살기, 재생의 반복과 같은 과거의 현존의 또 다른 방식이다. 그래서 분석가는 잊혀진 삶의 단편들이, 억압들이 다시 살아나도록 해야 한다. 그것은 잊혀졌지만, 잃어버린 것은 아니다. 어떤 부분들, 단편들로 다시 돌아온다. 살아가면서 명확하게 알지 못했던 것이었지만, 지금 여기서 보여지는 경이로운 현상으로 다시 나타난다. 그것은 잊혀진 과거의 반추된 거울 영상(상)으로 나타난다. 라깡은, 반추된 거울상은 분석가의 이미지인 거울상에서 이루어진다고 설명한다. 라깡이 발견한 거울상계는 1920년의 프로이트 텍스트 "쾌락의 원칙을 넘어서"를 읽었던 것으로부터 일부 영향을 받았다. 그래서 전이는 정신 내부가 아니라, 외부에서 즉 분석가 이미지, 그 시니피앙의 현존이라는 제3자를 통해 회상하고 기억해내는 또 다른 방식이다.

실제로 1936년에 쓴 유명한 글 "현실 원칙을 넘어서"에서 라깡은 분석 과정을 이미지(image)의 관점에서 서술하고, 전이를 예전의 인물에서 분석가로 전환하면서 이미지의 위치 변경, 대체로 설명한다. 분석내담자는 분석가의 이미지로 자신의 존재를 구체화하고 실현한다. 그는 분석가의 이미지로 자기 특징들을 새긴다. 그렇게 분석가의 언어를 통해 시간 속에서 분산된 통일성을 복원하고 상상계 차원(실재계 차원이 아닌)에서 통일성을 복원한다(Lacan, Ecrits, 1966: 83-85).

또한 1948년에 라캉은 전이를 이미지의 투사로 묘사하고, 이어 1951년에는 전이를 진실에 대한 저항이란 말을 한다. 이유는 그것은 단지 상상적 전이이고 이미지(이마고)의 전달이기 때문이다(Lacan, Ecrits, 1966: 107).

제6장

상징적 전이

1953년부터 라깡은 전이를 파롤 행위, 말의 동일시로 입장의 변화가 온다. 한 사람이 다른 사람에게 진심어린 진실이 가득한 말을 할 때마다, 고유의 의미에서 전이, 상징적 전이가 있게 된다(Lacan, Le séminaire I, p.127). 라깡은 상징적 전이라는 새로운 용어를 사용한다. 이 개념은 무의식의 작업과 관련된 용어로 프로이트의 전이에 대한 정의를 재발견한 것이다. 프로이트를 따르면, 무의식의 재현들은 전의식의 재현들에 의해서 재현된다. 전이들은 새겨진 등록 장소의 교환에 의한 전환들(전치들, 대체들)이다. 프로이트는 전이에 대한 이런 근본적인 의미를 바꾸지 않았다. 그런 이유로 전이는 이미지의 질서가 아니라, 너무도 분명히 상징적 질서, 상징계이다. 이미지가 의미를 결정하는 것이라기보다는, 무의식의 시니피앙인 큰타자의 시니피앙들이 주체를 결정한다. 그래서 주체는 큰타자에 전하는 요구(요청), 과거 요구의 회귀를 반복한다.

이런 반복은 그것들이 어떤 다른 방식으로든지 인식되어 해소되지 않았기 때문에, 무의식의 형성물인 증상, 실수행위, 망각, 꿈, 유머농담, 욕 등으로 회귀를 반복하는 것이다. 그런 이유로 분석내담자가 분석가에게 진심 어린 진실이 가득한 말을 전하자마자, 전이가 있게 되고, 그곳에서 분석내담자는 자기 인생사에서 버려졌고 거부되었으며 상처받은 사건, 그 지점을 다시 인식하고 알기 위하여 분석가에게 전이하는 것이다.

그러므로 이런 상징계적 반복을 이름붙이기, 명명화라 한다. 명명화,

즉 이름붙이기를 하면서 사물의 개념, 시간이 붙여진다. 그것은 시간적으로 사물, 사건을 존재하게 하는 언어의 창조적인 힘이다. 그런 의미에서 전이의 원천은 경험했던 감정이라기보다는 큰타자가 응답해주는 큰타자에게 부여된 믿음이다.

1953년부터 진행된 상징적 전이에 대한 라깡의 이런 새로운 정의는 매우 중요하다. 이것은 전이가 분석의 장애물이 아니라, 분석이 제공하는 길을 의미하기 때문이다.

또한 전이는 상징적이기 때문에 그것이 기억의 한 방식이라는 점에서 분석에 장애가 되지 않는다. 이런 점에서 1914년의 프로이트 논문 〈기억, 반복, 정교화〉는 매우 중요한 텍스트이다. 분석의 목표는, 인생사의 상황과 여건, 사건, 시기의 역사화를 수용하면서, 정교화되고 통합된 이상적인 기억하기를 토대로 과거를 재구성하는 것이다. 그럼에도 불구하고 이 작업은 기억의 한계에 부딪치고, 기억의 공백이 있게 된다. 그래서 전이의 기능은 이 공백, 결여의 자리를 차지하는 것이다. 전이가 사라진 공백의 자리에 오게 되는 것이다. 기억이 현재와 구별되는 과거 속에 위치한 과거의 현재라면, 전이는 반대로 반복과 행위화(agir, agieren) 속에서의 과거의 현존이다. 그래서 우리는 기억하는 것과 전이하는 것에 대한 프로이트의 구분 법을 이해하게 된다. **전이하기는 아직 기억되지 않은 것이고, 기억하기는 결코 전이되지 않은 것이다.**

1920년부터, 프로이트는 기억을 행위화로 환원 불가능하다는 점을 확인한 후, 기억하기와 행위화라는 두 가지 경로를 환원 불가능한 것으로 유지하게 된다. 그러므로 이것을 맡아서 해야 하는 것이 분석가의 몫이다.

우리는 전이를 이미지에서 이미지로 대체하는 상상계 내에서 반복과, 무의식의 시니피앙의 장소로서 큰타자의 부름이라는 상징계 내에서 반복이라는 두 가지 양상으로 살펴보았다. 반복은 인정의 요구이고, 분석가는 그것에 큰타자의 부름으로 응답한다. 분석은 분석내담자의 운명의 법칙과 그 무정함을 드러내거나 그것을 수용하도록 하는 것이 아니다. 전이는, 단지 알지 못했던 과거의 인식에 대한 요청만이 아니고, 분석적 경험에서 그것은 일반적으로 일어나는 문제일 뿐만 아니라, 주체가 큰타자에게 진정성 있게 말할 때마다 발생하는 문제인 것이다. 분석가의 현존으로 인해 이런 특수성을 구성하게 된다. 특히 전이와 기억하기, 이 두 길은 서로 다른 기능을 갖는다.

1960년부터, 라깡은 〈전이〉에 관한 세미나에서, 상징계 내에서의 반복의 개념과, 환원 불가능한 억압(원억압)으로 상징계에서 결여인 충동의 행위화(행동화 agir, agieren) 개념을, 구분하여 고찰한다. 행위화는 동일한 것의 반복이 아니라, 새로운 생산물이다. 그것은 분석 자체의 관점에서 정말 새로운 영역이 될 것이다.

제7장

분석의 선구자 소크라테스

라깡은, 소크라테스는 분석가의 선구자라고 했다(Ecrits, p.825). 소크라테스는 플라톤의 텍스트 〈향연(심포지움, 연회)〉에서 욕망에 관한 것이라면 아무것도 알지 못한다고 말한다. 여기서의 앎은 어떤 인식론인데, 그것은 사랑(에로스, Eros)에 관하여 말하는 사람들의 담화뿐만 아니라, 자신의 사랑을 공개적으로 말하는 알키비아데스(Alcibiades)의 앎에 관한 인식론이다.

사랑에 관한 인식론은 〈향연〉의 심포지움 손님들 다섯 명의 사랑의 찬사에서 분명하게 드러난다. 신학자 파이드로스(Phaedrus), 정치 교육자 파우사니아스(Pausanias), 의사 에릭시마코스(Eryximaquos), 희극 시인 아리스토파네스(Aristophanes), 비극 시인 아가톤(Agathon)이 그들이다. 이들의 담화에는 두 가지 공통점이 있다.

첫째로, 사랑은 "가득 찬 잔"의 모습으로 비유된다. 사랑은 아무 부족함이 없는 것이다. 사랑은 모든 미덕과 성품을 소유하고 있다(아가톤). 그것은 완벽한 전체, 두 개의 분리된 반쪽이 하나로 환원되는 완전성의 이미지인 "구(球)"(아리스토파네스)를 만든다. 그것은 모든 선(善)의 최초의 원인(파이드로스)이기에 아버지도 없고, 족보도 없고, 태어나지도 않는다.

둘째로, 사랑의 고양, 향진은 에로스에 관한 앎, 그 지식이 이미 그곳에 전제되어 있으므로, 그것은 발견될 뿐 생산되지는 않는다는 가정에 근거한다. 사랑은 이미 어딘가에 각인된 앎, 즉 신들의 찬양(파이드로스)과 고대 자연 그 자체(physis, 아리스토파네스)의 기원인 유일 신화의 지식에 대한 순응이다. 또는 파우사니아스와 함께 아테네 시의 법에 따르면, 아테네의 에로메노스(Eromenos 청소년)는 교육자 사랑의 시민 윤리 지식을 토대로 확립된 규율에 따라 에라스테스(Erastes, 성인 남성)들의 사랑의 호의를 받아들여야 한다. 에로메노스가 사랑을 받아들이는 것은 에라스테스로부터 온 명예와 용기, 덕목을 얻는 데 도움이 되어야만 한다. 따라서 그는 신중함과 겸허함, 절도, 기준, 인내를 통해 유용성과 무용성을 구분할 수 있게 된다.

그러나 이런 공통점들은 믿을 수 없는 것이다. 이런 다섯 가지 찬사의 어조는 아이러니, 패러디, 심지어 익살스러운 어릿광대 어조이다. 그 연회(심포지움, 향연)의 핵심은 아리스토파네스가 일반적인 폭소에서 포착한 딸꾹질 속에, 그런 "가득 찬 잔"에 대한 찬사 중에 발생한 딸꾹질 속에 있다는 것을 알린다.

에로스에 대한 이런 찬사에 소크라테스의 담화는 단절, 반전을 불러온다. 앞선 담화들은 사랑을 충만함으로 묘사한다. 말하자면 사랑을 에라스테스가 아닌 에로메노스에게 부여하는 것, 사랑받기를 원하고 사랑스러움을 원하는 것이라고 묘사한다. 그것들은 아름답고, 참되며 선하며, 바로 이런 의미에서 그것들은 여론이고 신화이며 픽션의 세계에 속한다.

소크라테스는 다른 세계관을 목표로 한다. 에로스, 사랑에 대한 지식(épistémé 에피스테메)은, 진실하고 선하고 아름다움, 즉 진선미라 말하는 이유, 원인을 아는 것이다. 그런 의미에서 지식의 에로스는 알지 못하는 것이다. 에로스는 결여이기 때문이다. 그러므로 그것은 완벽하지 않으며, 있지 않은 것으로부터 온 결여, "빈 잔", 결여에서 온 욕망이다. 그것은 에로스를 알지 못하고, 지식의 에로스도 없으며, 에로스 무지도 없다. 그런 이유로 〈향연〉 저자 플라톤은, 소크라테스가 자신이 모르는 바로 그 지점에서 침묵을 지키고, 욕망의 앎이 결여인 그곳에서 디오티마의 입을 빌려 말하게 한다.

디오티마는 육체의 아름다움에서 영혼의 아름다움으로, 나아가 아름다움 그 자체의 관조에까지 도달하는 것이 에로스라고 말한다. 에로스는 可死者와 不死者의 중재자이며 결핍과 풍요를 결합하는 '운명의 신 다이몬의 왕'으로 간주한다.

디오티마는 에로스를 보다 근본적인 욕망, 즉 좋은 것 내지는 행복을 영구히 가지려는 욕망을 표현하는 것으로 묘사한다. 에로스가 이 근본적인 욕망을 만족시키는 방법은 아름다움 속에서의 생산이며 그것을 통해서 불멸성(좋은 것의 영원한 소유)을 얻는 것이다. 디오티마는, 자신이 불멸하는 육체적인 방법과 정신적인 방법을 대비시키고, 정신이 목적을 성취하는 데 더 효과적이라고 묘사한다. 디오티마는 육체의 아름다움로부터 정신의 아름다움으로 상승하여 아름다움의 형상을 직관하는 것에 이르는 에로스의 승천단계를 얘기한다. 이런 궁극적인 아름다움 속에서의 생산된 자신이 불멸하는, 가능한 최상의 인간적인 행복을 성취하는 것이 최선의 방법임을 얘기한다.

디오티마가 얘기하는 에로스(Erós)는 빈곤과 궁핍의 어머니 페니아(Penia)로부터 탄생한 결핍되어 불안정하고 불확실한 곳인 이 세상의 모습이지만, 또한 에로스는 아버지 포로스(Poros)가 풍요의 신이기에 불멸과 확실한 곳인 천상으로 갈 수 있다. 에로스는 이승과 저승, 궁핍과 풍요, 불안정과 불멸, 이 둘 사이에 있으며, 선한 말, 선-말을 통해 육체의 아름다움에서 영혼의 아름다움으로 승천하는 움직임에 따라 한 세계에서 다른 세계로 이동하면서 아름다움을 생성하는 이 "운명의 신, 다이몬의 왕"이다.

군건하고 안정적인 존재를 향한 이러한 상승 행진에서 방향 전환이 발생한다. 진행해서 이루려는 목표가 아름다움 자체가 되는 것, 美 자체의 유일성이 목표라는 것이다. 존재의 개념으로 말하자면 그것은 이상화의 동일시이다. 좀 더 정확하게 정신분석적 개념으로 보면 이상적 자아, 나르시시즘인 것이다. 결국 에라스테스의 위치에서 에로메노스의 위치로 되돌아온 것이다. 그것이 디오티마가 견지하는 길이다. 또한 위와 같이 플라톤이 전하는 디오티마의 담화를 통해 오늘날 세계가 추구하는 존재-이상, 상상적 자아를 추구하며 촉진하는 모습들을 본다.

제8장

사랑의 의미에서의 전이, 아갈마(agalma)

이런 디오티마의 담화를 깨트리는 담화가 등장하는데, 그것은 알키비아데스가 연회의 담화를 하면서 시작된다. 텍스트 〈향연〉에서 이 부분은 우리에게 전이에 대한 가르침을 준다. 알키비아데스 담화에서는 더 이상 에로스의 찬양을 얘기하지 않는다. 다만 에로메노스를 위한 에라스테스 담화를 얘기한다. 전이는 단순한 반복이 아니라, 분석내담자가 큰타자(분석가)에게 진심어린 진실의 말을 전할 때마다 설정되는 특별한 과정이다. 알키비아데스의 담화는 그것을 알려준다. 그런 사랑의 전이는 분석가의 욕망으로부터 온 것이고, 큰타자 욕망의 빈 자리를 분석가로 대체하는 것이다. 그것은 과거의 단순한 반복이 아니라, 새로운 행위화를 생산한다.

그래서 분석은 억압된 과거의 상징화일 뿐만 아니라, 혁신이다. 〈향연〉의 후반부에는 이런 과정을 알린다.

사랑의 전이, 사랑의 메타포는 전제 조건으로 우선 소크라테스의 욕망을 가정한다. 알키비아데스는 소크라테스의 첫 번째 에로메노스였다. 그러나 이런 에라스테스의 선행성은 큰타자의 욕망이 숨겨진 선행성이다. 왜냐하면 알키비아데스는 에로메노스로 자격이 부여된 자기 자신 안에 무엇이 있는지를 알지 못하기 때문이다. 이런 큰타자의 욕망에 대한 알키비아데스의 인식 부족으로 그곳에서 질문이 생긴다.

'넌 무엇을 원하느냐?', '나한테서 뭘 원하느냐?'라는 질문이다. 말하자면 내가 그것을 알아내어, 그런 앎을 통해 내가 당신을 위한 사람이라는 것을 알게 해달라는 질문을 하는 것이다. 한마디로 내 마음을 알아달라는 의미이다. 마찬가지로 큰타자의 욕망에 대한 알키비아데스의 인식 부족은 구약성서 '소돔과 고모라'에 나오는 인물 룻이, 하나님이 룻에게 원하는 것이 무엇인지 알지 못하는 것, 큰타자(하나님)에 대한 룻의 인식 부족에 대한 비유적 담화라 얘기할 수 있을 것이다.

두 번째 단계에서 사랑의 은유, 메타포의 탄생을 본다.

장소, 위치, 입장의 대체 현상은 에로메노스에 따른 에라스테스의 비전에 중요하게 부여된다. 〈향연〉에서 플라톤은 눈을 통해 아름다움의 발산을 받으면 입문자 에로메노스는 뜨거워진다고 말한다. 그리하여 알키비아데스의 공개 고백을 무대화 한다. 마침내 알키비아데스는 소크라테스를 식사에 초대하고 밤을 함께 보내자고까지 한다. 소크라테스를 유혹하여 사랑의 징표를 받고 싶은 것이다. 무조건적인 사랑의 징표 요구에 대해서 소크라테스는 대답하지 않는다. 그는 알키비아데스를 사랑하지 않는다고 말하지도 않고, 응답하지 않는다. 소크라테스가 사랑의 징표 요구에 대답한다면, 사랑의 메타포는 실패할 것이다. 그렇게 알키비아데스는 소크라테스의 에로메노스로 남게 된다. 이제 소크라테스가 알키비아데스에게서 추구하는 것은 그를 탐하는 것이 아니라, 욕망하는 것, 자신의 결여 그것을 욕망하는 것이다. 말하자면 소크라테스는 알키비아데스를 욕망하지만, 그를 탐하는 것은 아니다. 다시 말해서 알키비아데스는 사랑받기를 원하는 사랑의 범주에서 여전히 소크라테스에게 사랑을 받는다. 그러므로 알키비아데스는 위치, 입장이 변화된다. 그는 그 자신을 알지 못하면서 마치 거울 속에 비친 에라스테스가 된 것이다. 그러나 플라톤은 소크라테스의 앎을 통해 그것을 인식한다.

세 번째 단계에서 사랑의 메타포의 실현을 본다.

바야흐로 알키비아데스는 아가톤(Agathon)의 집에서 열린 연회의 두 번째 장면에 놓여진다. 그는 첫 번째 장면으로 선택된 청중 앞에서의 공개 고백을 하고, 이어 독자들의 시점이자 플라톤의 시점인 익명의 독자들에게 고백을 한다. 알키비아데스는 자신을 드러내고 홀로 나아간다. 이유는 그는 사랑의 증표를 요구하거나 침묵을 지키라고 고집하는 신경증자가 아니기 때문이다. 그는 자신의 열정을 말한다. 소크라테스의 음성이 어떻게 그를 사로잡고, 그의 마음을 흔들며, 울게 만드는지, 그의 담화에 어떻게 순종했는지, 그리고 대중 앞에서 이러한 의존성을 보여주는 것이 얼마나 수치스러웠는지에 대해 얘기한다. 현대적 관점에서, 그는 거세를 두려워하지 않고 부끄러움 없이 자신의 '여성적' 열정을 고백한다. 또한 그것은 자신의 '남성적' 명예를 모욕당하고, 부상을 겪으며, 치욕의 상처를 겪은 사람으로서 자신의 분노를 표현하는 끔찍한 고백이다.

그리하여 이런 선한 말, 선-말을 통해 그는 사랑의 메타포를 완성한다. 그는 소크라테스를 자기 욕망의 대상을 숨기는 에로메노스의 자리로 부여한다.

이렇게 말하면서 알키비아데스는 자기 욕망의 원인이 발견되는 곳, 그의 환타즘 대상의 존재화에 관심을 집중한다. 그가 행한 소크라테스에 대한 칭송은 플라톤이 "아갈마(agalma)"라고 부른 이런 대상을 창조한다. 여기에는 아갈마라는 단어의 일반적 의미의 전복이 존재한다. 아갈마는 아름다운 이미지도 아니고 그런 장식의 신성한 이미지도 아니다. 겉으로 보이는 소크라테스의 이마고는 소박하고 투박한 상자일 뿐이다. 그러나 이미지 너머 내면에는 보석, 아갈마가 존재한다. 소크라테스는 알키비아데스에 의해 에로메노스의 위치에 놓여지고, 사랑의 메타포, 사랑의 의미를 실현하는 인물이 된다.

이제 알키비아데스가 소크라테스에게서 욕망하는 것은 더 이상 이미지와 동일시하고 자신을 사랑스러운 존재로 보이기 위해 그에게 입히는 이미지－습관이 아니다. 그는 더 이상 사랑의 증표를 요구하지 않는다. 그곳에, 사랑 본질적으로 나르시시즘적인 그런 사랑을 넘어서, 숨겨진 원인으로 작동하는 욕망, 욕망의 원인인 아갈마가 존재한다. 이미지－습관 너머에는, 아갈마, 라깡이 대상 a(오브제 쁘디 아, objet petit a)라고 부르고 이미지를 하나로 묶는 이 나머지, 잉여가 있다.

이렇게 우리는 정신분석에서의 전이, 즉 위치의 바뀜, 대체를 알게 된다. 그렇지만 그것이 다가 아니다. 소크라테스의 대답을 보아야 한다. 그가 말하는 진실은, 소크라테스에게는 아갈마가 없다는 것과 알키비아데스가 말하는 모든 것은 소크라테스 자신이 아니라 아가톤과 관련된 것이라는 점을 강조한다. 소크라테스는 아가톤이 알키비아데스의 진정한 에로메노스 임을 말한다. 더욱이 그는 아가톤을 칭송하면서 그와 동반하고 그를 지지한다. 이런 삼각 관계를 통해, 소크라테스는 에로메노스 자체인 아가톤을 욕망하는 알키비아데스 자신의 이미지, 그런 에라스테스 이미지를 나타내보이면서 그를 만족시킨다.

결국 소크라테스는 자기 자신에게는 아갈마가 없고, 알키비아데스를 위한 아갈마는 아가톤이라는 사실을 알린 것이다. 물론 분석의 여정에서 분석가는 진정으로 보호하고 간직해야 할 강력하고 결정적인 해석이 있다. 해석의 그런 지향성은 정확하고 맞지만, 이런 삼각관계의 여정을 수행하고 완수해야 하는 사람은 분석내담자 자신인 것이다. 근본적인 환타즘을 구성한 분석내담자는 장차 분석가 너머 자기 충동, 자기 욕망의 삶을 살아야 한다. 그것은 디오티마가 지적한 이상화 동일시의 길이 아닌, 아가톤 같은 좋은 만남의 행운에 따른 분석가를 만나고, 그 너머 자기 충동, 자기 욕망을 실현하는 길이다. 또한 그것은 큰타자의 욕망을 실현하는 길이기도 하다.

제10부

RSI(실재계 상징계 상상계) 보로메오 위상학과 삼위일체론

제1장

삼중 구멍과 대상 a(오브제 a)

라깡은 세미나 후반기 1972년에서 1980년까지 삼중 구멍(틈, 빔, 결여, 공空)에 관한 매듭(고리)의 위상학을 탐구한다. 그것은 매듭의 표면과 테두리의 위상, 즉 세 개의 구멍을 하나로 묶어 구멍을 만드는 매듭의 탐구이다.

물론 그것은 1953년 이후의 긴 탐구의 여정을 통해서만 가능한 일이었다. 1953년부터 연구하여 도입한 'RSI(실재계, 상징계, 상상계)'라는 삼중 매듭 위상학(삼위일체 위상학, 보로메오 매듭)의 완성으로 후기-프로이티안 난제들을 완전히 극복했다. 여기서 실재계, 상징계, 상상계의 삼중 매듭은 세계, 질서, 기능, 영역, 체계, 카테고리, 차원, 관계, 라포의 개념을 의미한다.

삼중 매듭 위상학으로 거세(좌절과 박탈을 포함하여), 부성성(상징적 아버지, 상상적 아버지, 실재적 아버지), 팔뤼스(남근), 전이, 분석 관계, 오이디푸스 등을 말끔하게 설명하게 된다. 그러나 그것들에는 구멍(결여)이 존재한다. 라깡은 1953년부터 1975년까지 구멍, 공(空), 빔, 결여가 무엇인지를 탐구했다.

상징계에 관련된 구멍, 빔, 틈, 공, 결여는 프로이트가 명명한 원억압과 같은 것인데, 그것은 환원할 수 없는 억압이고, 상징계 안에서는 주체의 인생사, 그의 모든 역사 전부를 채우고 정리하는 것이 불가능한 것이다. 그런 이유로 라깡은 이런 구멍, 빔, 결여를 신체로 유추하여 신체 기관의 구멍을 발견한 것이다. 프로이트가 입, 항문이라 말한 것에 눈과 목구멍을 첨부한다. 그 구멍으로부터 충동이 발생한다. 무의식의 틈(상징계의 구멍)과 신체의 구멍 사이에는 유사성이 있다. 1964년에 라깡은 그것을 다음과 같이 말한다. "신체 기관의 어떤 것이 같은 방식으로 구조화되어 있는 한, 활동하는 구멍(틈, 빔, 결여)들의 위상학적 통일성 때문에, 충동이 무의식의 기능에서 그 역할을 맡는 것이다."(Lacan, 〈Séminaire, Livre XI〉, 1973, p.165)

마침내, 라깡은 실재계, 상징계, 상상계 사이에 연결의 명명화에 이른다. 그 개념은 하나의 구멍이 3개의 매듭을 닫고 죄는 삼위일체 구멍(un triple trou)이다.

상징계, 상상계, 실재계 각각의 차원에도 불가능이라 부르는 구멍, 틈, 빔, 결여가 있다.

먼저 상징계에도 한계가 있다. 언어로는 불가능한 영역들이 그것이다. 가령 꿈 속에도 인식하기 불가능한 영역이 있다. 라깡은 그것을 '메타언어는 없다,' '큰타자의 큰타자는 없다'고 말한다. 그것을 기호론으로는 S(Ⱥ)로 쓰고, 제거된 큰타자의 시니피앙이라 읽는다.

구멍, 공, 빔, 결여는 단순한 경계나 상태 정지 지점이 아니다. 그것은 언어의 뿌리에 속해있다는 의미에서 활동 원인인 작동주이다. 영(0)은 1일을 전제하고, 무에서 유가 탄생하며, 시가 아닌 것에서 시가 탄생한다.

분석적 경험으로 아버지 메타포를 얘기할 수 있다. '오이디푸스'와 '토템과 타부'의 프로이트적 신화에서, 아버지 기능이 어머니 욕망 시니피앙의 메타포로 작용한다면, 그 이유는 아버지-존재가 무엇인지 아무도 말할 수 없기 때문이다. 생물학적으로도 법적으로도 그것을 바꿀 수 없는 것이다. 원초적 민족의 운명적 전통에 따른 부성성의 초생물학적인 근본 특징은 원초적으로 억압된 어떤 것이다. 그리고 그것은 항상 절름발이, 장애물, 증상, 무-만남, 먼지 등의 애매모호함으로 숨겨진 채로 불쑥 나타난다(Lacan, 〈Séminaire, Livre XI〉, 1973, p.224).

원초적으로 억압된 이런 최초의 시니피앙으로부터 주체가 구성되고, 이어 그 자리에 주체의 인생사의 다양한 의미들이 끝없이 새겨지는 것이다.

실재계는 '성 관계는 없다'는 명제로 그것은 '불가능', 공, 빔, 결여로 명시된다. 이런 성 관계의 불가능에 관해서, 그것은 부분적일 뿐, 완전한 만족, 절대 만족, 절대 주이상스는 없기 때문에, 이상적 자아에의 동일시, 상상적(영상적) 자아에 동일시하는 것으로 환상화하는 것이다. 그것은 남녀 간의 실재적 빔, 결여, 구멍을 가릴 수 없는 희극 가면일 뿐이다. 그래서 큰타자의 주이상스에 대한 앎, 그 지식은 없는 것이다.

따라서 성적 만남만을 추구하는 것은, 여자는 남자에게 하나의 증상이고, 남자는 여자에게 하나의 증상이다. 단지 증상 간의 성관계만이 있을 뿐이다. 분석은 실재계를 지향하고 실재계의 앎, 그 진실을 지향한다. 엄밀히 말해서 실재계는 의미가 없다. 의미가 없는 곳, 넌센스에서 의미가 탄생한다. 무에서 유가 탄생한다. 실재계는 심연의 구멍이 아니라 모든 것이 가능한 장소, 무한하고 영원한 충만한 의미로서의 공이요, 무이기 때문이다.

상상계도 구멍이 존재한다.

신생아는 거울상을 통해 상상적 자아(자아 이미지)를 갖게 되지만, 자기 신체와 자아 이미지는 일치하지 않아서 그곳에 구멍, 빔, 결여가 존재한다. 말하는 존재의 신체는 이미지들, 즉 온전히 상상적 이미지 형태를 형성함으로써만 존재를 유지한다. 이런 상상계가 하나로 일관성을 갖는 것은 아니다. 신체적 이미지, 상상계 안에 구멍, 결여가 있는 것이다. 또한 상상계는 거세가 작동함에 따라 일관성을 갖게 되는데, 그곳에서는 마이너스 팔뤼스($-\varphi$), 팔뤼스(남근) 결여가 있다. 남녀 모두 마찬가지이다. 거세에 직면하여 남성은 팔뤼스를 잃어버릴까 하는 두려움이 있고, 여성은 팔뤼스를 갖고 싶은 욕망이 있는데, 그때의 팔뤼스는 상상적 거세로 작동하는 상상적 결여로서의 팔뤼스($-\varphi$)이다. 팔뤼스는 이미지에서 결여되었다. 자아 팔뤼스 이미지의 시각적 불가능으로 인해 다양한 충동의 대상, 전생식기적 충동의 대상들이 인간 행동의 습관적인 지지 대상이 된다.

그러나 유일한 하나를 위한 구분이 있게 된다. 그것을 위해 라깡은 분석적 경험, 그 과정, 개념을 오랫동안 탐구하여 상징계, 상상계, 실재계 이 세 구멍을 하나로 묶어주는 동시적 일(하나)의 필요성, 즉 단 하나의 진정한 구멍(결여, 공), 대상 a(오브제 a)를 제시한다.

그리하여 이 삼중 구멍(결여, 공)에 관한 상상력은 다음과 같은 보로메오 매듭으로 묘사된다.

이 보로메오 매듭(삼위일체 매듭)은 세 고리 중 어떤 한 고리를 자르면 다른 두 고리는 풀리게 된다. 그리고 각 고리는 세 번째 고리에 의해 다른 고리에 묶여 있다. 이런 보로메오 위상학은 15세기 밀라노의 한 가문인 보로메오(Borromeo 또는 Buono Romeo) 가문의 이름과 문장을 빌려왔다.

보로메오 매듭(삼위일체 매듭)

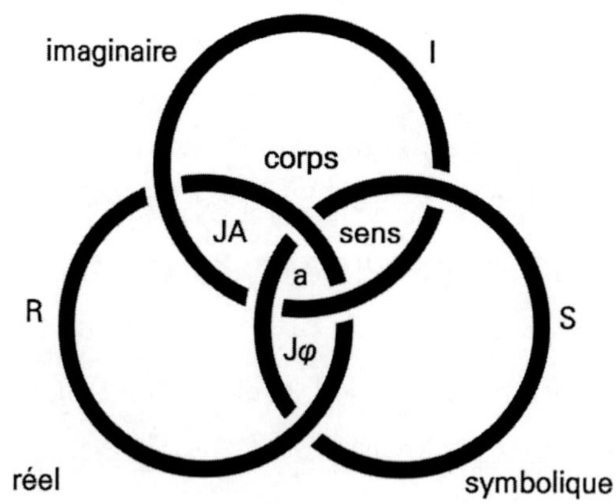

근본적으로 순환성을 갖고 있는 상징계, 상상계, 실재계는 또한 동등성을 갖는다. 어느 하나도 다른 것보다 우선권이 없다. 각각은 다른 두 고리에 묶여 있다. 보로메오 매듭의 놀라운 점은 바로 세 영역의 등질화, 동질화[1]이다. 그렇기에 세 영역을 우선권으로 이름을 붙여 구분하는 것은 전혀 중요하지 않다. 그들은 서로 동등하기 때문이다.

라깡은 보로메오 위상학의 새로움을 인지하기 위하여 공존(consistance)이라는 용어를 사용한다. 공존은 함께 하나가 되는 것, 신체가 하나가 되는 것이다. 상징계, 상상계, 실재계는 공존한다. 하나는 다른 둘과 함께 고리로 연결되어 있다. 그래서 보로메오 매듭은 숫자 3을 유지 지탱하면서 하나로 공존한다. 셋이자 하나로 공존한다.

보로메오 매듭은 분석적 실천에 관한 조명을 밝히는 이론적 모델이고, 분석가의 담화에 진실의 가치를 부여하는 근본적 토대가 된다. 그래서 우리는 보로메오 매듭의 위상학적 글쓰기의 근거에 대한 점검이 필요하다고 본다. 먼저 실재(계)와 진실의 관계 문제의 점검이 필요하다. 이를 위해 보로메오 매듭과 관련하여 그것에 영향을 준 기독교 신학 이론을 살펴보자.

1) 동질화(균질화 homogénéisation); 물질, 혼합물을 균질하게 만들거나 전체의 서로 다른 요소를 조화시켜 전체에 통일성과 일관성을 부여하는 작용.

제2장

신학적 삼위일체 매듭

실제로, 신학 이론은 보로메오 가문 이전에 이미 보로메오 매듭과 같은 신학 매듭 이론을 표현하기 위해 도입되었기 때문에, 보로메오 가문이 신학 매듭 이론을 빌려온 것으로 생각할 수 있다.

이런 신학적 매듭 이론의 그림은 1944년 화재 이전, 프랑스의 샤르트르(Chartres) 시립 도서관에서 이 원고를 볼 수 있다. 이 원고는 1355년에 작성된 것이다. 다행히도 이 원고가 파괴되기 100년 전에 아래 그림이 도상학(iconographie) 작품으로 재생산되었다.[1)]

1355년의 기독교 신학의 도상

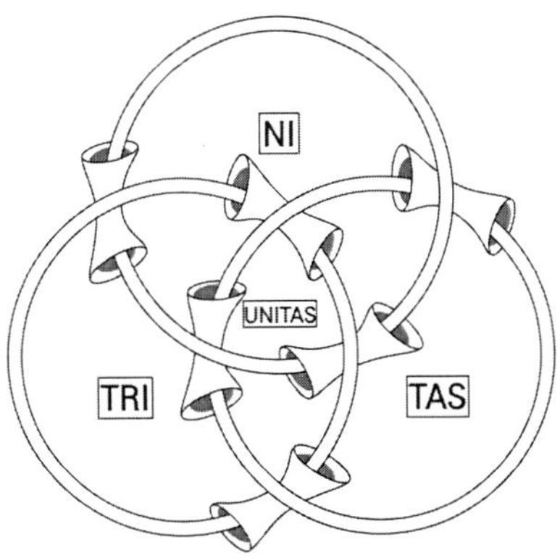

1) Yves Delaporte, *Les manuels enluminés de la Bibliothèque de Chartres*, Chartres, 1929, Ms 233, page 115 ; et M. Didron, *Iconographie chrétienne*, Paris, Imprimerie Royale, 1843, p.569. Cf. l'indication de J. Lacan dans *Lettres de l'École freudienne*, n°18, p.265.

주목할 것은 이 그림에 비문이 첨부되어 있다는 점이다. 중앙에는 Unitas라는 단어가 있고, 세 개의 원 안에는 세 음절 tri－ni－tas가 각각 표기되어 있다. 이 단어들은 그림에 신학적인 의미를 부여하기 위해 존재한다.

그 단어들이 없으면 의미의 수수께끼가 너무 커진다. 그 단어들과 함께 그림은 이론적 모델이 된다. 실제로, 이미 존재하고 있는, 읽고 해독해야 할 지식이 있다. 가정된 전지 주체(le sujet supposé savoir)라는 존재가 바로 그곳에 있다. 라깡의 큰타자(Autre)의 의미를 발견할 수 있는 것이다. 앎이 가정된 주체, 가정된 전지 주체, 큰타자는 기독교 신학의 전지전능한 하나님, 가정된 전지 주체의 하나님을 상징화한 것으로 볼 수 있다.

실제로, 이 삼위일체 매듭은 오랜 신학적인 연구의 결과로 하나와 셋의 관계를 형상화한 상징이다. 신학자들은 시대를 거치면서 이 삼위일체론을 해석하고 사용하기를 끊임없이 연구해왔을 것이고 그런 방식으로 삼위일체 매듭을 완성했을 것이다.

신학적 삼위일체 매듭을 살펴본다.

라캉은 이런 신학을 모르지 않았고, 정신분석학과 진실한 종교와의 관계를 감지했다.

라깡은, 진실이 당신에게 무엇을 행하게 하는지, 그 할 수 있음, 능력을 보아야 한다고 말했다.

> “좋은 친구들, 진실(진리)은 종교로 인도합니다. 여러분은 내가 종교에 대해 말할 때, 그것을 비웃는 것 같이 들려서, 전혀 듣지 않겠지만… 내가 이미 말했듯이 진실은 종교, 즉 참된 종교로 인도합니다. 그리고 그것이 진실이기 때문에 그것을 알기 위해, 즉 창안하기 위해 (…) 그것을 알아야 하는 이유가 바로 여기에 있습니다. 그것은 가는

길을 돌려주는 것입니다. 여러분이 삼위일체의 진리에 의문을 제기하지 않는다면, 여러분은 쥐인간처럼, 쥐처럼 하게 됩니다."[2)]

기독교는 모든 종교의 종말을 마침내 진실, 진리의 선포를 말하는 점에서 참종교이다.

기독교의 삼위일체 하나님에 관한 진리, 앎, 즉 성부(아버지 하나님)도 하나님이고, 성자(예수 그리스도)도 하나님이며, 성령도 하나님이고, 그리고 이들 셋은 유일한 하나님(유일신)이다.

삼위일체의 진리에 대한 의문은 먼저 그리스도의 계시에 관한 말씀에서 신학적인 고찰로의 전환이 어떻게 이루어졌는지 살펴보는 것이다.

신앙고백의 성경적 서술은 다음과 같다.

1) 계시 순서의 하나

말씀의 조화에 따라, 인류 역사에서 신적 선교의 순서는 다음과 같다. 성부(하나님)께서 성자(예수)를 보내고 성령을 보낸다. 이러한 전송은 가시적 표출의 거역할 수 없는 진행에 따라 시간을 첫 번째, 두 번째, 세 번째로 나눈 것이다.

2) 예외적인 유일한 하나

유일한 아버지, 유일한 아들, 유일한 성령이다.

첫 번째는 기독교가 받아들이는 유일신교를 지닌 유일한 한 분, 하나님 아버지이다. 다른 신들이 존재하지 않는다는 것이 아니다. 하나님이 말씀하시는 곳에는 그분의 백성에게 귀를 기울이실 분은 오직 그분뿐이고,

---

2) Lacan, 〈Séminaire XXI〉, 1974년 4월 9일 강의, pp.11－12.

선(진실, 善)을 지키는 그분의 말씀만이 존재한다.

두 번째도 예외적인 하나이다. 메시아 약속은 마침내 아들 예수 그리스도를 통해 성취되었다. 기독교인이 기다리는 다른 메시아는 없다.

세 번째, 한 분의 성령이 제도적 몸체인 교회의 일치를 확립한다. 이는 정통성의 독점성, 예외성을 정의한다.

3) 최초 이름의 명명

이 세 분은 성부(Père, 아버지), 성자(Fils, 아들 예수), 성령(Esprit)이라는 고유한 이름으로 불린다. 여기에는 아버지 하나님의 나라가 있고, 그분에 종속된 예수 그리스도가 있으며, 그분에 종속된 성령이 있다. 역순으로 말하면, 성령이 있고, 성령을 종속시키는 아들이 있고, 아들을 종속시키는 하나님 아버지의 나라가 있는 것이다. 그리고 그 대가로 아들 예수 그리스도가 성령 안에서 아버지께 드리는 기도가 있는 것이다.

그러나 성부도 하나님이고, 성령도 하나님이기 때문에 성부, 성자, 성령, 셋의 존재는 동등하다. 즉 하나는 다른 둘과 동일 실체이다. 성령 없이는 성부와 성자 사이의 연결이 없고, 성자 없이 성부와 성령의 연결이 없으며, 성부 없이 성자와 성령의 연결이 없는 것이다.

제3장

사랑, 존재, 진실

성부, 성자, 성령은 실체의 통일성, 합일을 확립하기 위해 셋을 하나, 유일한 하나로 대체한다. 라깡은 여기서 존재와 사랑, 진실이 하나로 합일하는 존재론에 대해 말한다. 더 나아지고 더 좋아지기 위한 존재의 사랑만이 있을 뿐이고, 거기 그곳에서 존재와 진실은 동일화된다. 또한 그곳에는 존재의 선물인 사랑만이 존재할 뿐이다. 그러므로 사랑과 존재, 진실은 하나이자 셋인 것이다.

성부, 성자, 성령의 삼위일체의 그리스도적 계시는 하나이자 셋인 영원한 존재의 시간적인 표현을 알려준다. 하나가 셋 안에 있고, 셋이 하나 안에 있는 영원하고 필연적인 존재론적 진실이라 할 수 있다.

종교적 진리와 그것이 낳은 신학적 지식 덕분에 우리는 보로메오 매듭의 위상학을 좀 더 깊게 이해할 수 있는 것이다. 특히 신학적 삼위일체의 매듭(unitas, tri－ni－tas)은 상상계, 상징계, 실재계의 보모메오 매듭에 토대가 되는 실체로 증명되었다.

정신심리 분석은 분석가와 분석내담자의 신뢰를 만드는 말의 존재를 통해서만 존속한다. 물론 이때의 말은 온전히 우연적인 말이지 어떤 모델이나 메타언어의 말이 아니다. 이 말을 상징계, 상상계, 실재계라고 부른다. 그러므로 분석적인 해석의 말은 파롤보다 훨씬 멀리 나아가는 방식으로 전해진다(Lacan, 〈Séminaire XXII〉, 1975년 2월 11일).

또한 이런 말, 분석적 담화는 언어(랑가즈)의 효과를 읽을 수 있는 자취, 흔적인 글(문자)의 효력을 갖는다. 상징계가 실재계에 이르는 것은 문자적 흔적을 통해서이다. 하나를 등록함으로써, 이미 한 문장 안에서 각 단어는 다른 단어와 연결을 만든다. 그런 연결이 없으면 더 이상 하나도 없다. 하나의 시니피앙은 다른 시니피앙을 위한 시니피앙이고, 다른 시니피앙과의 연결이 없다면 하나의 시니피앙도 없게 된다.

라깡의 삼위일체 매듭의 위상학은 단번에 하나이자 셋인 실재계의 문자를 담는다. 따라서 상징계, 상상계, 실재계는 고유명사로 분류되는데, 그것들은 동등한 의미의 셋이고, 셋은 동일하기에 하나인 것이며, 셋 없이는 둘이 하나를 만들지 못하기 때문에 하나인 셋이다. 바야흐로 그것은 자기를 지탱하는 존재론도 아니고 우주론도 아닌 스스로 서로를 잡고 이끌어야 한다.

그럼에도 불구하고 이 매듭에는 구멍(결여, 빔, 공)이 있다. 그러므로 공간, 시선, 직조(엮기)의 문제는 그 자체를 드러내지 않고는 증명할 수 없다. 하나의 일관성을 가지거나 조작된 문자열을 갖기 위해서는 상상적 명명이 필요하다. 더 이상 공간 속의 한 점이 아닌, 공간을 생성하는 하나의 매듭 구멍(빔, 공, 결여)에 대한 새로운 상상력이 필요하다.

요약하자면, 분석적 해석은 매듭을 수행하는 말이다. 이 말은 멈추지 않고 표현하기를 지속한다. 그러나 그 표현을 상상화하지 않고는 효과를 설명할 방법이 없다. 그 경로는 결국 상상계를 통해서만 일관성을 도출하기 때문에 가능할 뿐이다. 그런 의미에서 보로메오 매듭은 상징계의 실재적 효과가 상상되는 방식으로 정의된다. 이러한 상징계의 실재적 효과의 상상계, 그런 삼위일체를 배제하고서는, 분석가가 자신의 분석 실천을 생각할 수 없을 것이다.

QR코드를 스캔하시면 참고문헌을 확인할 수 있습니다.

저자소개

이유섭

현 예명대학원대학교 정신분석상담학과 초빙석좌교수
현 명지전문대학 명예교수
명지전문대학 사회복지학과 교수 역임
동교 학과장 및 상담센터 소장 역임
프랑스 툴루즈II대학교 DEA 및 박사(정신분석학)
프랑스 동교 정신분석최고학위 취득
정신분석가(psychanalyste), 사회복지사
정신분석심리예술치료학회장, (사)어린이청소년포럼 이사
행복창조노인복지센터 운영위원장
서울시립서대문인터넷중독상담센터장 역임
한국현대정신분석학회장 역임

저자 연구서:

『정신건강과 정신분석』(저서, 레인보우북스), 『가족상담 심리치료』(저서, 레인보우북스), 『성관계는 없다-라캉 정신분석학의 이론과 실제』(저서, 민음사), 『사회복지실천론』(저서, 해심), 『현대인의 심리분석 에세이』(저서, 박영스토리), 『코리안 이마고1, 2』(공저, 하나의학사, 인간사랑), 『낙태 포르노 인간복제』(공저, 고원), 『새로운 공동체를 찾아서』(공저, 한맥), 『우리시대의 욕망 읽기』(공저, 문예출판사), 『행동장애와 심리치료』(공저, 교육과학사), 『자원봉사론』(공저, 박영사), 『사회복지실천기술론』(공저, 레인보우북스), 『위대한 7인의 정신분석가』(책임역, 백의), 『정신분석대사전』(책임역, 백의), 『라깡 정신분석사전』(공역, 인간사랑), 『프로이트 · 페렌치 · 그로데크 · 클라인 · 위니코트 · 돌토 · 라깡 정신분석 작품과 사상』(공역, 한동네) 『프로이트 · 라깡의 정신심리분석 사랑하기』(저서, 박영스토리) 등.

저자 연구 논문:

「프로이트의 '자아' 패러다임」, 「정신분석의 전이」, 「가학-피학증의 이해」, 「청소년의 정신분석」, 「마약류 남용 및 중독의 정신분석적 이해」, 「연쇄 살인범 유아무개의 정신분석적 이해」, 「프로이트 · 라깡으로 읽는 아버지-조상신」, 「라깡의 남근과 거세」, 「인간 발달과 환경」, 「돈과 돈의 사용에 관한 정신분석학적 일고찰」, 「정신심리(psychism)적 성의 이해」, 「라깡의 기호학적정신분석에 관한 일고찰」, 「사랑과 고통의 정신분석 소고」, 「라깡의 욕망의 기호학」, 「정신분석학적 가족치료 일고찰-보웬의 삼각관계와 라깡의 R도식을 중심으로-」, 「라깡의 정신증 일고찰-I도식과 폐지(forclusion)를 중심으로-」, 「정신분석학적 자아 일고찰-프로이트의 자아와 라깡의 자아를 중심으로-」, 「라깡 정신분석의 실재와 현실, 환타즘 관계에 관한 일고찰」, 「한국사회의 중독에 대한 정신분석적 고찰」, 「라깡 정신분석의 꿈에 관하여」 등.

프로이트 · 라깡 · 돌토의 정신심리분석 사랑하기 2

초판발행 2025년 8월 25일

지은이 이유섭
펴낸이 노 현

편 집 전채린
기획/마케팅 이선경
표지디자인 BEN STORY
제 작 고철민 · 김원표

펴낸곳 ㈜ 피와이메이트
서울특별시 금천구 가산디지털2로 53, 210호(가산동, 한라시그마밸리)
등록 2014. 2. 12. 제2018-000080호
전 화 02)733-6771
f a x 02)736-4818
e-mail pys@pybook.co.kr
homepage www.pybook.co.kr
ISBN 979-11-7279-160-5 93180

정 가 20,000원

박영스토리는 박영사와 함께하는 브랜드입니다.